GÜTERSLOHER
VERLAGSHAUS

G

für Prof. Deller von Uslar
in dankbarer Verehrung
am 16. Mai 2013
Friedrich Benke

Reading is to the mind what exercise is to the body.

Was der Sport für den Körper ist,
ist das Lesen für den Geist.

Joseph Addison (1672 – 1719)

Antonio und Francesco und allen jungen
und jung gebliebenen Leserinnen und Lesern
herzlich zugeeignet

Friedrich Denk

Wer liest,
kommt weiter

Nachwort: Martin Walser

Gütersloher Verlagshaus

Bibliografische Information der Deutschen Nationalbibliothek

Die Deutsche Nationalbibliothek verzeichnet diese Publikation in der Deutschen Nationalbibliografie; detaillierte bibliografische Daten sind im Internet über https://portal.dnb.de abrufbar.

Verlagsgruppe Random House FSC-DEU-0100
Das für dieses Buch verwendete FSC®-zertifizierte
Papier *EOS* liefert Salzer, St. Pölten.

1. Auflage
Copyright © 2013 by Gütersloher Verlagshaus, Gütersloh,
in der Verlagsgruppe Random House GmbH, München

Coverfoto: © Maria Dorner, München
Druck und Einband: Friedrich Pustet GmbH & Co. KG, Regensburg
Printed in Germany
ISBN 978-3-579-06654-7

www.gtvh.de

Inhaltsübersicht

Vorbemerkung: Alle in den Schriften *Adobe Garamond Pro Italic* und **Cambria** gedruckten Texte sind wörtliche Zitate, weshalb weitgehend auf Anführungszeichen verzichtet wird.

Drei Erlebnisse und vier Fragen

Man kann das Zugfahren mit dem Leben und dem Lesen vergleichen. Wir kennen die Zu-*kunft* nicht, die auf uns zu-*kommt*. Was auf uns »zu*kom*men wird« heißt lateinisch »ad-*ven*tura«, englisch ad-*ven*ture, französich a-*ven*ture, deutsch A-*ben*teuer. Die Zukunft ist immer ein Abenteuer, das Leben ein großes, das Zugfahren ein kleines: Ich sitze im Zug und schaue zu den Bergen im Süden. »Hallo, du, ich komm etwas später!« ruft plötzlich jemand hinter mir. »Wir sind erst bei Memmingen!« Dieses Telefonat wird irgendwann aufhören, doch ich ergreife gern die Gelegenheit und gehe in den Speisewagen. Auf dem Weg dorthin sehe ich Mitreisende, die sich unterhalten, Zeitung lesen oder an ihren Laptops arbeiten, und viele Kinder und Jugendliche, die mit ihren Handys beschäftigt sind. Der Junge, der dort am Fenster sitzt und sich dem Abenteuer des Lesens widmet, ist eine Ausnahme. Warum?

Im November 2007, vor unserem letzten Umzug, wählte ich unter mehr als 12 000 Büchern genau 300 aus, um sie in einem Gymnasium zu verschenken, in dem ich vertretungsweise 90 Schülerinnen und Schüler in Deutsch unterrichten sollte. Aber nur 10 Schüler hatten Interesse – an insgesamt 18 Büchern.

Als wir noch in Weilheim in Oberbayern wohnten, kamen manchmal Schüler zu uns, sahen die vielen Bücher in der großen und hellen Diele, gingen mit glänzenden Augen zu einem der Regale und fragten: »Darf ich die Bücher einmal anschauen?« In letzter Zeit kamen zweimal junge Leute zu Besuch, erblickten die Bücher und fragten: »Wie stauben Sie die ab?«

Was ist da in wenigen Jahren geschehen? Ist das Zeitalter des Buchdrucks, dessen Ende der kanadische Medienphilosoph Marshall McLuhan 1962 vorhergesagt hat (*The Gutenberg Galaxy / Das Ende des Buchzeitalters*), wirklich vorbei? Sind die Analysen von Neil Postman (*Wir amüsieren uns zu Tode, 1985*), Norbert Bolz (*Am Ende der Gutenberg-Galaxis, 1993*) und Sven Birkerts (*Die Gutenberg-Elegien, 1994*) also berechtigt?

Auch ich habe einmal, 1989, einen Aufsatz mit *25 Thesen zur Zukunft des Lesens* veröffentlicht. Erst viel später merkte ich, was diesem Aufsatz wie fast allen Büchern zum Thema Lesen fehlte: eine überzeugende Antwort auf die Frage, warum oder wozu man überhaupt lesen soll. Wenn es darauf keine andere Antwort gäbe als »*Lesen bringt keinen Nutzen*« – so Charles Dantzig im letzten Kapitel seines Buches *Wozu lesen? (2011)* –, dann hätte das Lesen keine Chance mehr.

Ich wiederhole deshalb die Frage und füge drei weitere hinzu. Um folgende vier Fragen geht es in diesem Buch:

Wozu lesen? (Kapitel 1 - 23)
Warum wird heute weniger gelesen? (24 - 30)
Wo, wann und wie können wir lesen? (31 - 34)
Was können wir lesen? (35 - 36)

Aber es gibt auch andere und positive Erlebnisse. Am 10. Oktober kam ich auf der Fahrt zur Frankfurter Buchmesse mit einem Mitreisenden ins Gespräch, einem Handwerksmeister aus dem Schwarzwald, der nach der Hauptschule eine Lehre gemacht hatte. Seine Kinder besuchen mit Erfolg das Gymnasium, und alle drei, auch der Junge, lesen sehr gern.

Zwei Wochen später besuchte uns ein befreundetes Ehepaar, ebenfalls mit drei Kindern, neun, sieben und fünf Jahre alt. Alle drei, auch der Bub, wollen jeden Morgen nach dem Aufwachen nur eines: Lesen! Und gestern telefonierte ich mit einer Freundin in Berlin: In der Klasse ihrer 14jährigen Tochter gibt es sieben Mädchen, die ganz bewußt Leserinnen sind.

Dieses Buch soll dazu beitragen, Kinder und Jugendliche für das Lesen zu gewinnen, zu Hause und am Zugfenster, indem es ihnen und allen, die gern lesen, einige überzeugende Argumente für das Lesen vermittelt.

Da das Lesen in der Schule gelernt wird und ich selbst Deutschlehrer war, erlaube ich mir, mit einer Deutschstunde zu beginnen, in der meine Schüler und ich eine erste Antwort auf die erste Frage gefunden haben: wozu wir überhaupt lesen sollen.

Die erste Frage: Wozu lesen?

Wer liest, übt seine geistigen Fähigkeiten
1. Wer liest, denkt und lernt denken

Die erste Stunde in einer neuen Klasse ist für den Lehrer immer eine Herausforderung, auch im Fach Deutsch. Denn bekanntlich nehmen die meisten Schüler dieses Fach viel weniger ernst als Mathematik, Physik oder Fremdsprachen, weil man, früher jedenfalls, wegen Deutsch kaum »durchgefallen« ist. Deshalb begann ich die erste Stunde in einer mir unbekannten Oberstufenklasse mit einer Frage, die ich so noch nie gestellt hatte:

»Was lernt und übt man eigentlich im Deutschunterricht?«

»Lesen und Schreiben!«

»Und wie lange muß man Lesen und Schreiben lernen?«

»Eigentlich immer.«

»Und was lernt und übt man außerdem im Unterricht?«

Keine Antwort. »Was tut ihr und was tue ich jetzt gerade?«

»Hören bzw. Zuhören und Sprechen.«

»Und in welchem Alter beginnen wir mit dem Hören?«

Dann überlegten wir, daß die Kinder schon im Mutterleib den Herzschlag und die Stimme ihrer Mutter hören und nach der Geburt monatelang nur hören, ohne sprechen zu können. Denn sie lernen das Sprechen nur, weil sie vorher andere Menschen haben sprechen hören, und sie lernen nur die Sprache, die sie gehört haben, normalerweise die Sprache der Mutter, die Muttersprache. Wir lernen also im Deutschunterricht:

$$\begin{array}{ccc} \text{Zuhören} & \leftrightarrow & \text{Sprechen} \\ \updownarrow & & \updownarrow \\ \text{Lesen} & \leftrightarrow & \text{Schreiben} \end{array}$$

Was aber verbindet diese vier Tätigkeiten miteinander?

Was muß man immer auch tun, wenn man zuhört, spricht, liest oder schreibt? Beim Zuhören, Lesen, Sprechen und Schreiben muß man immer auch denken! Wenn man es nicht tut, hört man zwar, aber hört nicht zu, redet oder schreibt wirres Zeug, hört mit dem Lesen auf oder schläft dabei ein.

$$\text{Zuhören} \;\leftrightarrow\; \text{Sprechen}$$
$$\updownarrow \quad \textit{Denken} \quad \updownarrow$$
$$\text{Lesen} \;\leftrightarrow\; \text{Schreiben}$$

Alle fünf Fähigkeiten aber sind für den Menschen zentral. Warum? Die Schüler hatten schon einmal gehört, wie der griechische Philosoph Aristoteles (384 – 322 v. Chr.) den Menschen definiert hat: als *zōon politikòn,* als *staatenbildendes Wesen,* als *Gemeinschaftswesen* (Quellenangaben finden sich auf S. 262ff.).

Wie kommt Aristoteles zu dieser Definition? Zunächst sagt er im 2. Kapitel seines Buchs *Politik,* daß *sich das Weibliche und das Männliche der Fortpflanzung wegen verbinden,* daß aus dem Paar eine Familie wird und aus mehreren Familien eine Dorfgemeinschaft; schließlich entstehe aus mehreren Dorfgemeinden der Staat, die Polis. Und dann bringt er die bekannte Definition:

Daß der Mensch in höherem Grade ein staatenbildendes Lebewesen ist als jede Biene oder irgendein Herdentier, ist klar. Denn die Natur macht, wie wir behaupten, nichts vergebens.

Nach dieser Bemerkung über die Sinnhaftigkeit und Zweckmäßigkeit alles Natürlichen formuliert Aristoteles die eigentliche und noch wichtigere Definition des Menschen:

Der Mensch ist aber das einzige Lebewesen, das Sprache besitzt. Wörtlich heißt das: *lógon de mónon ánthrōpos échei tōn zōōn, einen Logos aber hat allein der Mensch unter den Lebewesen.*

Da »logos« Sprache und Vernunft heißt, muß man sich bei der Übersetzung entscheiden. Seneca definiert den Menschen im *41. Brief an Lucilius* als *animal rationale,* als Vernunftwesen und Wilhelm von Humboldt in seiner ersten Rede vor der Preußischen Akademie 1820 als Sprachwesen: *Der Mensch ist nur Mensch durch Sprache.* Wenn man die vorhergehende Definition hinzunimmt – der Mensch als Gemeinschaftswesen: als

Paar und als Familie, im Dorf und im Staat –, dann könnte man den Sinn der beiden Definitionen so zusammenfassen:

Der Mensch ist ein dialogisches Lebewesen, ein Lebewesen, das »Logos«, also Vernunft und Sprache hat, um dem Mitmenschen zuzuhören und mit ihm sprechen zu können.

Im Deutschunterricht wird also das eingeübt und erweitert, was in diesem Sinn den Menschen zum Menschen macht: seine Sprache, die mündliche wie die schriftliche, und damit seine Kommunikationsfähigkeit und mit der Sprache das Denken.

Und was für den Deutschunterricht gilt, gilt auch für das Lesen, bei dem wir das Denken, das Zuhören, das Sprechen und das Schreiben immer üben bzw. vorbereiten können. Dies soll in den ersten sieben Kapiteln dieses Buches beschrieben und bedacht werden.

An dieser Stelle sei schon ein Zusammenhang erwähnt, der im zweiten Teil noch näher untersucht werden soll: der Zusammenhang zwischen dieser aristotelischen Definition des Menschen und den neuen und neuesten Medien.

Wenn nämlich der Mensch ein kommunikatives Lebewesen ist, dann befriedigen das Fernsehen, das Internet und vor allem das Handy auf je verschiedene und fast immer unterhaltsame Weise dieses zutiefst menschliche Bedürfnis nach Kommunikation. Dies ist ein ganz wichtiger Grund für den scheinbar unwiderstehlichen Erfolg dieser Medien.

Das Lesen hingegen gilt als einsame Tätigkeit. Aber vielleicht ist es gar nicht so einsam, wie wir oft hören und dann auch zu glauben geneigt sind? Der große römische Philosoph, Politiker und Dichter Lucius Annaeus Seneca (1 – 65 n. Chr.) jedenfalls behauptete, daß wir uns beim Lesen von Büchern mit den Autoren der Bücher unterhalten und mit ihnen diskutieren können. Dazu mehr im 6. Kapitel, in dem das Lesen als Gespräch beschrieben wird.

Doch zunächst soll der Zusammenhang zwischen Lesen und Denken genauer analysiert werden.

Wer liest, denkt mit und denkt nach

Man kann denken, ohne zu lesen; aber man kann nicht lesen, ohne zu denken. Der Zusammenhang von Lesen und Denken wurde früh erkannt, ist aber weitgehend vergessen. Für die Griechen, die immer laut gelesen haben, war das ohnehin klar, weil sie für »sprechen, meinen, erzählen, vorlesen« dasselbe Wort hatten, nämlich »legein«, das erkennbar mit dem Wort »logos«, Sprache und Vernunft, zusammenhängt.

Im Lateinischen gibt es einen ähnlichen Zusammenhang zwischen »legere« (sammeln, auswählen, lesen) und »intellegere« (»dazwischen-auswählen«: wahrnehmen, denken) und »intellegentia« (Vernunft, Einsicht, Kenntnis).

Über den direkten Zusammenhang zwischen Lesen und Denken schrieb wohl als erster der eben erwähnte Philosoph Seneca im 84. der *Moralischen Briefe an Lucilius:*

Diese Lektüre aber ist für mich, wie ich glaube, unentbehrlich, erstens, um nicht mit mir allein zufrieden zu sein, sodann, um, wenn ich mich mit den Forschungen anderer bekannt gemacht habe, mir ein Urteil zu bilden über den Wert ihrer Entdeckungen und auf weitere Entdeckung auszugehen. Die Lektüre nährt den Geist (alit lectio ingenium) ...

Diese für alle, die lesen, so ermutigende Wahrheit wurde seither öfters ausgesprochen.

Augustinus zum Beispiel erzählt im 6. Buch seiner *Bekenntnisse (um 400),* wie der Mailänder Bischof Ambrosius in den Pausen zwischen Gesprächen mit Hilfesuchenden *den Körper mit der nötigen Nahrung oder den Geist mit Lektüre erfrischte (reficiebat ... lectione animum).*

Auch Georg Christoph Lichtenberg verglich um 1790 im 10. Heft seiner *Sudelbücher* das Essen und das Lesen und ihre Bedeutung für Körper und Geist:

Ich vergesse das meiste, was ich gelesen habe, so wie das, was ich gegessen habe; ich weiß aber so viel, beides trägt nichtsdestoweniger zur Erhaltung meines Geistes und meines Leibes bei.

Johann Adam Bergk schließlich betonte in seinem Buch über *Die Kunst, Bücher zu lesen (1799)*: *Bücher verlangen Nachdenken; der Mensch muß also seine Denkkraft anstrengen, um den Inhalt derselben zu begreifen. Durch diese Anstrengung übt er den Verstand und die Vernunft.* Und in seiner *Kunst zu denken (1802)* schreibt er ein ganzes Kapitel über *Das Bücherlesen als eine Denkübung betrachtet*. Vielleicht hat J. A. Bergk diese Erkenntnis bei Joseph Addison gefunden, der diese Aussage über das Lesen vielleicht am schönsten formuliert hat:

Reading is to the mind what exercise is to the body.
Was der Sport für den Körper ist, ist das Lesen für den Geist.

Lesen ist also immer auch Denksport, ob ich nun Aristoteles, Thomas Mann, Harry Potter, *Die Zeit,* die *Süddeutsche,* die *F.A.Z.* oder die *Bildzeitung,* einen Reiseprospekt oder eine Gebrauchsanweisung lese – immer muß man, wenn auch auf ganz unterschiedlichem Niveau, beim Lesen denken.

Z u n ä c h s t m ü s s e n d i e e i n z e l n e n B u c h s t a b e n e r k a n n t w e r d e n .

»Lesen« heißt ja, wie lateinisch »legere« und griechisch »legein«, »sammeln«, Buchstaben sammeln. SodannmußmandenSinndereinzelnenWörterunddanndesganzenSatzeserkennen.

Auch dies geht natürlich nicht ohne Denkarbeit. Etwa 300 Wörter pro Minute, etwa 1500 Buchstaben, verarbeitet unser Gehirn beim Lesen, was die Psychologen genau untersucht haben. Natürlich merken wir das nur noch selten, weil uns das Lesen leicht fällt. Aber wir sehen es bei den Kindern, die mit dem Finger die Zeilen entlangfahren, um die Buchstaben zu sammeln und zusammenzufügen und dann oft genug noch die Silben lang – sam vor sich hin – spre – chen. Und wir merken es noch, wenn wir Texte in Sprachen lesen, die wir nur teilweise beherrschen, weshalb uns dabei manchmal der Schädel brummt.

Die Nützlichkeit der Lektüre wird meistens auf den Inhalt bezogen. Nützlich ist die Lektüre aber auch und vielleicht vor allem, weil wir geistige Fähigkeiten üben können: zuerst das Denken, Mitdenken und Nachdenken. Warum wird das so selten ausgesprochen?

Diese Erkenntnis sollte doch in den Büchern der Hirnforscher zu finden sein? In der Tat eröffnen Maryanne Wolf in *Das lesende Gehirn (2009)* und Stanislas Dehaene in *Lesen. Die größte Erfindung der Menschheit und was dabei in unseren Köpfen passiert (2010)* interessante Einblicke in die komplexen Vorgänge, die sich beim Lesen in unseren Köpfen abspielen.

Daß das Lesen vor allem Denken bedeutet, kommt in diesen Büchern jedoch nur am Rande vor. Stattdessen betonen manche Hirnforscher, u.a. Dehaene und Manfred Spitzer, ausdrücklich, daß das Lesen im Gehirn gar nicht vorgesehen sei.

Auch Ernst Pöppel schreibt schon im ersten Satz seines Beitrags zum Sonderheft *Zukunft des Buches* in der Zeitschrift *Aus Politik und Zeitgeschichte* vom 8.10.2009: *Das Lesen als Kulturtechnik ist eine kreative Leistung des menschlichen Gehirns, die aber durch einen Missbrauch desselben erkauft wird.* Denn: *Lesen ist von Natur aus nicht vorgesehen gewesen, sondern von Menschen als Kulturtechnik erfunden worden.*

Sind andere viel später erfundene »Kulturtechniken« wie das Fernsehen oder Computerspiele auch ein »Missbrauch« des Gehirns? Und was ist daran schlecht, wenn *beim Lesen gleichzeitig verschiedene Areale des Gehirns aktiv sind?* Das kann doch für unsere Denkfähigkeit nur gut sein!

Übrigens fehlt die Erkenntnis, daß man beim Lesen immer denkt, auch in den fünf zwischen 1998 und 2012 erschienenen Büchern über das Denken selbst, die ich dazu konsultiert habe. In keinem ist vom Lesen die Rede, obwohl sie doch alle gelesen und »bedacht« werden wollen. Das ist erstaunlich.

Als erstes Beispiel dafür, wie man beim Lesen denken und nachdenken kann, stehe hier ein kleines Gedicht, das ich oft mit meinen Schülern gelesen habe. Ob in einer 5. oder 12. Klasse, ob bei Zehn- oder Achtzehnjährigen, immer fragte ich die Schüler am Anfang der Stunde: »Erinnert ihr euch, wie ihr als Kinder gezeichnet habt, zum Beispiel ein Haus? Wie sieht ein solches Haus aus?« Dann zeichneten zwei Schüler »ihre« Häuser links und rechts an die Tafel, bevor ich in die Mitte schrieb:

Reiner Kunze: kinderzeichnung (1960)

Du hattest ein viereck gemalt,
darüber ein dreieck,
darauf (an die seite) zwei striche mit rauch –
fertig war
DAS HAUS

Nun verglichen wir die Zeichnung von Reiner Kunzes Tochter mit unseren Zeichnungen, die oft Türen und Fenster hatten. Dann sprachen wir über das Gedicht. Darin denkt ein Vater darüber nach, wie seine Tochter ein Haus gezeichnet hatte und schnell damit *fertig war.* Für sie jedenfalls war die Zeichnung, die sie dem Vater dann wohl überreicht hat, mit nur vier Einzelheiten – Haus, Dach, Schornstein, Rauch – vollendet.

Das Gedicht aber, das bemerkt jetzt der eine oder die andere, ist es noch nicht. Es fehlt noch ein Gedanke zu dieser Erinnerung. Diesen Gedanken enthält die zweite Strophe, die ich jetzt erst an die Tafel schreibe:

Man glaubt gar nicht,
was man alles

Jetzt fehlen noch zwei Worte, sage ich den Schülern – und fast immer hat die eine oder der andere die beiden Worte gefunden:

nicht braucht

Das Gedicht beginnt im Plusquamperfekt *(du hattest gemalt),* beschreibt das Erfolgsgefühl der Tochter im Imperfekt *(fertig war das Haus)* und die Schlußfolgerung des Vaters im Präsens: *Man glaubt gar nicht ...*

Dieser Schlußsatz gilt nicht nur für diese Kinderzeichnung und für die dichte und knappe Sprache von Reiner Kunze. Er gilt für vieles in unserem Leben.

Marc Aurel, geb. 121, von 161 bis 180 Kaiser des römischen Weltreichs, hat das in der 24. Notiz im IV. Buch seiner *Selbstbetrachtungen* so gesagt:

Das meiste nämlich von dem, was wir sagen und tun, ist nicht notwendig, und wenn man es wegläßt, wird man mit schönerer Mußezeit und geringerer Unruhe leben. Man muß also bei jeder Gelegenheit sich daran erinnern: ist vielleicht dies etwas Unnötiges?

Am Ende der Stunde wußten manche Schüler das Gedicht schon auswendig, die anderen lernten es gern als Hausaufgabe.

In der nächsten Stunde sprachen wir noch einmal über dieses Gedicht und über die bedeutungsvolle Pause nach *alles,* bevor ich eine, dann zwei, dann drei, dann alle fünf Zeilen eines Gedichts von Bertolt Brecht an die Tafel schrieb:

Bertolt Brecht (1898 – 1956): Der Rauch (1953)

Das kleine Haus unter Bäumen am Seee.
Vom Dach steigt Rauch.
Fehlte er
Wie trostlos dann wären
Haus, Bäume und See.

Wenn wir die beiden Gedichte vergleichen (beide sind übrigens, wie die meisten literarischen Texte in diesem Buch, in der Schrift **Cambria** gesetzt), könnten wir uns fragen, welches der Gedichte uns besser gefällt. Doch soll man in der Kunst überhaupt vergleichen? Vergleiche sind unklug, wenn sie uns den Blick für die Einmaligkeit jedes Kunstwerks erschweren (bei Menschen gilt das noch mehr). Vergleiche können aber auch dazu beitragen, die einzelnen Kunstwerke besser zu verstehen.

Hier können wir beim Vergleich den dialektischen Aufbau beider Gedichte entdecken: Im ersten Gedicht: die Zeichnung – das positive Urteil der Tochter: *fertig war DAS HAUS* – dann die Schlußfolgerung des Vaters: daß man vieles nicht braucht. Im zweiten Gedicht: das Haus am See – der Rauch – die Folgerung des Dichters: ein menschenleeres Haus ist trostlos.

Doch es gibt noch eine höhere Stufe des Denkens als das Nachdenken, die wir ebenfalls leichter erreichen können, wenn wir lesen: das kritische Denken.

Wer liest, lernt kritisch denken

Um 1980 wohnten wir in einem Dorf bei Weilheim, wo es in der Bäckerei Weißbrot oder Mischbrot gab. Heute können wir und müssen wir unter zehn und mehr Brotsorten auswählen. »Krinein« heißt griechisch: trennen, unterscheiden, auch: auswählen. Je mehr man uns anbietet, desto mehr müssen wir »kritisch« urteilen. Das gilt für alle Waren, für Fernsehprogramme, erst recht für Milliarden Seiten im Internet. Kritisches Denken ist also heute noch notwendiger als im vorigen Jahrtausend.

Wie aber können wir kritisches Denken lernen? Früher gab es ein faszinierendes Übungsfeld, das ich mit Schülern immer wieder bearbeitet habe: die Tabakwerbung. Denn je angreifbarer ein Produkt ist, desto raffinierter muß die Werbung sein.

Bei dem Slogan von Camel zum Beispiel, *Ich geh meilenweit für Camel,* brauchte man nur das märchenhafte *meilenweit,* das idealistische *für* und die Marke zu ersetzen (»Ich geh Kilometer wegen Zigaretten«), um zu sehen, daß der Camel-Slogan die Sucht zu einer Suche nach etwas Höherem umdichtete.

Noch raffinierter war die Werbung für Marlboro, die in den 60er Jahren mit den Werbe-Versen *Marlboro gehört dazu* oder *Come to flavor – Marlboro* vergeblich versucht hatte, die Vorherrschaft von HB *(Frohen Herzens genießen)* zu brechen. 1971 jedoch begann mit dem Marlboro-Cowboy der Siegeszug dieser weltweit erfolgreichsten Marke auch in Deutschland.

Der neue Slogan, *Der Geschmack von Freiheit und Abenteuer,* war wie der Camel-Slogan eine Vorspiegelung. Entscheidend war jedoch der Cowboy, der kerngesund ist, nicht obwohl er raucht, sondern weil er raucht, nämlich: Marlboro raucht! Die Camel-Werbung »widerlegte« also die Angst vor der Sucht, die Marlboro-Werbung die Angst vor den gesundheitlichen Folgen.

Inzwischen ist das Rauchen in den westlichen Ländern verpönt, fast kriminalisiert; dafür rauchen die Männer in Ländern wie Rußland und China um so mehr, vielleicht weil die Werbung auch dort den Rauchern Freiheit verheißt?

Später übten wir das kritische Lesen an offiziellen Texten. So lasen wir ein Faltblatt der Bundeszentrale für gesundheitliche Aufklärung über Ecstasy, *die Szenedroge schlechthin*. Das Ergebnis unserer Analyse konnten wir 1996 auf der von Kurt Reumann redigierten Seite *Jugend schreibt* in der F.A.Z. veröffentlichen. Bald darauf wurde der Prospekt umgeschrieben.

Und mit Schweizer Schülern las ich die 2005 herausgegebene Broschüre *ACHTUNG RUTSCHGEFAHR!* Daraus nur ein Zitat: *Suchtmittel … können zu einer Abhängigkeit führen. Beispiele:* Alkohol *erhöht z.B. das Risiko für Unfälle und aggressives Verhalten. Im Übermass konsumiert kann er fast jedes menschliche Organ schädigen (z.B. Herz, Leber, Magen oder Gehirn) und schwer abhängig machen.* Tabak *macht schnell abhängig, schadet insbesondere den Lungen und dem Herz-Kreislauf-System. Zigaretten sind teuer und der Rauch riecht schlecht.* Cannabis *ist z.B. hinderlich beim Lernen, belastet die Lungen und kann abhängig machen.* Ecstasy *und* Amphetamine *belasten z.B. den Kreislauf und können abhängig machen.* Heroin *oder* Kokain *können sehr schnell und stark abhängig machen – und die Gesundheit sowie die Lebensqualität der Betroffenen schwer schädigen.*

Es wird also etwa achtfach vor dem Alkohol gewarnt, sechsfach vor dem Rauchen und am wenigsten vor den für Jugendliche nicht weniger gefährlichen Drogen Cannabis und Ecstasy.

Heute würde ich mit Schülern zum Beispiel die neueste Broschüre zum Jugendmedienschutz lesen. Darin schreibt die Leiterin der Stabsstelle der *Kommission für Jugendmedienschutz* als erstes: *Medien können Kindern helfen, Kompetenzen zu entwickeln: Sie können Wissen vermitteln, Sprachkenntnisse fördern oder Schreib- und Lesefähigkeiten verbessern.* Sind hier etwa die Printmedien gemeint, auf die das alles immer zutrifft? Nein, gemeint sind ausschließlich die visuellen Medien wie Fernsehen, Internet, Computerspiele und Handy, die Kinder und Jugendliche fast immer vom Lernen und Lesen abhalten …

Kritisches Denken kann eine Antwort auf Gelesenes sein. Die nächste Stufe ist das eigene Denken, das Selberdenken.

Wer liest, lernt selber denken

Immanuel Kant empfiehlt uns in seiner Schrift *Was ist Aufklä-rung? (1784): Sapere aude! habe Mut, dich deines eigenen Ver-standes zu bedienen!* In diesem Sinn schrieb auch der schon erwähnte Johann Adam Bergk in seiner *Kunst, Bücher zu lesen (1799),* man solle den Stoff eines Buchs *als Selbstdenker bear-beiten und ihn als Eigentum unseres Geistes behandeln.*

Wenn wir das eigene Denken üben wollen, sollten wir die vier Regeln für das Denken beherzigen, die René Descartes in der *Abhandlung über die Methode, richtig zu denken, Discours de la méthode pour bien conduire sa raison (1637)* so formuliert hat:

Die erste: niemals eine Sache als wahr anzunehmen, die ich nicht als solche sicher und einleuchtend erkennen würde ...

Die zweite: jede der Schwierigkeiten, die ich untersuchen würde, in so viele Teile zu zerlegen, als möglich und zur besseren Lösung wünschenswert wäre.

Die dritte: meine Gedanken zu ordnen; zu beginnen mit den ein-fachsten und faßlichsten Objekten und aufzusteigen allmählich und gleichsam stufenweise bis zur Erkenntnis der kompliziertesten ...

Und die letzte: überall so vollständige Aufzählungen und so umfas-sende Übersichten zu machen, daß ich sicher wäre, nichts auszulassen.

Mit dieser Anleitung ergeht es uns hoffentlich nicht so wie dem Helden in Gerhard Polts Geschichte *Der Gedanke:*

Ich bin – ich bin – durch den Gang gegangen, weil ich wollte aufs Klo. Da bin ich dem Doktor Bödele in den Wurf gekommen.

Der bittet ihn, bei einer Verabschiedung eine Rede zu halten:

»Und Sie, bitte machen Sie sich einen Gedanken, und den können Sie dann hervorbringen.« [...] Da hab ich noch gesagt: »Ja, Herr Doktor Bödele, wer macht sich denn heute noch einen Gedanken selber?«

Dann aber fällt ihm tagelang überhaupt nichts ein:

Ich hab dem Gedanken alles an Lockmitteln, was ich zur Ver-fügung gehabt hab, habe ich ihm hingestellt: Marillenschnaps,

Zwetschgenwasser, einen Obstler, einen Wodka hab ich ihm hin, einen Rum hab ich ihm hin und zum Schluß noch einen Jägermeister. Ich war am nächsten Tag wie gerädert – aber gedankenlos. Da sieht man, wie man diesen Gedanken ausgeliefert ist. Diese Gedanken kommen, kommen nicht, die machen, was sie wollen.

Am Ende hält er trotzdem seine Rede, und zwar so:

Ich hab halt statt fünf Minuten eine halbe Stunde gesprochen. Weil ich keinen Gedanken dabeigehabt hab, da dauert das länger.

Auf welche Gedanken aber können wir kommen, wenn wir diesen Monolog von Gerhard Polt gelesen oder gehört und herzlich gelacht haben? Wir könnten darüber nachdenken, was das Besondere an Gedanken ist. Was unterscheidet Gedanken von Worten und was verbindet sie mit ihnen?

Gedanken sind unhörbar, unsichtbar und meistens flüchtig. Wenn wir sie aufschreiben, werden sie sichtbar und dauerhaft. Und wenn wir die sichtbar gemachten Gedanken lesen, können wir sie hören und mehrmals hören und uns dauerhaft einprägen. Weil aber Gedanken so ungreifbar und flüchtig sind, laut Gerhard Polt *ein ambulantes Geschwerl,* können wir nicht so gut und manchmal gar nicht denken, wenn wir etwas Interessantes anschauen oder von Geräuschen umgeben sind.

Jetzt verstehe ich auch, warum ich, wenn ich im Unterricht versucht habe, einen schwierigen Gedanken zu formulieren, die Schüler oft nicht angesehen, sondern an die Wand oder an die Decke geschaut habe. Und für dieses Buch hatte ich die vielleicht besten Ideen, wenn ich nachts aufgewacht bin. Diese Ideen hielt ich dann gleich im Dunkeln mit Bleistift in einem Notizbuch fest.

Zu dieser bemerkenswerten Konkurrenz zwischen Denken und Schauen gibt es ein ganz erstaunliches und erstaunlich prophetisches Gelegenheitsgedicht von Goethe. Es findet sich in seinen *Zahmen Xenien* von 1821.

Xenos heißt auf griechisch Fremder und Gast. Xenien sind Gastgeschenke, Gelegenheitsgedichte, die der Dichter damals seinen Freundinnen und Freunden mitbrachte und heute uns:

Johann Wolfgang von Goethe (1749 – 1832)

Dummes Zeug kann man viel reden,
Kann es auch schreiben,
Wird weder Leib noch Seele töten,
Es wird alles beim alten bleiben.

Dummes aber, vors Auge gestellt,
Hat ein magisches Recht;
Weil es die Sinne gefesselt hält,
Bleibt der Geist ein Knecht.

In diesem Gedicht geht es um das Hören und Lesen, den Geist und das Denken, das Selberdenken. Wenn ich nämlich *dummes Zeug* rede oder schreibe, dann können die anderen, die mein Gerede hören oder mein Geschreibsel lesen, es als dumm erkennen. Und sie können in diesem Fall weghören oder das Buch weglegen, jedenfalls wird ihnen das dumme Zeug, weil sie es als solches erkennen, nicht schaden, und deshalb wird trotz dieser Dummheiten *alles beim alten bleiben,* weil das Alte im Vergleich dazu das Bessere ist.

Wenn wir aber Dummheiten sehen und hinschauen und zuschauen, dann geschieht etwas *Magisches,* etwas wie Zauberei. Wir erkennen eine Dummheit, die uns vorgemacht wird, nicht mehr als solche. Warum nicht? Weil unsere Augen vom Geschauten so gefesselt werden, daß wir nicht mehr richtig denken können, und dann *bleibt der Geist ein Knecht.* Beim Hören und Lesen bleibt der Geist eher frei, beim Zuschauen, so Goethe, ist er wie gefangen.

Das wußte der Augenmensch Goethe, der von 1791 bis 1817 Direktor des Weimarer Hoftheaters war. »Theáomai« heißt auf griechisch: ich schaue; das Theater ist eine Schaubühne. Aber mit dem *dummen Zeug* fürs Auge meinte Goethe bestimmt nicht die Theaterstücke von Sophokles, Shakespeare, Molière und Schiller oder die Opern von Mozart, die er alle aufführen ließ, sondern vermutlich Jahrmarktsbelustigungen.

Wie das Sehen das Denken behindern kann, soll im 24. Kapitel genauer untersucht werden, wo es um die »Lust am Sehen« geht. Hier sei noch zitiert, was Hertha Sturm, langjährige Leiterin der Abteilung Bildung, Erziehung, Jugend beim ZDF, in ihrem Buch *Der gestreßte Zuschauer (2000)* zum Unterschied von Hören und Sehen geschrieben hat: *Der Fernsehrezipient meinte weitaus häufiger als der Radiohörer, er habe verstanden (S. 43).*

Zum Schluß der interessanteste neuere Text über das Lesen und das Selberdenken, den ich gefunden habe. Ich könnte ihn einscannen, ich schreibe ihn jedoch ab, weil man beim Abschreiben auch über einen Text nachdenken kann:

Beim Lesen

Was zuweilen am meisten fesselt, sind die Bücher, die zum Widerspruch reizen, mindestens zum Ergänzen: – es fallen uns hundert Dinge ein, die der Verfasser nicht einmal erwähnt, obschon sie immerzu am Wege liegen, und vielleicht gehört es überhaupt zum Genuß des Lesens, daß der Leser vor allem den Reichtum seiner eignen Gedanken entdeckt. Mindestens muß ihm das Gefühl erlaubt sein, das alles hätte er selber sagen können. Es fehlt uns nur die Zeit, oder wie der Bescheidene sagt: Es fehlen uns nur die Worte. Und auch das ist noch eine holde Täuschung. Die hundert Dinge nämlich, die dem Verfasser nicht einfallen, warum fallen sie mir selber erst ein, wenn ich ihn lese? Noch da, wo wir uns am Widerspruch entzünden, sind wir offenbar die Empfangenden. Wir blühen aus eigenen Zweigen, aber aus der Erde eines anderen. Jedenfalls sind wir glücklich. Wogegen ein Buch, das sich immerfort gescheiter erweist als der Leser, wenig Vergnügen macht und nie überzeugt, nie bereichert, auch wenn es hundertmal reicher ist als wir.

Dieser letzte Satz reizt zum Widerspruch. Denn das Buch, aus dem dieser Text stammt, gehört zu den Büchern, die sich immer als gescheiter erweisen als wir – und uns trotzdem bereichern, wenn wir sie lesen: Max Frischs *Tagebuch 1946 – 1949.*

Wer Zahlen liest, lernt lesen und rechnen

$$11 \times 11 = 121$$

$$111 \times 111 = 12321$$

$$1111 \times 1111 = 1234321$$

Mathematik war immer mein Angstfach. Ich mußte immer verbergen, daß ich vieles von dem nicht kapierte, was Professor Urban, unser Mathelehrer, an die Tafel schrieb oder zeichnete, während mehrere Mitschüler alles gleich verstanden. Erst viel später hörte ich, daß es neben der mathematischen auch eine sprachliche Intelligenz gibt. Doch mein mathematisches Selbstvertrauen blieb verloren.

Auf der anderen Seite gab es in der Mathematik auch besondere Glücksmomente: Wenn nämlich eine Rechnung nach manchen Irrwegen endlich aufging, was man meistens daran merken konnte, daß eine ganze Zahl »herauskam«. Dann hatte sich die mühsame Rechnung sozusagen gelohnt. Den heutigen Schülern wird das »einfache« Rechnen vom Taschenrechner abgenommen. Deshalb können sie vielleicht auch weniger gut kopfrechnen – das einzige, was mir vom Mathematikunterricht geblieben ist und was im Leben durchaus nützlich sein kann. Außerdem haben die heutigen Mathematik-Aufgaben seltener ganze Zahlen als Ergebnis, was ich bedauerlich finde.

Auch heute habe ich noch viel Respekt vor der Mathematik. Wenn man Rechtschreibfehler macht, kann man bei Google trotzdem Gnade finden. Den Autor des Buches *Der Zahlenteufel. Ein Kopfkissenbuch für alle, die Angst vor der Mathematik haben (1997),* aus dem die drei Multiplikationen aus lauter Einsen entnommen sind, kann man auf etwa zehn verschiedene Weisen schreiben, mit Ä, mit tz usw. Trotzdem findet die Suchmaschine immer: Enzensberger. Wer aber eine »falsche« Zahl eingibt, bekommt immer ein »falsches« Ergebnis.

Deshalb müssen wir auch in der Mathematik richtig lesen, um richtig rechnen zu können, und in der Geometrie genau hinschauen, um die Aufgaben zu lösen. Übrigens heißt das griechische Verb »legein« nicht nur lesen und sprechen, sondern auch aufzählen – ähnlich wie im Deutschen »zählen« und »erzählen« (englisch: »to tell«) zusammengehören. So hängen alle Denkvorgänge miteinander zusammen.

Dazu paßt auch der Name der seit 30 Jahren wichtigsten Maschine der Menschheit, des Computers. »Computare« heißt lateinisch »zusammenrechnen«; französisch »compter« heißt zählen; auf dem »Konto« wird Geld zusammengerechnet. »Putare« aber heißt nicht rechnen, sondern bedenken und glauben.

Der Computer war ursprünglich »nur« eine Rechenmaschine. Anfang der 80er Jahre war er kurz auch die beste Schreibmaschine und verdrängte sämtliche Typenrad- und Kugelkopfschreibmaschinen (so damals der Slogan), die wir kurz zuvor noch als Höhepunkte des technischen Fortschritts angesehen hatten. Dann erst wurde er zum mächtigen Unterhaltungsmedium. Vor allem wurde und blieb er der zentrale Apparat in den Büros und der Wirtschaft, für die Wissenschaften und die Technik, wo vor allem das Zählbare und Meßbare zählt.

Für den Menschen als dialogisches Lebewesen ist jedoch das Hören und Erzählen noch zentraler als das Zählen und Messen. Der deutsch-amerikanische Computerwissenschaftler Joseph Weizenbaum fragt deshalb in seinem Buch *Die Macht der Computer und die Ohmacht der Vernunft (1977)* zu Recht, *bei welchen Dingen es überhaupt wichtig ist, daß sie gezählt werden.*

Welche Zahlen aber zählen für unser Leben? In den meisten Romanen spielen Zahlen keine Rolle, auf manchen Seiten der Zeitungen hingegen wimmelt es von ihnen: im Wirtschaftsteil und im Sport. Die Bücher mit den meisten Zahlen schließlich, Fahrpläne und Telefonbücher, sind durch die Computer überflüssig geworden. Wird durch die Computer auch unser Gedächtnis überflüssig? Keineswegs. Denn letztlich zählt vor allem das, was wir selber im Kopf haben. Um aber unser Gedächtnis zu trainieren, gibt es eine einfache Übung: das Lesen.

Wer liest, erinnert sich und übt sein Gedächtnis

Er vergesse das meiste, was er gelesen habe, schreibt Lichtenberg, wie oben erwähnt; trotzdem trage die Lektüre zur Erhaltung seines Geistes bei. Nicht nur dadurch, daß wir beim Lesen das Denken üben, sondern auch dadurch, daß das Lesen unser Gedächtnis verbessert, selbst wenn wir noch mehr vergessen als Lichtenberg, der bestimmt auch vieles behalten hat.

Leider findet sich zum Thema Lesen und Gedächtnis in den einschlägigen Büchern, jeweils mit dem Titel *Lernen und Gedächtnis,* nahezu nichts. Bei Fritz Schermer (4. Auflage 2006), James E. Mazur (5. Auflage 2004) und bei Gluck, Mercado und Myers (2010) zum Beispiel fehlt das Stichwort »Lesen« sogar ganz. Wünschen sich die Verfasser dieser dicken Bücher etwa nicht, daß ihre Erkenntnisse gelesen und behalten werden?

Auch ohne Forscher zu sein, können wir vier Gründe dafür finden, daß wir beim Lesen unser Gedächtnis üben:

Wir wiederholen und lernen beim Lesen Wörter, Grammatik, syntaktische Strukturen, stilistische Wendungen etc.

Wir wiederholen und lernen beim Lesen, ohne darauf zu achten, immer wieder bestimmte Inhalte.

Wir erweitern, darf man vermuten, beim Lesen – so wie beim Sport die Lungenkapazität – unsere Gedächtniskapazität, die zu unserem Denkvermögen gehört.

Das Beste daran ist aber, daß diese Wirkung nicht mühsam angestrebt werden muß, sondern sich, wie fast alle Vorzüge des Lesens, gleichsam nebenbei ergibt. Das Lesen ist sozusagen wie das Reisen: Man tut es gern, lernt immer etwas dazu und erinnert sich später gern daran.

Zuletzt sei erwähnt, daß wir beim Lesen auch ganz bewußt unser Gedächtnis trainieren können. Das wäre der vierte Grund: Wenn wir einen Text auswendig lernen wollen, lesen wir ihn, meistens mehrmals, schreiben ihn ab, sagen ihn uns vor und hören ihn dabei, schreiben ihn auswendig auf und lesen ihn dabei usw. Kurzum: Wer liest, trainiert auch sein Gedächtnis.

Was wir gelesen haben, wird zuerst im Kurzzeitgedächtnis, und wenn es uns wichtig war oder wiederholt wurde, im Langzeitgedächtnis gespeichert, dort, wo auch viele unserer Erlebnisse aufbewahrt sind. Bei bestimmten Gelegenheiten dann erinnern wir uns an sie. Zum Beispiel bei der Lektüre bestimmter Texte. Lesen heißt deshalb oft auch: sich erinnern. Indem man die Erlebnisse anderer liest, erinnert man sich an eigene.

Tankred Dorst, geb. 1925 in Sonneberg in Thüringen, erinnert sich in mehreren Werken an seine Jugend, u.a. in seinem Buch *Die Reise nach Stettin,* das im Winter 1943/44 in Sonneberg, in Stettin und in Berlin spielt. Der 18jährige Heinrich ist gleich zu Beginn eines Lehrgangs der Marine-HJ öffentlich gemaßregelt und heimgeschickt worden. Um seine Schande zu verbergen, taucht er drei Wochen in Berlin unter: bei seinem Onkel und dessen Lebensgefährtin. Fräulein Zekel entlockt ihm im Park von Sanssouci den Grund für seinen Rausschmiß, den auch wir Leser noch nicht kannten:

Tankred Dorst: Die Reise nach Stettin (1984)

– Was haben Sie denn nun wirklich verbrochen?

– Ich habe, sagt Heinrich, zu einem Bekenntnis entschlossen, als ich nachts auf der Wache stand, gelesen.

– Das war alles?

– An der Front steht da immerhin Todesstrafe drauf. Sehe ich auch ein.

– Sie sind aber kein Soldat.

– Trotzdem.

– Dann waren Sie also nicht fix genug.

– Doch, war ich. Wär ich gewesen! Das ist es ja ... ich hätte das Buch ja schnell wegtun können, als der U. v. D. zur Kontrolle kam. Ich habe ihn ja gehört, als er unten die Treppe raufkam. Und die Taschenlampe habe ich gesehen ... da hätte ich noch massig Zeit gehabt. Aber dann habe ich einfach nicht reagiert. Ich habe das Buch in der Hand behalten. Einfach so. Ich weiß auch nicht, warum. Weiß es einfach nicht.

– Dolle Sache!
– Schlimm ist das.
– Schlimm nicht. Doll.

Wenn wir das lesen, erinnern wir uns vielleicht an eigene Erlebnisse, an peinliche Gespräche und an Geständnisse. Lesen ist ja nicht nur ein geistiger Vorgang, was in diesen Kapiteln betont wird, Lesen hat wie das Leben immer auch mit Gefühlen zu tun. Sven Birkerts sagt es in seinen *Gutenberg Elegien (1997)* so:

Auf jeden Fall tragen wir beim Lesen Leben – letzten Endes unser eigenes Leben – in die Worte hinein. Derart von unserem Erleben zehrend, wird das Lesen zu einem sich kontinuierlich entfaltenden Erinnerungsgeschehen.

Bei solchen Szenen habe ich meine Schüler (und mich selbst) immer daran erinnert, wie folgenreich es ist, wann und wo man geboren wurde. Tankred Dorst kam am Ende des Krieges noch an die Front und mußte nach Krieg und Gefangenschaft (bis 1947) und seiner Flucht aus der »Ostzone« noch einmal ins Gymnasium, wo er erst mit 24 das Abitur machte. Danach studierte er Germanistik in München und begann neben dem Studium Stücke für das studentische Marionettentheater »Das kleine Spiel« in Schwabing zu schreiben, in dem noch heute, 60 Jahre später, zwei Stücke von ihm gespielt werden.

Daß Tankred Dorst ein bedeutender Dramatiker geworden ist, hängt sicher auch damit zusammen, daß er schon als Kind und als Jugendlicher ein großer (und, wie man an dieser Szene sieht, auch kühner) Leser war – seine Dramen über Mittelalter- und Märchenstoffe geben davon Zeugnis – und daß seine Jugend in der Weimarer Republik, der NS-Zeit und im Zweiten Weltkrieg hochdramatisch war.

Das verbindet ihn mit vielen Schriftstellerkollegen der Jahrgänge 1910 bis 1930, zum Beispiel mit Martin Walser, der – wie fast alle bedeutenden Autoren seiner Generation, eine Ausnahme ist Wolfgang Hildesheimer – ebenfalls über seine Kindheit und Jugend geschrieben hat.

2. Wer liest, lernt besser sprechen und erzählen

»Logos« heißt, wie oben erwähnt, u.a. Vernunft und Sprache. Wenn wir also sagen, daß beim Lesen der Verstand und das Denken trainiert werden, gilt ebenso, daß beim Lesen die Sprache trainiert und bereichert wird. Das ist fast noch plausibler als das Denktraining. Trotzdem wird dies in den Büchern über das Lesen nur selten ausgesprochen.

Dabei ist es für unser Leben von größter Bedeutung, wie gut wir uns ausdrücken können. Das wird uns vor allem im Ausland bewußt, wenn wir oder andere nach Worten suchen und stammeln und merken, daß wir vieles nicht sagen oder nicht so sagen können, wie wir es in der eigenen Sprache könnten. Die nonverbalen Ausdrucksmöglichkeiten sind vielfältig, aber sie können die gesprochene Sprache nicht ersetzen.

Über den sogenannten Spracherwerb gibt es sehr interessante Untersuchungen. Kaiser Friedrich II., der Staufer, soll angeblich ein Experiment mit Babys befohlen haben, um herauszufinden, welche Sprache Kinder sprechen, wenn man nie mit ihnen spricht. Das inhumane Experiment mißlang. Doch wir brauchen kein Experiment, um zu wissen, daß ein Kind nur die Sprache sprechen lernt, in der zu ihm gesprochen wird, und nur die Wörter und die Wortformen lernen kann, die es von den ihm nächsten Erwachsenen, vor allem von der Mutter, im direkten Gespräch gehört hat. Vom Fernsehen lernt das kleine Kind, auch wenn es gebannt hinschaut, nahezu nichts für seine Sprache, weil es sich nicht persönlich angesprochen fühlt.

Deshalb ist es auch von größter Wichtigkeit, daß man mit Kindern möglichst viel spricht, ihnen die sie umgebende Welt mit Worten beschreibt und ihnen Bücher vorliest, wodurch sie allmählich das sprachliche Niveau erreichen, das für das Lesenlernen in der Schule nötig ist. Dafür sind zunächst nur die Eltern verantwortlich und die den Kindern nahestehenden Erwachsenen. Die Kinder lernen so gut sprechen, wie sie es von uns Erwachsenen hören und beim Sprechen mit uns lernen.

Wer liest, lernt besser sprechen

Wie lernen wir sprechen? In Martin Walsers Roman *Ein sprin-gender Brunnen (1998)* wird erzählt, wie der junge Johann bis zum letzten Satz des Romans in die Sprache hineinwächst: *Die Sprache, dachte Johann, ist ein springender Brunnen.*
Auf dem Weg zu dieser Erkenntnis war Johann nicht allein:

Er ging die Treppe hinauf, oben den dunklen Gang entlang, sah, daß unter der Tür des Vaters noch Licht durchschimmerte, klopfte so leise als möglich an und trat auf Vaters Ja ins Zimmer.
Der Vater hatte drei Kissen im Rücken, saß mehr als er lag und las in einem der gelben Hefte, die mit der Post kamen. ... Er zeigte Johann zwei Wörter in dem Heft, in dem er gerade gelesen hatte. Die kannst du schon, sagte er. Lies einmal. Johann buchstabierte: Rabindranath Tagore. Der Vater hatte in den Büchern und Heften in dem Regal neben seinem Bett einen Vorrat von Wörtern, die, auch wenn Johann sie schon buchsta-biert hatte, noch schwer auszusprechen waren. Rabindranath Tagore. Und wenn es Johann schaffte, sagte der Vater: Johann, ich staune. Dann mußte Johann das Wort sagen, ohne ins Heft zu schauen. Du siehst, sagte der Vater, zuerst sehen diese Wör-ter immer unaussprechbar aus, und dann gehen sie dir ganz von selber über die Lippen. Zuerst wehren sich die Wörter. Dann gar nicht mehr. Da, schau, buchstabier! Johann probierte es. Phi-lo-so-phie. Gut. Und da! Theo-so-phie. Gut, jetzt noch etwas Leichtes, sagte der Vater. Was steht auf diesen Heften? Johann buchstabierte: Der Weg zur Vollendung. Johann, sagte der Vater, jetzt geht's nach Bettenhausen. Dem Vater fielen fast sofort die Augen zu. Johann drehte den Lichtschalter und schlich sich, weil Josef schon schlief, auf Zehenspitzen in sein Bett.

Was für eine Szene, die der Dichter so schildert, daß wir miter-leben und mitfühlen, wie der Vater dem Sohn beim Lesenlernen hilft – die neuen Wörter werden in den sogenannten *Wörter-baum* gehängt – und wie er ihn lobt: *Johann, ich staune!*

Sechs Jahre später, im April 1938, Johann ist jetzt elf, hört er in der Gaststube einem Gespräch zwischen Herrn Brugger und seiner Mutter zu, die seit Jahresanfang Witwe ist. Es geht um die Volksabstimmung zum »Anschluß« Österreichs:

Johann saß in der Ecke, in die er immer den Ranzen schubste. Heute sah er in sein aufgeschlagenes Buch, ohne darin zu lesen. Die Erwachsenen rechneten damit, daß er las. Herr Brugger würde, was er gerade an die Mutter hinredete, nicht sagen, wenn er sich nicht darauf verlassen könnte, daß Johann seinen Winnetou las. Vergiß nicht, du bist noch nicht einmal achtunddreißig, rief Herr Brugger, du kannst froh sein, daß du diesen Schlappschwanz los bist. Der hätte doch glatt mit Nein gestimmt. Der Polizei hätte man ihn melden müssen, schon lange. Wenn er nicht so eine arme Sau gewesen wäre, hätte man ihn gemeldet. Du hast mit Ja gestimmt, das weiß ich, sagte Herr Brugger, aber er hätte mit Nein gestimmt. Glaub ich nicht, sagte die Mutter viel leiser als Herr Brugger. Daß Österreich wieder dazugehört, wäre ihm recht gewesen, sagte die Mutter, er war ja im Alpenverein. Und ohne Krieg hat der Führer das geschafft, rief Herr Brugger. Kein Tropfen Blut geflossen. Einfach genial. Und dein Schlaukopf und Schlappschwanz, was hat er dir hinterlassen? Schulden, nichts als Schulden. [...] Johanns Mutter machte Pschschscht. Sie wollte wohl darauf aufmerksam machen, daß da Johann sitze. Ach was, sagte Herr Brugger, der liest doch. Genau wie sein Alter. Wenn du den anstichst, kommt Tinte raus statt Blut. Den meinen tät ich auf die Mistgabel nehmen, wenn er den Kopf nicht herausbrächte aus den Büchern.

Johann wird bald auch Schiller und Hölderlin lesen und selbst zu schreiben beginnen, zuerst und vor allem Gedichte. Und indem wir Johanns »Sprachentwicklungsgeschichte« lesen, spüren wir, wie auch unsere Sprache reicher wird. Diesen Gewinn haben wir von jeder Lektüre, ob der eines Buchs oder eines Zeitungsartikels. Denn fast alles Gedruckte ist auf einem höheren Niveau geschrieben als unserem mündlichen Niveau.

Auch Zeitungslektüre ist Denk- und Sprachtraining

Meine Schwiegermutter wurde 94 Jahre alt und begann mehr als 50 Jahre lang jeden Tag auf dieselbe Weise: Sie holte die *Süddeutsche Zeitung* aus dem Briefkasten und las als erstes auf Seite 1 links oben *Das Streiflicht*. Wäre sie 104 geworden, hätte sie am 14. März 2012 folgendes gelesen:

(SZ) Der Arzt William Chester Minor war ein blasser, kurzsichtiger Herr mit sandfarbenem Haar und vorstehenden Wangenknochen. Die Räume, in denen er von 1872 an lebte, waren mit Bücherregalen vollgestellt, wobei er die wertvollsten Werke, solche aus dem 16. Jahrhundert, hinter Glas aufgereiht hatte. Er las den lieben langen Tag, und er las zielgerichtet: Minor galt als wichtigster Mitarbeiter des im Entstehen begriffenen »Oxford English Dictionary«, eifriger und akribischer als jeder sonst barg er Wörter und Zitate. »Broadmoor, Crowthorne, Berkshire« gab er als Adresse auf den Briefen an, die er täglich zum Herausgeber Murray schickte. Crowthorne? Das lag nur eine Bahnstunde von Oxford entfernt; warum zum Teufel, fragte sich Murray, ließ sich dieser Minor nicht mal bei ihm blicken? Nach zehn Jahren gedeihlichster Zusammenarbeit machte sich Murray selber auf, und siehe, W. C. Minor saß in einer geschlossenen Anstalt. Ein Mörder war er ...

Die tägliche Lektüre des *Streiflichts* ist ein fünfminütiges Denk- und Sprachtraining am Küchentisch. Geschrieben von den besten und witzigsten Journalisten, die seit 1946 anonym bleiben, bringt es uns jedes Mal geistig ein wenig voran und höher. Was können wir nicht alles im ersten Drittel dieses *Streiflichts* lernen: seltene Wörter wie *akribisch* oder *gedeihlich* (amerikanische Forscher haben herausgefunden, daß in einer Zeitung unter 1000 Wörtern 68 seltene sind, in Romanen 53, in Kinderbüchern 31, in TV-Shows 23, in studentischen Unterhaltungen 17 und in der *Sesamstraße* zwei) oder daß das Lesen von Büchern auch im Gefängnis einen Sinn haben kann ...

Nur weil er hinter Schloss und Riegel saß, konnte er einen solch immensen Beitrag zu dem Wörterbuch leisten [...] – jawohl, der

Mensch kann sich richtig angemessen erst dann mit Büchern be-
schäftigen, wenn er von anderen Menschen getrennt ist, wenn er
seine Ruhe hat. Bei uns, die wir noch nicht kriminell geworden
sind, ist das meist abends oder nachts der Fall, und darauf reagie-
ren jetzt die ersten Buchläden: Sie schließen nach 20 Uhr eine ge-
ringe Anzahl von Kunden für zwei, drei Stunden ein, zum Schmö-
kern, auch zum Essen und Trinken.

In einer Glosse wie dem *Streiflicht* darf auch übertrieben
werden, wenn sich so eine Verbindung zwischen der Idee einiger Buchhändler und dem berühmten Mitarbeiter des berühmtesten englischen Wörterbuchs herstellen läßt. Und jede Glosse
und jeder Artikel in jeder Zeitung ist eine Einladung an die
Leser, auf dem Niveau des Textes mitzudenken. Eine gute Zeitung, natürlich auch jedes gutes Buch, ist also so etwas wie ein
Privatlehrer, der uns fast gratis unterrichtet. Besser und klüger
können wir unsere Freizeit kaum verbringen.

Deshalb hat Günther Jauch auch in einem Interview mit dem
Spiegel (20.3.2009) betont, er habe *ein generelles Problem mit*
Leuten, die stolz darauf sind, dass sie keine Zeitung lesen und sich
nur noch online informieren – dabei sind doch Zeitungen not-
wendig, um an der Kultur und der Gesellschaft teilzuhaben. Allen
Schülern und Studenten kann ich nur zurufen: Lest mehr Zeitung!
… Zeitungen treffen eine Auswahl aus den tausend Dingen, die je-
den Tag geschehen, sie sortieren Nachrichten, ordnen sie ein, kom-
mentieren und erzählen Geschichten in wundervollen Reportagen.
… Kein aktuelles Medium kann so gut Hintergründe anschaulich
machen wie eine Zeitung.

Wenn wir also beim Frühstück die Tageszeitung lesen, ist das
so etwas wie ein tägliches Hirn-Jogging, ein geistiges Fitneß-
Training, bei dem wir auch unsere Kenntnisse in den Gebieten,
die uns interessieren, auf den neuesten Stand bringen.

Und was für die Muttersprache gilt, gilt natürlich auch für
eine Fremdsprache. Auch bei Fremdsprachen ist die Lektüre
von Büchern, Zeitschriften und Zeitungen eine ganz hervorra-
gende, viel zu wenig beachtete Lernmethode.

Wer fremdsprachige Texte liest, lernt Sprachen

In meiner Schulzeit in München habe ich zwei Jahre lang im Wahlunterricht Russisch gelernt, leider vergeblich. Mein Banknachbar Gerald hat es besser gemacht als ich, er war fleißiger und war so weit gekommen, daß er russische Bücher lesen konnte, zuerst einfache, dann immer schwierigere. Ich aber erreichte leider nie das Niveau, um Texte einigermaßen flüssig lesen zu können. Das Lesen aber ist wie das Lernen eines Musikinstruments. Man muß so weit kommen, daß es Spaß macht. Dann macht man Fortschritte durch »Learning by doing«.

Unsere kluge und strenge Tante Dr. Edith Schwarz, Sprachenlehrerin am Gymnasium in Tegernsee, gab uns nur dicke Bücher zu lesen, *David Copperfield* von Charles Dickens oder *Les Misérables* von Victor Hugo, und empfahl uns, nur wenige Wörter im Lexikon nachzuschlagen, um das Leseerlebnis nicht zu unterbrechen. Sie wußte, daß man beim Lesen eines Buches viel mehr lernt, als man bemerkt: Wörter, Redewendungen, sprachliche Strukturen und immer auch Inhaltliches.

Als Französischlehrer habe ich diese Methode nachzuahmen versucht und meine Schüler dazu ermuntert, einfache Bücher zu lesen, von denen es in der französischen Literatur viele gibt: *Die kahle Sängerin, La cantatrice chauve* von Ionesco, *Geschlossene Gesellschaft, Huis clos* von Jean-Paul Sartre, *Le petit prince* von Antoine de Saint-Exupéry oder Voltaires *Candide.* Und vor allem natürlich meine Lieblings-Lektüre: *Les aventures de Tintin.* Wer die *Die Abenteuer von Tim und Struppi* im Original liest, lernt sozusagen spielend Französisch.

Auf der anderen Seite kann man eine Fremdsprache auch wieder verlernen. Wenn ich eine Zeitlang wenig Französisches gelesen hatte oder längere Zeit nicht in Frankreich gewesen war, merkte ich, wie ich »schlechter« wurde. Das gilt auch beim Sprechen der eigenen Sprache. Auch da kann man aus der Übung kommen, wenn man zu wenig spricht – oder liest!

Tim und Struppi waren auch die ersten Helden unserer dreijährigen Tochter. Sie las die Alben, ohne lesen zu können, lachte und erzählte Geschichten. Und indem sie Geschichten erzählte, lernte sie sprechen und erzählen.

Manche Geschichten aber kann man kaum in eigenen Worten wiederholen, man muß sie lesen, am besten laut:

Heinrich von Kleist (1777 – 1811): Der Branntweinsäufer und die Berliner Glocken (Eine Anekdote) (1810)

Ein Soldat vom ehemaligen Regiment Lichnowsky, ein heilloser und unverbesserlicher Säufer, versprach nach unendlichen Schlägen, die er deshalb bekam, daß er seine Aufführung bessern und sich des Branntweins enthalten wolle. Er hielt auch, in der Tat, Wort, während drei Tage: ward aber am vierten wieder besoffen in einem Rinnstein gefunden, und, von einem Unteroffizier, in Arrest gebracht. Im Verhör befragte man ihn, warum er, seines Vorsatzes uneingedenk, sich von neuem dem Laster des Trunks ergeben habe?

»Herr Hauptmann!« antwortete er; »es ist nicht meine Schuld. Ich ging in Geschäften eines Kaufmanns, mit einer Kiste Färbholz, über den Lustgarten; da läuteten vom Dom herab die Glocken: ›Pommeranzen! Pommeranzen! Pommeranzen!‹ Läut, Teufel, läut! sprach ich, und gedachte meines Vorsatzes und trank nichts. In der Königsstraße, wo ich die Kiste abgeben sollte, steh ich einen Augenblick, um mich auszuruhen, vor dem Rathaus still: da bimmelt es vom Turm herab: ›Kümmel! Kümmel! Kümmel! – Kümmel! Kümmel! Kümmel!‹ Ich sage, zum Turm: bimmle du, daß die Wolken reißen – und gedenke, mein Seel, gedenke meines Vorsatzes, ob ich gleich durstig war, und trinke nichts. Drauf führt mich der Teufel, auf dem Rückweg, über den Spittelmarkt; und da ich eben vor einer Kneipe, wo mehr denn dreißig Gäste beisammen waren, stehe, geht es, vom Spittelturm herab: ›Anisette! Anisette! Anisette!‹

Was kostet das Glas, frag ich? Der Wirt spricht: Sechs Pfennige. Geb er her, sag ich – und was weiter aus mir geworden ist, das weiß ich nicht.«

Diese Anekdote vom Branntweinsäufer, die ich immer wieder mit Schülern gelesen habe, ist vielschichtig. Deshalb können wir auch einiges aus ihr lernen: die historischen Hintergründe (in Preußen wurden nach der Niederlage gegen Napoleon alle Regimenter aufgelöst, die Soldaten waren arbeitslos und dem Alkohol näher), einiges zur Geographie von Berlin (am Spittelmarkt stand früher der Spitalturm). Neu sind für junge Leser wohl auch Begriffe wie *heillos, uneingedenk, Färbholz* usw.

Dafür fällt ihnen beim Lesen vielleicht auf, wann der Branntweinsäufer wie ein gewiefter Erzähler vom Imperfekt ins Präsens wechselt, in die lebhafte Gegenwart der Erinnerung.

Auch hören sie beim lauten Lesen den Wechsel von langen und kurzen Sätzen, die Lautmalerei *(Dom – Pommeranzen / bimmelt – Kümmel / Spittelturm – Anisette)* und die Steigerung der Versuchung vom ersten zum zweiten Läuten, zuerst: *Läut, Teufel, läut! sprach ich, und gedachte meines Vorsatzes und trank nichts.* Dann: *Ich sage, zum Turm: bimmle du, daß die Wolken reißen – und gedenke, mein Seel, gedenke meines Vorsatzes, ob ich gleich durstig war, und trinke nichts.* Beim dritten Mal aber gibt es keine Pause mehr zwischen Glockenton und Fall: ›*Anisette! Anisette! Anisette!*‹ *Was kostet das Glas, frag ich?*

Mit Schülern kann man hier auch besprechen, wie die Sucht den Menschen beherrscht, wie der Mensch versucht, sie gegenüber anderen herunterzuspielen, und daß es eigentlich nur ein Mittel dagegen gibt, namlich gleich am Anfang nein zu sagen.

Aber es gibt noch eine Dimension in dieser meisterhaften und nur scheinbar lustigen Anekdote des großen Dramatikers und größten Anekdotenerzählers unserer Literaturgeschichte und Vorgängers von Reiner Kunze und Thomas Hürlimann. Wenn wir die Anekdote im Unterricht lasen, fiel fast immer einem Schüler oder einer Schülerin auf, daß der Branntweinsäufer von drei Versuchungen erzählt.

Drei Versuchungen? Kleist und sein Säufer spielen hier also auf die drei Versuchungen Jesu in der Wüste an. Dort heißt es – und das kannte jeder Leser um 1800: *Da ward Jesus vom Geist in die Wüste geführt, auf daß er von dem Teufel versucht würde.* Und dann, mit Wechsel ins Präsens, den unser Trinker dem Evangelisten Matthäus (Kapitel 4, 5) und Martin Luther nachmacht: *Da führet ihn der Teufel mit sich in die heilige Stadt* ...

Immerhin widersteht unser Held zwei der drei Versuchungen, nur einer weniger als Jesus; das ist doch nicht übel! Noch dazu der eigentlich heftigsten Versuchung in einer Wüste: dem Durst – während Jesus bekanntlich »nur« Hunger hatte.

Die erste Versuchung findet im Berliner Lustgarten statt. Lustgarten? Das ist das deutsche Wort für Paradies, wo es die folgenreichste Versuchung der Menschheitsgeschichte gegeben hat: mit einem Apfel, lateinisch »malum« (was auch »das Böse« heißen kann), französisch »la pomme«. Und nach »pomme« heißt die bittere *Apfel*sine – »Pommeranze«. Nebenbei gesagt, sind die erfolgreichsten Versuchungen der Gegenwart die Produkte der Firma *Apple* und die dazugehörigen *Apps!*

Jetzt verstehen wir auch, warum der Branntweinsäufer nicht so standhaft sein kann wie Jesus. Er ist immerhin standhafter als Adam und Eva. Und deshalb kann auch der Branntweinsäufer am Anfang seiner Verteidigungsrede mit gutem Grund dasselbe sagen wie damals Adam, der Eva beschuldigte, und wie Eva, die die Schlange, also den Teufel beschuldigte: »*Es ist nicht meine Schuld!*«

So üben wir beim Lesen einer einzigen scheinbar harmlosen Anekdote, ohne es zu merken, Denken, Mitdenken und Nachdenken, lernen nebenbei etwas für unsere Sprache, aber auch zur Conditio humana, zur Natur des Menschen und zu seinen Lebensbedingungen. Schließlich sehen wir, wie man eine Geschichte erzählen kann, und können vielleicht auch davon etwas lernen ... Das alles in einer Anekdote, deren einmalige Lektüre nicht einmal zwei Minuten dauert, deren mehrmalige Lektüre sich jedoch immer lohnt, auch deshalb, weil man beim Lesen natürlich auch das Schreiben lernen kann.

3. Wer liest, lernt schreiben und rechtschreiben

Hat die Fähigkeit der Menschen, sich schriftlich auszudrücken, durch die neuen Technologien gelitten?

Dramatisch. Die Zahl der Menschen, die einen guten, klaren Text schreiben können, nimmt ab. Auch die Zahl derer, die fehlerfrei schreiben können, geht zurück. Ich sehe das in meinem beruflichen Alltag. Wir erleben eine Art Analphabetisierung.

Diese Interview-Antwort im Schweizer Wochenmagazin *Die Weltwoche* vom 16.8.2012 stammt nicht von einem kulturpessimistischen Feingeist, sondern von Carsten Schloter, Chef des Medienkonzerns Swisscom, der seine Milliardenumsätze den »neuen Technologien« verdankt. Um so glaubwürdiger ist seine Kritik am »dramatischen« Niedergang des Schreibenkönnens.

Solche Feststellungen hört und liest man heute oft, so in den Büchern von Mark Bauerlein *(The Dumbest Generation)*, Nicholas Carr, Frank Schirrmacher *(Payback)*, Susanne Gaschke *(Klick, Strategien gegen die digitale Verdummung)* oder Manfred Spitzer *(Digitale Demenz)*. Und im Juli 2012 ging das Ergebnis einer Umfrage an geisteswissenschaftlichen Fakultäten deutscher Hochschulen durch die Presse:

Junge Studenten haben nach Erkenntnissen von Professoren massive Probleme mit Rechtschreibung und Grammatik. Zudem fehlten vielen Erst- und Zweitsemestern die Lesekompetenz ... ›Ein Problem ist auch die mangelnde Fähigkeit mancher Studenten, selbstständig zu formulieren und zusammenfassende Texte zu schreiben‹, beklagt Professor Gerhard Wolf von der Universität Bayreuth [der Organisator der Umfrage, F.D.]. (Focus, 23.7.12)

Wie konnte es zu dieser Misere kommen?

Daß die Orthographie heruntergekommen ist, hat mit der sog. Rechtschreibreform zu tun, auch mit den Rechtschreib-Programmen, die uns das Lernen der Orthographie abnehmen. Hauptproblem aber ist die heute übliche Art des Schreibens.

Früher schrieben wir Briefe meistens von Hand und oft mehrmals, wenn wir mit der ersten Fassung nicht zufrieden waren.

Bei offiziellen Briefen benützten wir die Schreibmaschine – und da war das Schreiben noch komplizierter, weil man möglichst keine Fehler machen wollte und deshalb manche Briefe drei- oder viermal schrieb. Und bei jeder neuen Fassung verbesserten wir die vorhergehende, so gut wir es konnten.

Damals war das Schreibmaschine-Schreiben eine Kunst, die man in der Schule im Wahlfach mühsam lernen mußte. Viele haben es nie richtig gelernt und schrieben lebenslang mit zwei Fingern, wie sogar Max Frisch. Aber das hat seinen auf der Olivetti getippten Büchern nicht geschadet, im Gegenteil.

Und da wir eigene Fehler selber nicht so gut sehen können, gaben wir wichtige Briefe oft anderen zu lesen, bevor wir sie vielleicht noch einmal schrieben und dann endlich abschickten.

Heute aber muß alles sehr schnell gehen. Und es geht, dank Schreibcomputer, auch alles viel schneller. Das aber hat seinen Preis: die immer nachlässigere Schreibweise. Es beginnt bei der kleinen Schrift der meisten E-Mail-Texte. Da sieht man die Fehler ja kaum, weder die eigenen noch die der anderen! Auch weiß man im voraus, daß der Empfänger den Text in den meisten Fällen nicht ausdruckt – warum soll man sich dann besonders anstrengen? So kommt es, daß fast jeder seine E-Mails und erst recht die 160 Zeichen einer SMS mit großer Geschwindigkeit in den Computer, das Notebook oder das Smartphone tippt. Oft liest man den Text am Ende nicht mehr durch, bevor man die Sende-Taste drückt. So schreiben wir heute mehr, d.h. öfter, als früher – aber auf niedrigerem Niveau.

Und die Entwicklung geht weiter. Wenn man von seinem iPhone eine E-Mail verschickt, steht unten: »sent from my iphone«. Das ist nicht nur eine gute Werbung für Apple, sondern auch eine Erklärung für mögliche Flüchtigkeiten.

Im Internet ist es deshalb nahezu unvermeidlich, daß das Niveau der Sprache sinkt: sozusagen in Form einer Spirale nach unten. Beim Lesen von Büchern, Zeitschriften und Zeitungen jedoch kommt man immer vorwärts und aufwärts: in einer Spirale nach oben – wobei es bekanntlich bergab immer schneller geht als bergauf. Warum ist das so?

Wer liest, lernt schreiben

Wie können wir die um sich greifende Schludrigkeit im Schreiben stoppen? Können wir uns wie Baron Münchhausen selber nach oben ziehen? Das ist kaum möglich – es sei denn wir lesen! Dabei gilt, was Marc Aurel am Ende des 11. Buchs seiner *Selbstbetrachtungen* schrieb: *Im Schreiben und Lesen wirst du kein Meister sein, bevor du Lehrling warst.*

Das gilt für alle, auch für angehende Schriftsteller.

Thomas Hürlimann erzählt in seinem Buch *Der Sprung in den Papierkorb (2008)*, wie er als 14jähriger Schüler in Einsiedeln *an einem sonnigen Frühlingsmorgen ... auf einem Hügel hinter dem Kloster* in einem Aufsatz die Umgebung schildern sollte. Noch am selben Abend beschuldigte ihn der Deutschlehrer, *die herrlichen Sätze* von einem *Dichter gestohlen zu haben!* Als er leugnete, wurde er mit Tatzen bestraft. Daraufhin nahm er sich vor, Schriftsteller zu werden.

Das aber war mühsam. Jahrelang schickte er Texte an Theater, Zeitungen und Verlage – vergeblich. 1972 ging er nach Berlin, um endlich als Autor zu reüssieren. In dieser Lehrzeit wollte er u.a. lernen, so zu schreiben, daß der Leser weinen muß. Deshalb schrieb er das Kapitel *Annas Tod und Begräbnis* aus Gottfried Kellers *Grünem Heinrich* ab. Dieses Manuskript fand seine Freundin Ute, die ihn gerade verlassen wollte, auf seinem Schreibtisch. Sie las es und weinte. Und dann sagte sie: *»Du bist zwar ein Riesenarschloch, aber schreiben kannst du!«*

1981, da war er 30, erschien dann sein erstes Buch: *Die Tessinerin,* das von der Literaturkritik zu Recht bejubelt wurde. Aber es war gar nicht sein erstes Buch – er hatte vorher schon andere geschrieben und in den Papierkorb geworfen.

Was aber sollen wir lesen, um schreiben zu lernen? Die Antwort ist nicht schwer; denn nahezu alle Bücher und Zeitungen, die wir lesen, sind, wie schon erwähnt, auf einem höheren sprachlichen Niveau geschrieben als dem unseren. Einerseits sind die meisten Autoren und alle Journalisten professionelle, also geübte Schreiber. Andererseits gilt, daß sie vor der Veröffentlichung noch korrigiert und redigiert werden. Das ist keine Schande: Sogar Goethe wurde von Schiller und Schiller wurde von Goethe korrigiert. Heute gibt es leider auch bei Büchern und Zeitungen eher zu wenige Korrekturen vor der Publikation, aber natürlich viel mehr als im Internet.

Wie wichtig das Lesen für das Schreiben ist, betonte auch Werner Herzog in einem Interview mit Alex Rühle in der *Süddeutschen Zeitung* vom 14. November 2012:

Ich sage meinen Studenten nicht: ›Lest.‹ Ich sage: ›Lest, lest, lest, lest! Lest!!‹ Wer nicht liest, verliert die Welt. Und wird auch nie im Leben einen großen Film machen.

Diese Regel sollte auch für die Schreibkurse gelten, die seit einigen Jahren in Schulen angeboten werden. Ich nenne nur das Projekt »Schulhausroman« des Zürcher Autors Richard Reich (seit 2004), das Projekt »Klasse Geschichten« der Münchner Autorin Franziska Sperr und die »Schreibakademie Niederösterreich« mit dem Wiener Lyriker Gerhard Ruiss. An allen drei und an ähnlichen Projekten wirken zahlreiche junge Autorinnen und Autoren mit und ergänzen und bereichern so den Deutschunterricht, in dem für vieles zu wenig Zeit bleibt.

Einen andersartigen Wettbewerb organisierte ich im Schuljahr 2007/08 für die Bayerische Akademie der Schönen Künste. Wir schrieben an die 75 Gymnasien in München und in Oberfranken und baten sie um zwei bis drei der besten in der Schule geschriebenen Aufsätze. Wir wollten die Schüler also nicht zu neuen Texten animieren, sondern schon geschriebene Texte prämieren. Von den Aufsätzen, die wir erhielten, wurden die 15 besten in dem Buch *Der goldene Fisch. Die besten Schulaufsätze* im Herbst 2008 publiziert.

Hier der titelgebende Aufsatz von Luisa Weber, damals 12 Jahre alt, Schülerin einer 6. Klasse des Münchner Wilhelmsgymnasiums. Luisa und ihre Mitschüler sollten in 60 Minuten eine Erzählung oder ein Märchen zu dem Bild *Der goldene Fisch* schreiben, das Paul Klee 1925 gemalt hat und das heute in der Hamburger Kunsthalle hängt.

Luisa Weber: Der König und der Goldfisch (2008)

In einem fernen, fernen Land lebte einmal ein dicker König. Da er den ganzen Tag aß, wurde er immer dicker. Seine Diener gaben ihm immer ganz besondere Leckereien zu speisen, damit er über dem Essen seine Staatsgeschäfte vergaß und sie allein regieren konnten. Sie gaben ihm beispielsweise gebratene und gezuckerte Wachtelzungen, in Honig geröstete Feldmäuse und, die Leibspeise des Königs, in Holundersirup gegrillte Goldfische.

Eines Tages wollten sie etwas Neues versuchen. Sie traten vor ihn hin und sprachen: »O Herr, heute wollen wir Euch bitten, ein neues Gericht zu versuchen. Ein in Wasser eingelegter Goldfisch. Er ist wahrlich köstlich.« Tatsächlich brachten sie dem König, der dem Vorschlag erfreut zustimmte, ein Gefäß voll Wasser, in dem ein noch lebender Goldfisch schwamm. Schon hob der König ihn zum Mund, doch der Goldfisch schrie in heller Aufregung: »Esst mich nicht, großer König. Ich bin vergiftet. Eure Diener haben mir Gift eingeflößt.« Verblüfft hielt der König inne. Konnte es möglich sein, dass ein solches Tier sprach? Er sah zu den Dienern hinüber, die ihn aus einiger Entfernung beobachteten. Jetzt erst bemerkte er das lauernde Funkeln in ihren Augen. Nein, er würde den Goldfisch nicht essen. »Ich werde mich jetzt in mein Schlafgemach begeben. Den Fisch werde ich heute Abend essen«, verkündete er. Dann klemmte er sich das Wasserglas unter den Arm und schritt schwerfällig davon.

In seinem Zimmer stellte er es auf den Nachttisch. »Nun«, brummte er, »was soll ich jetzt mit dir anfangen? Ich kann dich unmöglich essen. Schadet das Gift dir nicht?« »Nein, nein, o Herr«, piepste der Fisch, »mir kann das Gift nichts ausmachen, aber für Menschen ist es lebensgefährlich. Aber das ist jetzt nicht so wichtig. Eure Diener trachten Euch nach dem Leben. Nur Eure Frauen halten noch zu Euch. Holt sie schnell her.« »Woher weißt du das alles?«, fragte der König. »Die Diener haben sich darüber unterhalten, während sie mich fütterten«, antwortete der Goldfisch. »Gut. Ich glaube dir. Ich hole jetzt meinen Harem.«

Gesagt, getan. Wenig später waren alle zwölf Frauen des Königs da. Eine davon war sehr besorgt, denn sie hatte gehört, wie einer der Verschwörer zu einem anderen sagte, er wolle den König noch heute mit einem Messer töten. Sie überlegten gemeinsam, was sie tun könnten. Schließlich hatten sie einen Plan.

Alle schliefen tief und fest, als der Diener zur Tat schreiten wollte. Oder besser gesagt, sie taten nur so. Keiner schlief wirklich. Alle hörten, wie die Tür leise knarrend aufging und jemand mit leisen Schritten zum Bett des Königs huschte. Dieser hielt den Atem an. Noch nie war er so aufgeregt gewesen. Er öffnete die Augen einen Spalt weit. Der Diener stand über ihm, einen Dolch im Anschlag. Die Hand des Königs schoss hoch und umklammerte die des Dieners, der einen überraschten Schrei ausstieß. Sofort fielen die Frauen über ihn her und fesselten ihn. Die anderen Diener kamen herbeigelaufen, doch alle fielen den Frauen zum Opfer.

Schließlich standen vierundzwanzig der Verräter vor dem König und es wurde beschlossen, alle außer Landes zu jagen. Der dicke König ernannte viele arbeitslose Männer aus der Stadt zu seinen neuen Dienern und den Fisch zu seinem ersten Berater. So regierte er wieder gut über sein Land und wurde ein hochangesehener König. Der Fisch lebte weiter bei ihm. Und wenn sie nicht gestorben sind, dann leben sie noch heute.

Als der Literatur- und Musikkritiker Joachim Kaiser bei einer Sitzung der Bayerischen Akademie der Schönen Künste dieses Märchen hörte, rief er aus: »Einen so brillanten Aufsatz kann kein Schüler geschrieben haben!« In der Tat – wie ist es möglich, daß ein zwölfjähriges Mädchen so gut schreiben kann?

Sie hat, wie sie uns sagte, viel gelesen, u.a. *Andersens Märchen* und die *Märchen aus 1001 Nacht*. Sie hat »natürlich« auch viel geschrieben: Märchen und Geschichten, die sie sich nach der Lektüre dieser Vorbilder ausgedacht hat. Daß sie außerdem begabt sein muß, versteht sich von selbst. Doch auch weniger Begabte kommen durch das Lesen im Denken, Sprechen und Schreiben weiter, auch im Rechtschreiben.

Wer liest, lernt rechtschreiben

Selten in meinem Leben habe ich mich so geärgert wie in den Sommerferien 1996. In der Juli-Konferenz am Gymnasium Weilheim hatten wir Lehrer die mehr als 200 Seiten dicke, am 1. Juli 96 in Wien beschlossene »Amtliche Regelung zur Deutschen Rechtschreibung« erhalten, dazu die Aufforderung, die »Neuregelung« ab dem Herbst zu unterrichten.

Im August machten wir einen Ausflug zum Jochberg am Walchensee – und was tat ich? Während der ganzen Wanderung ärgerte ich mich und meine Familie mit der Idee, daß unsere Schüler ab sofort die Schreibung »Gämse« lernen sollten, obwohl die meisten noch nie in ihrem Leben eine Gams gesehen und deshalb noch nie das Wort Gemse geschrieben hätten!

Da sagte unser Sohn, ich hätte doch Erfahrungen mit Öffentlichkeitsarbeit, ich solle doch auf der Buchmesse etwas gegen die Rechtschreibreform unternehmen!

Also entwarf ich das Flugblatt *Stoppt die überflüssige, aber milliardenteure Rechtschreibreform!,* schrieb an alle Autoren und Professoren, die schon in Weilheim gewesen waren, und bat sie um Unterstützung der *Frankfurter Erklärung zur Rechtschreibreform,* kaufte an der Tankstelle ein Handy, fuhr zur Buchmesse, verteilte mit Erlaubnis von Buchmesse-Chef Peter Weidhaas ab dem 2. Oktober unsere 2000 Flugblätter, telefonierte mit Autoren, u.a. mit dem damals 101jährigen Ernst Jünger, der mit seiner hellen Stimme rief *»Mich betrifft es zwar nicht mehr, aber ich unterstütze Sie!«,* organisierte kurzfristig zwei Pressekonferenzen, faxte die *Frankfurter Erklärung zur Rechtschreibreform* an Zeitungen und Agenturen, und tatsächlich:

Als wir am Sonntag, dem 6. Oktober 1996, gegen Abend von der Buchmesse nach München fuhren, hörten wir im Autoradio als zweite Nachricht nach der Verleihung des Friedenspreises des Deutschen Buchhandels an Mario Vargas Llosa die Nachricht vom Protest zahlreicher prominenter deutscher Schriftsteller und Professoren gegen die Rechtschreibreform.

Frankfurter Erklärung zur Rechtschreibreform

Nach Erscheinen des neuen Duden und nach den ersten Erfahrungen in den Schulen ist es endlich möglich, den Inhalt der vorgeschlagenen Rechtschreibreform genauer zu analysieren, ihre Folgen für die deutsche Sprache und Literatur, für den Deutschunterricht im In- und Ausland, für unsere Jugend und für uns alle zu ermessen und die ungeheuren Kosten abzuschätzen, die dieser Vorschlag, wenn er tatsächlich durchgeführt würde, verursachen wird.

In Anbetracht der schwierigen wirtschaftlichen Lage darf eine Reform, die in den meisten Punkten keineswegs notwendig ist, in vielem sogar eine Verschlechterung bedeutet und – abgesehen von der ss-Regelung – nur etwa 0,05 Prozent eines durchschnittlichen Textes betreffen würde, auf keinen Fall dazu führen, daß alle Schulbücher, die meisten Lexika, Kinder- und Jugendbücher und in der Folge auch literarische Bücher neu gedruckt (und zugleich alte verramscht oder makuliert und „entsorgt") werden müssen.

Anläßlich der Frankfurter Buchmesse 1996 bitten die unterzeichneten Germanisten, Pädagogen, Schüler und Studenten, Schriftsteller, Bibliothekare, Archivare und Historiker, Verleger, Buchhändler, Journalisten und Liebhaber der deutschen Sprache und Literatur die verantwortlichen Politiker in Deutschland, in Österreich und in der Schweiz, diese von einer kleinen, weitgehend anonymen Expertengruppe vorgeschlagene Rechtschreibreform, deren Einführung Millionen von Arbeitsstunden vergeuden, jahrzehntelange Verwirrung stiften, dem Ansehen der deutschen Sprache und Literatur im In- und Ausland schaden und mehrere Milliarden DM kosten würde, die wenigen zugute kommen würden und von uns allen zu tragen wären, umgehend zu stoppen und bei der bisherigen Rechtschreibung zu bleiben.

Diese Erklärung wurde am 19. Oktober 1996 mit 450 Unterschriften in einer ganzseitigen Anzeige in der *F.A.Z.* veröffentlicht und in vier Wochen von fast 50 000 Lesern unterstützt, und zwar schriftlich und brieflich, nicht per Mausklick.

Eine Woche zuvor hatte der Erlanger Sprachwissenschaftler Theodor Ickler in derselben Zeitung die Öffentlichkeit mit den eklatanten Widersprüchen und Fehlern dieser »so genannten« Reform bekannt gemacht und die Differenzen zwischen den Wörterbüchern aufgedeckt.

Zwei Jahre wehrten sich die Bürger gegen die Kultusminister. Am 14. Juli 98 gab das Bundesverfassungsgericht gegen den begründeten Willen der großen Mehrheit einstimmig den Politikern recht. Zur Verhandlung hatte man 13 Institutionen und Vereine eingeladen, zwei reformkritische, elf reformbejahende.

Am 1. August 1999 gaben die Zeitungen nach und stellten die Schreibung um. Im Herbst 2000 kehrte die *F.A.Z.*, in der Kurt Reumann und Thomas Steinfeld lange gekämpft hatten, zur klassischen Schreibung zurück, im Herbst 2004 auch die Printmedien des Springer-Konzerns. Die Kultusminister aber beharrten auf der Reform. Die Schulen waren der Nasenring, an dem alle Zeitungen zur »Neuschreibung« gezerrt wurden.

War also alles umsonst? Waren die Gründung der Initiative *WIR gegen die Rechtschreibreform* und der Aufruf zum Volksbegehren in Bayern im November 1996 überflüssig? Hat Matthias Dräger die Bücher von Theodor Ickler, Hans Krieger und Horst Haider Munske vergebens verlegt und den Volksentscheid in Schleswig-Holstein vom September 98, den ersten erfolgreichen echten, weil parteiunabhängigen Volksentscheid in Deutschland, umsonst organisiert? Haben Gabriele und Carsten Ahrens in Niedersachsen umsonst 580 000 Unterschriften gesammelt? Haben 550 Professoren umsonst ans Bundesverfassungsgericht appelliert? Haben Tausende von Bürgerinnen und Bürgern umsonst Zehntausende von Protestbriefen geschrieben, und Hunderttausende bei Umfragen umsonst ihre Ablehnung der Rechtschreibreform bekundet? Und wozu der *Frankfurter Appell zur Rechtschreibreform* von 250 Autoren, Verlegern, Professoren und Künstlern auf der Buchmesse 2004?

Sie alle und wir alle haben getan, was wir konnten, und würden es wieder tun, um einem Eingriff in unsere Sprache zu verhindern. Das ist uns nicht gelungen, aber wir konnten einiges abwenden und abschwächen, unter anderem die Idee, daß Bücher in der bewährten Schreibung nicht mehr lesbar seien.

Was das Lesen betrifft, so hatte die Rechtschreibreform fünf gravierende Folgen: Hunderttausende von Büchern wurden aus Kinder- und Jugendbibliotheken ausgeschieden und vernichtet. Sehr viele Bücher mußten neu gesetzt werden, fast alle Kinder-, Jugend- und Schulbücher. In vielen dieser Bücher wimmelte es von Fehlern, weil es schnell gehen mußte und die »Neuregelung« so konfus war. Viele Bücher wurden nicht mehr aufgelegt, weil ein Neusatz den möglichen Gewinn einer Neuauflage aufgezehrt hätte. Die spürbarste Folge war die Erschwernis der Lektüre. Die Orthographie ist nämlich nicht für die Schreibenden, sondern für die Lesenden da. Veränderte Schreibungen springen ins Auge, behindern das Lesen und damit auch das Verstehen und mindern die mögliche Freude an der Lektüre.

Besonders ärgerlich war zudem, daß die Rechtschreibreformer so taten, als lerne man die Rechtschreibung durch Regeln. Jeder weiß, daß man sie vor allem durch Lesen lernt: Wenn man unsicher ist, schreibt man mehrere Varianten auf und versucht sich zu erinnern, wie man das schon einmal gelesen hat: Karrussell? Karrusel? Karusell? Karussell! Dies aber funktioniert seit 1996 in vielem nicht mehr – gerade dort nicht, wo die »Reform« Vereinfachungen und Erleichterungen versprochen hat.

Zum Abschluß seien 15 »Neuschreibungen« genannt, die sich die Erfinder der Rechtschreibreform zwecks »Vereinfachung« beim Umlaut »ä« ausgedacht haben, obwohl wir die meisten dieser Wörter praktisch nie schreiben: *Bändel, behände, belämmert, Gämse, Gräuel, gräulich, Quäntchen, Schlägel, schnäuzen, Stängel, überschwänglich, verbläuen, aufwändig* oder *aufwendig, Schänke* oder *Schenke, Ständelwurz* oder *Stendelwurz!*

Für das wohl zehnmal häufigere Wort »Eltern« haben Prof. Gerhard Augst und seine Mitreformer damals übrigens nicht die Schreibung *Ältern* vorgeschlagen, obwohl die Eltern natürlich die »Älteren« sind. Warum denn wohl nicht? Weil die Reformer zwar nicht klug, aber schlau waren und wußten, daß sie sich nicht mit den »Ältern« der Schulkinder anlegen durften, denen sie angeblich helfen wollten. Sie haben ihnen und uns und vor allem unserer gemeinsamen Sprache nur geschadet.

4. Wer liest, lernt lesen

Liebe Leserin, lieber Leser,
erlauben Sie mir, Sie hier persönlich anzusprechen: um kurz zu
erklären, warum ich erst jetzt darauf eingehe, was das Lesen
eigentlich ist und daß jedes Lesen mit dem Sehen beginnt.

Man könnte das Lesen in sieben Schritten beschreiben:
Zuerst sieht man die Buchstaben, zum Beispiel diese 44:
μῆλον χρυσοῦν ἐν ὁρμίσκῳ σαρδίου οὕτως εἰπεῖν λόγον.

Diesen Satz aus der griechischen Bibelübersetzung, der Septuaginta, können zwar alle sehen, aber nur wenige lesen. Eher
ist uns die lateinische Übersetzung zugänglich, die Vulgata:

mala aurea in lectis argenteis qui loquitur verbum in tempore suo.

Das kann man sehen, lesen und hören. Es klingt gut, weil das
Lateinische eine klangvolle Sprache ist. Und doch verstehen
die meisten dieses Sprichwort aus dem 25. Kapitel der *Sprüche
Salomos* nicht oder nur teilweise, weil es lateinisch ist.

Die dritte Stufe des Lesens ist die wichtigste: Wir müssen das
Gemeinte hören, verstehen und dabei denken. Deshalb jetzt
dasselbe in der Übersetzung von Martin Luther: *Ein Wort, ge-
redet zu rechter Zeit, ist wie goldene Äpfel auf silbernen Schalen.*

Als vierte Stufe könnte man das innere Sehen bezeichnen,
wenn es um Bilder oder Szenen geht. Beim ersten Teil dieses
Satzes, der abstrakt ist, haben wir zunächst wohl kein Bild vor
Augen, vielleicht aber eine Situation. Die goldenen Äpfel auf
silberner Schale jedoch stellen wir uns vor.

Aus dem Denken und Sichvorstellen ergeben sich Emotionen,
hier vielleicht eine herzliche Zustimmung.

Und wenn wir uns länger damit beschäftigen, können wir mit
dem Autor in ein Gespräch kommen: die sechste Stufe.

Als siebten und letzten Schritt (wobei die Reihenfolge nicht
immer die gleiche ist) möchte ich das Lernen bezeichnen, vielleicht auch die Erkenntnis: hier zum Beispiel die Einsicht in die
Bedeutung des rechtzeitigen Sprechens, aber auch Zuhörens:
Denn die goldenen Äpfel müssen auch angenommen werden.

Wer liest, lernt Buchstaben sehen und erkennen

Jedes Lesen beginnt damit, daß wir auf einer Seite 1000 bis 3000, auf dieser Seite 1541 Buchstaben sehen und mit den Augen die aus diesen Buchstaben bestehenden 294 Wörter erkennen, dazu 13 Zahlen aus 44 Ziffern und 39 Satzzeichen. Da aber das Denken beim Lesen die zentrale Tätigkeit ist, stand diese Tatsache am Anfang dieses Buches.

Für die Kognitionspsychologen hingegen ist das Sehen beim Lesen besonders interessant, vielleicht auch deshalb, weil sie im Auftrag von Werbefirmen immer wieder untersuchen, was die potentiellen Kunden auf Zeitungs- oder Webseiten anschauen, wobei ihre Blicke in Sprüngen über die Zeilen gleiten, in sog. Sakkaden, die der französische Augenarzt Emile Javal 1906 erstmals beschrieben hat. In dem von Alan Kennedy herausgegebenen Lehrbuch über *Reading as a Perceptual Process (2000)* sind mehr als 400 Seiten dem Sehen gewidmet, etwa 100 dem Hören und nicht einmal 200 dem Verstehen des Gelesenen. Und vom Denken und Lernen ist kaum die Rede.

Auch wüßte man gern, ob und wie das genaue Sehen, das wir beim Lesen üben, auch eine Übung für unsere Augen ist. Anders gesagt: Wenn Herr Müller am Tag zwei Stunden fernsieht und Frau Maier statt dessen eine Stunde liest und sich dann vielleicht ausruht: Wie wirkt sich das auf ihre jeweilige Sehfähigkeit im Freien aus? Denn auch wenn zwei Menschen dasselbe vor sich haben, sieht doch jeder etwas anderes.

An dieser Stelle sei ein Experiment erwähnt, das Heinz Buddemeier mit seinen Studenten durchgeführt hat: Sie schauten in einem Wald die Natur an, dann sahen sie im Seminarraum etwa 15 Minuten Fernsehnachrichten und kehrten in den Wald zurück: *Nichts von dem, was sie vorher erlebt hatten und was ihnen eine Freude gewesen war, wollte sich wieder einstellen.* Darüber mehr im nächsten Teil dieses Buches, in dem gefragt wird, ob und wie das Lesen unsere Sinneswahrnehmungen beeinflußt.

Wer Texte in Fraktur liest, lernt noch mehr

Lesen ist ein großes Wunder.
Was hast du vor dir, wenn du ein Buch aufschlägst? Kleine, schwarze Zeichen auf hellem Grunde. Du siehst sie an, und sie verwandeln sich in klingende Worte, die erzählen, schildern, belehren.

In Marie von Ebner-Eschenbachs (1830 – 1916) letztem Buch *Meine Erinnerungen an Grillparzer. Aus einem zeitlosen Tagebuch (1916)* findet sich auf Seite 163 ein Lob des Lesens, dessen erste Sätze hier in der damals üblichen Fraktur abgedruckt sind. Leider sind viele von uns heute nicht mehr dazu in der Lage, dieses Lob zu lesen. Warum nicht? Weil es, wie heute gern gesagt wird, in »altdeutscher Schrift« gedruckt ist. Dabei sind nur drei Buchstaben schwierig: das große 𝔄/A, das kleine k/k und vor allem das »lange« ſ/s am Anfang und in der Mitte der Wörter, das fast wie das f/f aussieht, das sieht man in dem Wort aufſchlägſt – während das »runde« s am Wortende gut lesbar ist. Aber gerade deshalb bieten Bücher in Fraktur zwei Chancen:

Erstens kann es nur gut für unsere Augen sein, wenn wir verschiedene Schriften erkennen können, weil jede neue Schrift eine optische und zudem geistige Herausforderung ist.

Und zweitens sind alle Bücher in »altdeutscher« Schrift überall und überaus leicht zu bekommen. Wer solche Bücher sammelt, ist nahezu konkurrenzlos.

Dabei ist es ein besonderes Vergnügen, in Büchern zu lesen, bei denen schon die Schrift das Alter verrät. Je älter das Buch, desto weiter reicht unser Blick in die Vergangenheit. Dabei können wir oft etwas Neues lernen. Von Marie von Ebner-Eschenbach erfahren wir, daß wir zuerst die Buchstaben sehen und daß sie sich dann *in klingende Worte verwandeln,* daß man das Geschriebene beim Lesen also hört. Und dann erfahren wir, daß die Literatur erzählt oder belehrt oder beides zugleich. Von beidem später noch mehr.

Wer Handgeschriebenes liest, sieht mehr als die Schrift

Meine liebe Großmutter Hilde Neumeyer hat immer darunter gelitten, daß sie ihren Enkelkindern nicht so schreiben konnte, wie wir es gern gelesen hätten: in »lateinischer« Schrift.

Denn nicht nur die Fraktur, die in Deutschland seit dem 16. Jahrhundert, vor allem seit Martin Luthers Bibelübersetzung, die übliche Druckschrift war, sondern auch die deutsche Schreibschrift wurde per Erlaß abgeschafft. Am 3. Januar 1941 teilte Martin Bormann *im Auftrage des Führers* folgendes mit:

Die sogenannte gotische Schrift als eine deutsche Schrift anzusehen oder zu bezeichnen ist falsch. In Wirklichkeit besteht die sogenannte gotische Schrift aus Schwabacher Judenlettern. ... Am heutigen Tage hat der Führer ... entschieden, dass die Antiqua-Schrift künftig als Normal-Schrift zu bezeichnen sei. Nach und nach sollen sämtliche Druckerzeugnisse auf diese Normal-Schrift umgestellt werden. Sobald dies schulbuchmässig möglich ist, wird in den Dorfschulen und Volksschulen nur mehr die Normal-Schrift gelehrt werden.

Die Begründung, es handle sich um *Judenlettern,* war pure Propaganda. Der wahre Grund war die Erwartung der Nazis, den Krieg zu gewinnen. Und wenn die deutsche Sprache Weltsprache würde, durfte sie keine schwer lesbare Schrift haben.

Die Folgen waren, wie bei jeder Sprach- und Schreibreform, einschneidend. Vor allem lernte die Nachkriegsgeneration die deutsche Schreibschrift nicht oder kaum mehr, weshalb ich die Briefe meiner Großmutter kaum lesen konnte und die wunderbaren Faksimiles der Briefe von Goethe oder Fontane, die Gedichthandschriften von Hölderlin, Rilke oder Trakl oder die Manuskripte Kafkas nur mit Mühe entziffern kann.

Dabei gibt es kaum etwas Schöneres als das Lesen von handgeschriebenen Texten, seien es Manuskripte, Tagebücher oder Briefe. Denn man sieht dabei nicht nur die Schrift, sondern, wenn man ihn kennt, auch den Schreibenden und erlebt beim Lesen, daß Lesen Zuhören bedeutet und ein Gespräch ist über Ort und Zeit hinweg. Davon mehr im nächsten Kapitel.

Auch wer schreibt, lernt lesen

Nachdem ich das vorige Kapitel in der ersten Fassung geschrieben hatte, las ich es noch einmal durch. Dabei fiel mir auf, daß wir jeden Text, den wir schreiben, zweimal mehr oder weniger genau lesen: beim Schreiben und danach. Beim Schreiben lesen wir jedes einzelne Wort mit, als Kinder sogar jeden Buchstaben, und kontrollieren so das Geschriebene. Wenn wir von Hand schreiben, gilt das noch mehr. Und nach dem Schreiben eines Worts, eines Satzes oder eines Textes lesen wir das Geschriebene normalerweise noch einmal, auch hier das von Hand Geschriebene eher als das am Computer Getippte. Denn beim Schreiben am Computer verlassen wir uns immer ein wenig auf das Rechtschreibprogramm.

Andere Texte schreiben wir nur, weil wir selbst sie später einmal lesen wollen: Einträge in Kalendern, Notizen, Mitschriften von Vorträgen, Exzerpte aus Büchern und vor allem ein Tagebuch. Wenn in einem Tagebuch Erlebnisse erzählt werden, lesen es auch andere gern. Mit 8. Klassen habe ich deshalb mehrmals das *Tagebuch der Anne Frank (1943/44)* gelesen, das in allen deutschen Schulen gelesen werden sollte und sicher gern gelesen würde, weil es auch heutige Jugendliche unmittelbar anspricht. Dies gilt auch für den Tagebuchroman *Eine Hand voller Sterne (1987)* von Rafik Schami. Hier der Anfang:

12.1. »Schade, daß ich nicht schreiben kann. Ich habe viel erlebt, und es war wichtig. Heute weiß ich nicht mehr, was mich vor Jahren nächtelang nicht schlafen ließ.«

»Du weißt doch eine Menge, Onkel«, tröstete ich Onkel Salim.

»Nein, mein Freund«, sagte er. »Von der Landschaft bleiben nur die Berge und später nur noch die Gipfel sichtbar, und das Ganze taucht im Nebel unter. Hätte ich schreiben gelernt, könnte ich nicht nur die Berge, Felder und Täler sehen, sondern jeden Stachel einer Rose wiedererkennen. Was für großartige Menschen sind doch diese Chinesen!«

Ich wunderte mich, daß Onkel Salim auf einmal bei den Chinesen gelandet war. Als ich ihn deswegen fragte, erklärte er mir: »Die Chinesen haben es mit der Erfindung des Papiers möglich gemacht, daß die Kunst des Lesens und Schreibens für jedermann zugänglich wurde. Sie brachten die Schrift von den Tempeln der Gelehrten und den Palästen der Könige auf die Straße. Sie sind großartig.«

Also beschloß ich nach dem Tee bei Onkel Salim, ein Tagebuch zu führen. Ich vergesse viel. Ich weiß nicht einmal mehr den Namen der Mutter meiner ersten Freundin Samira. Mein Kopf ist wie ein Sieb.

Jeden Tag will ich schreiben!

Dieses Tagebuch eines Vierzehnjährigen, der wie Rafik Schami als Sohn eines Bäckers in Damaskus aufwächst, lasen meine vierzehn- und fünfzehnjährigen Schülerinnen und Schüler mit Begeisterung. Es vermittelte ihnen einen Einblick in das Leben im Orient und war zugleich ein Spiegel ihrer eigenen Freuden und Leiden, die sich nicht wesentlich von denen des Schülers in Damaskus unterschieden. Einen wesentlichen Unterschied zwischen ihrem Leben und dem Leben eines Jugendlichen im Orient gab und gibt es jedoch, den Napoleon am 2. Oktober 1808 gegenüber Goethe so formuliert hat: *Was will man jetzt mit dem Schicksal? Die Politik ist das Schicksal.*

Mehrmals sprachen wir auch darüber, wie bedeutsam es für den jungen Syrer war und auch für uns sein könnte, ein Tagebuch zu führen, nicht nur weil man dann weniger vergißt, sondern auch weil man dabei das Lesen und das Schreiben übt.

Ob dann der eine oder die andere ein Tagebuch zu schreiben begonnen hat, weiß ich nicht. Ich wollte nicht neugierig sein. Doch ich hoffe und glaube auch, daß es einige getan haben. Denn es gibt vermutlich kaum eine bessere Möglichkeit der Selbsterkenntnis als das Schreiben eines Tagebuchs.

Und noch etwas könnte man beim Tagebuchschreiben lernen: das langsame Schreiben und das langsame und nachdenkliche Lesen. Das schnelle Lesen ist nämlich zweischneidig.

Wer schnell liest, versteht weniger

Seit etwa 50 Jahren gibt es Bücher, die in ihrem Titel versprechen: *Schneller lesen – besser lesen, Effektiver lesen, Optimales Lesen.* Und seit 2011 gibt es die »Application« »Speed Reading«, »Schneller lesen«, die in kurzer Zeit unter den etwa 500 000 »Apps« eine der erfolgreichsten geworden ist.

Warum? Weil wir heute mit immer mehr Texten konfrontiert werden, die wir lesen sollen. Da möchte man gern schnell vorankommen. Und natürlich kann man nicht alles lesen. Man liest also nur Teile. Auch das ist ein geistiges Training. Und immer gilt: Wer liest, lernt lesen, und wer viel liest, lernt besser lesen und auch etwas schneller lesen und denken. Doch wer zu schnell liest, versteht nur einen Teil, etwa so wie bei einer DVD, die man zu schnell abspielt.

Was hätte Goethe wohl über die Idee gesagt, mit einem Kurs (cursus heißt lateinisch: das Rennen) das Lesen beschleunigen zu wollen? Sein Sekretär Eckermann schrieb am 25.1.1830:

> Er scherzte darauf über die Schwierigkeit des Lesens und den Dünkel vieler Leute, die ohne alle Vorstudien und vorbereitenden Kenntnisse sogleich jedes philosophische und wissenschaftliche Werk lesen möchten, als wenn es eben nichts weiter als ein Roman wäre. »Die guten Leutchen«, fuhr er fort, »wissen nicht, was es einem für Zeit und Mühe gekostet, um *lesen zu lernen.* Ich habe achtzig Jahre dazu gebraucht und kann noch jetzt nicht sagen, daß ich am Ziele wäre.«

Goethe war ein Verteidiger des natürlichen Wachstums. Am 6.6.1825 schrieb er an den Komponisten Carl Friedrich Zelter über die Schnelligkeit und das Wort »ultra« (darüber hinaus):

> . . . alles, mein Teuerster, ist jetzt ultra, alles transzendiert unaufhaltsam, im Denken wie im Tun. Niemand kennt sich mehr, niemand begreift das Element, worin er schwebt und wirkt, niemand den Stoff, den er bearbeitet. Von reiner Einfalt kann die Rede nicht sein; einfältiges Zeug gibt es genug.

> Junge Leute werden viel zu früh aufgeregt und dann im
> Zeitstrudel fortgerissen; Reichtum und Schnelligkeit ist, was
> die Welt bewundert und wonach jeder strebt; Eisenbahnen,
> Schnellposten, Dampfschiffe und alle möglichen Fazilitäten der
> Kommunikation sind es, worauf die gebildete Welt ausgeht…

Diese und ähnliche Zitate finden sich in Manfred Ostens Buch
Goethes Entdeckung der Langsamkeit (2004). Mit den *Fazilitäten
der Kommunikation* meinte Goethe übrigens vermutlich die
optische Telegraphie, von der Napoleon bei seinen Feldzügen
profitiert hatte. Was hätte er zu den heutigen Kommunikations-
mitteln gesagt und zu der *viel zu frühen Aufgeregtheit* heutiger
Kinder? Vermutlich hätte er Paul Virilio zugestimmt, der seit
mehr als 30 Jahren die Beschleunigung unseres Lebens analysiert, zum Beispiel in dem Buch *Rasender Stillstand (1992).*

Zum Glück gibt es Gegenbewegungen. Das Essen ist am be-
kömmlichsten, wenn wir langsam essen. Könnte nicht auch das
langsame Lesen manchmal das klügere Lesen sein?

Halten wir uns also beim Essen wie beim Lesen an Sten
Nadolnys Roman von 1983 *Die Entdeckung der Langsamkeit:*

> John Franklin war schon zehn Jahre alt und noch immer so
> langsam, daß er keinen Ball fangen konnte. Er hielt für die an-
> deren die Schnur. Vom tiefsten Ast des Baums reichte sie her-
> über bis in seine emporgestreckte Hand. Er hielt sie so gut wie
> der Baum, er senkte den Arm nicht vor dem Ende des Spiels. Als
> Schnurhalter war er geeignet wie kein anderes Kind in Spilsby
> oder sogar in Lincolnshire. Aus dem Fenster des Rathauses
> sah der Schreiber herüber. Sein Blick schien anerkennend.

Dies sind die ersten Sätze. Später »*liebte*« John Franklin *Bücher
aller Art. Papier konnte warten und drängte nicht.* So ist es.

Im letzten Satz des Romans jedoch ist von einem *Photogra-
phen* die Rede, *der eilends seinen Apparat in Stellung brachte,* um
etwas *im Bild festzuhalten.*

Das schnelle Festhaltenwollen ist ein Kennzeichen vieler visu-
eller Medien. Das Lesen hingegen lädt uns zum Verweilen ein.

Wer liest, lernt sich zu konzentrieren

Junge Leute werden viel zu früh aufgeregt, schrieb Goethe 1825, als hätte er ein Hauptproblem der heutigen Pädagogik vorausgesehen: die Aufmerksamkeitsdefizit-/Hyperaktivitätsstörung (ADHS), auch Hyperkinetische Störung genannt.

Hyperkinetische Störungen, so Manfred Döpfner im ersten Satz seines Lehrbuchs über *Hyperkinetische Störungen (2000), stellen zusammen mit den aggressiven Verhaltensstörungen ... die häufigsten psychischen Störungen im Kindesalter dar.*

Die Folgen sind für viele Kinder fatal: *Die Sprachentwicklung ist verzögert und die expressive Sprachfähigkeit ist teilweise beeinträchtigt. Im Schulalter werden vermehrt Lese-Rechtschreib-Störungen ... angetroffen.*

Dabei sind *Jungen gegenüber Mädchen deutlich häufiger von der Symptomatik betroffen. Das Verhältnis wird in den meisten Studien zwischen 3:1 und 9:1 angegeben.*

Als Ursachen für ADHS werden neurobiologische, neuroanatomische, neurophysiologische und andere Faktoren genannt, während die beliebteste Freizeitbeschäftigung sehr vieler Jungen nur einmal nebenbei erwähnt wird: das Computerspielen.

Aber sind Kinder nicht auch in ein Computerspiel vertieft? Schauen sie nicht auch bei einer Fernsehsendung konzentriert zu? Scheinbar ja. Deshalb sind manche Mütter zunächst auch froh, wenn im Kinderzimmer alles ruhig ist! Die Ruhe kommt jedoch nicht von innen, sondern von einer Art Hypnose.

Das Starren auf eine Fläche mit bewegten Bildern ist jedenfalls etwas anderes als die aufmerksame Lektüre eines Buches oder eines Zeitungsartikels. Lesen ist aktive Aufmerksamkeit.

Dies hat Goethe so formuliert: *An Zerstreuung läßt es uns die Welt nicht fehlen; wenn ich lese, will ich mich sammeln.*

Deshalb lernen wir beim Lesen immer auch, uns zu konzentrieren, d.h. uns auf ein Wort, einen Satz, einen Gedanken einzulassen, in aller Ruhe hinzusehen, hinzuhören und darüber nachzudenken, kurz: uns in einen Text zu vertiefen.

Lange vor Goethe hat auch Seneca über die Wirkungen der Zerstreutheit und die Bedeutung der Konzentration nachgedacht. Vieles von dem, was er damals geschrieben hat, ist heute noch lesenswert, weil es sich um allgemeingültige Aussagen über den Menschen handelt, also auch über die heutigen Menschen. Im zweiten *Brief an Lucilius* schreibt er:

Was Du mir schreibst und was ich so von Dir höre, läßt mich auf eine gute Entwicklung Deiner Persönlichkeit hoffen. Du hastest nicht ziellos hin und her und schaffst Dir durch dauernden Ortswechsel keine Unruhe. Zu kranken Gemütern mag diese Art von Geschäftigkeit passen; Hauptmerkmal eines geschulten Verstandes ist meiner Meinung nach die Fähigkeit, einmal haltmachen zu können und bei sich selbst zu verweilen. Achte nun besonders darauf, daß die Lektüre vieler Schriftsteller und verschiedenartiger Bücher nicht zu einer gewissen Flüchtigkeit und Unsicherheit führt.

Das sagt Seneca über die Lektüre verschiedener Bücher. Was würde er über das »Surfen« im Internet sagen?

Wer überall ist, ist nirgends. Wer ständig umherreist, macht die Erfahrung, daß er zwar viele Reisebekanntschaften hat, aber keine wahren Freundschaften. Ebenso ergeht es notwendigerweise denen, die sich keinem geistigen Leitbild vertrauensvoll anschließen wollen, sondern alles so nebenbei und in Eile erledigen. Nahrung, die gleich wieder ausgebrochen wird, nützt nichts und dient dem Körper nicht. Nichts schadet der Gesundheit so sehr wie häufiger Wechsel der Medikamente. Die Wunde, an der viele Mittel ausprobiert werden, vernarbt nicht; die Pflanze, die laufend umgesetzt wird, gedeiht nicht: Kein Mittel wirkt so stark, daß es nur so nebenbei helfen könnte. Ein Zuviel an Büchern verwirrt uns nur. Und da Du nun nicht alles Dir Erreichbare lesen kannst, muß es Dir genügen, soviel zu haben, wie Du auch lesen kannst. ... Lies daher ständig in den bewährten Schriftstellern ...

Zu den bewährten Autoren gehörten damals Platon und Aristoteles, heute gehören auch Seneca, Goethe, Thomas Mann oder Max Frisch zu ihnen. Wenn wir sie lesen, können wir ihnen zuhören.

5. Wer liest, hört und lernt zuhören

Der bedeutende Verleger Peter Suhrkamp bekundete 1947 in einem schönen Aufsatz *Über das Lesen* im *Taschenbuch für junge Menschen* seine Bewunderung für Goethe:

Ich lese Goethe; nicht, was er über dieses und jenes sagt, ist so wichtig wie, daß er, Goethe, das sagt. Ich setze mich nicht mit seinen Äußerungen auseinander, sondern ich höre ihm zu.

Wie aber kann man beim Lesen hören? Oben war vom Mailänder Bischof Ambrosius die Rede, der in Arbeitspausen Bücher gelesen und so *den Geist erfrischt* habe. Augustinus erwähnt bei dieser Gelegenheit aber auch, daß Ambrosius leise gelesen hat. Warum erwähnt er das? Weil es in der ganzen Antike üblich war, daß man laut las, wenn man las. Die Buchstaben sind ja »nur« ein Ersatz für die Laute, das Geschriebene wurde also als geschriebene Rede des Autors angesehen, die man dadurch verstehen konnte, daß man sie laut las und dabei hörte.

Und heute? Wir machen es uns vielleicht nicht bewußt, aber wir sprechen, wenn wir genau darauf achten und vor allem wenn wir langsam lesen, das Gelesene innerlich mit und hören es dabei: weil wir die Sprache hörend gelernt haben. Für Johann Gottfried Herder (1744 – 1803) war deshalb, wie er in seiner *Abhandlung über den Ursprung der Sprache (1770)* schreibt, *das Ohr der erste Lehrmeister der Sprache.*

Der Hörsinn ist ja auch der erste der fünf Sinne, der schon im Mutterleib gebildet und eingeübt wird. Dies hat vor allem der französische Hörforscher Alfred Tomatis in seinen viel zu wenig beachteten Büchern *Der Klang des Lebens. Vorgeburtliche Kommunikation (1987)* und *Das Ohr und das Leben (1995)* eindrucksvoll beschrieben.

Daß das Gehör der erste und zunächst einzige Sinn ist, den wir für das Sprechenlernen und so auch für das Denkenlernen brauchen, wird in den meisten Lehrbüchern der Biologie und Psychologie übergangen. Immerhin wird bisweilen erwähnt, daß wir auch beim leisen Lesen das Gelesene hören.

So schreiben Sarah-Jayne Blakemore und Uta Frith in dem Buch *Wie wir lernen: Was die Hirnforschung darüber weiß (2006):* *Die Prozesse, die das Gehirn beim stillen Lesen nutzt, gleichen auffallend den Prozessen, die auch beim lauten Lesen ablaufen.* Und: *Die visuelle Form des geschriebenen Worts beschwört, zumindest bei normalen Lesern, sofort seinen Klang herauf.*

Daß wir beim Lesen immer auch zuhören, gehört zum Wichtigsten, was wir über das Lesen sagen können. Wenn der Mensch als »sprechendes Lebewesen« das Sprechen fast nur durch das Hören von Sprache lernen kann, dann ist das Hören mit das Wichtigste für sein Menschsein, was auch Joachim-Ernst Berendt in seinem Buch *Das dritte Ohr (1985)* gezeigt hat. Das gilt für die Muttersprache wie für die Fremdsprachen, wo wir alle wissen, daß man zum Lernen »ein gutes Gehör« braucht.

Wie zentral das Hören ist, hat Martin Heidegger in seinem Hauptwerk *Sein und Zeit (1927)* so formuliert:

Das Hören ist für das Reden konstitutiv. Und er betont, daß sich *das Mitsein* im *Aufeinander-hören ... ausbildet.*

Der Heidegger-Schüler Hans-Georg Gadamer betonte zudem die Verbindung zwischen Lesen und Hören. In seinem Vortrag *Hören – Sehen – Lesen* sagte er 1982, daß es, *wenn wir von Hören und Sehen in bezug auf das Lesen sprechen, nicht darum [geht], daß man sehen muß, um Schrift entziffern zu können, sondern es geht darum, daß man hören muß, was Schrift sagt. Hören können heißt verstehen können.*

Das bedeutet natürlich nicht, daß wir, wenn wir etwas hören, auch wirklich zuhören und verstehen wollen. Doch wenn wir etwas lesen, müssen wir immer »aufpassen« und zuhören. Und wenn es ein gutes Buch oder ein interessanter Zeitungsartikel ist, lesen wir ja gern. Deshalb können wir auch beim Lesen das Zuhören besonders gut lernen.

Dies soll jetzt am ersten Satz des *Felix Krull (1954)* von Thomas Mann und an den sechs ersten Sätzen des erfolgreichsten, in der Schule noch heute meistgelesenen Romans von Max Frisch illustriert werden, an *Homo Faber (1957).*

Wer liest, hört zu

Der erste Satz eines Textes ist immer von besonderer Bedeutung, auch weil er mit darüber entscheidet, ob wir weiterlesen:

> Indem ich die Feder ergreife, um in völliger Muße und Zurückgezogenheit – gesund übrigens, wenn auch müde, sehr müde (so daß ich wohl nur in kleinen Etappen und unter häufigem Ausruhen werde vorwärtsschreiten können), indem ich mich also anschicke, meine Geständnisse in der sauberen und gefälligen Handschrift, die mir eigen ist, dem geduldigen Papier anzuvertrauen, beschleicht mich das flüchtige Bedenken, ob ich diesem geistigen Unternehmen nach Vorbildung und Schule denn auch gewachsen bin.

Die *Bekenntnisse des Hochstaplers Felix Krull (1954)*, Thomas Manns (1875 – 1955) letzter Roman, beginnen mit einem Satz, dem wir aufmerksam zuhören müssen. Dabei hören wir, wenn wir mit unserer Stimme lesen, mit Krulls Stimme auch die seines Schöpfers, und vielleicht auch die von Horst Buchholz aus der besonders geglückten Literaturverfilmung.

Literaturverfilmungen haben es schwer, weil sie nur Teile der Handlung und nur das Sichtbare, kaum aber Gedanken zeigen können. Um so mutiger war Volker Schlöndorff 1991 mit seiner Verfilmung des Romans *Homo Faber*, der so beginnt:

1) Wir starteten in La Guardia, New York, mit dreistündiger Verspätung infolge Schneestürmen.

Dieser erste Satz des Romans *Homo Faber*, der im Untertitel *Ein Bericht* genannt wird, stellt den Erzähler vor, enthält das Grundproblem des Buches und spricht uns sogleich an:

Wir: das ist der Erzähler, auch Max Frisch selbst, das sind die Mitpassagiere – aber auch wir, die wir diesen Satz lesen.

starteten: ein technisches Wort, passend zum Titel *Homo Faber*, der Mann bzw. Mensch als Ingenieur (faber heißt lateinisch Schmied). »Wir starten« den Flug, Faber beginnt mit dem *»Berichten«*, der Autor mit dem Schreiben und wir mit dem Lesen.

in La Guardia, New York: La Guardia, der Name des ältesten Flughafens von New York, erinnert an Spanien und Lateinamerika, wohin dieser Flug geht, und an die romanische Welt. Der Name New York hingegen verbindet die europäische mit der neuen Welt: wie der Roman Europa und Amerika verbindet und antike Mythen mit moderner Technikgläubigkeit.

mit dreistündiger Verspätung: Das ist eine beängstigende Verspätung – in La Guardia gab es von Anfang an einige Unfälle.

infolge: ein sachliches Wort aus dem Vokabular des Technikers *Walter* F., der über alles »walten«, alles im Griff haben will.

Schneestürmen: Ende März sind Schneestürme möglich, aber unerwartet. Die Natur und der Zufall, der die meisten Naturereignisse zu bestimmen scheint, können so den Technikern wie Walter Faber einen Strich durch die Rechnung machen.

Und wir? Wir sind ab diesem ersten Satz mit im Flugzeug und hören jetzt dem Erzähler noch aufmerksamer zu:

2) Unsere Maschine war, wie üblich auf dieser Strecke, eine Super-Constellation.

Unsere Maschine: Faber sagt mit uns *unsere Maschine,* nicht »Flugzeug«, weil wir jetzt sozusagen alle Techniker sind.

wie üblich auf dieser Strecke: Das können wir nicht selber sagen, aber wir verlassen uns auf den Ingenieur, für den dieser Flug, trotz Schneestürmen, etwas anscheinend Normales ist.

eine Super-Constellation: dieses 1951 in Betrieb genommene viermotorige Propeller-Flugzeug hatte einen wunderbaren Namen, der die Position der Sterne meint und der bestens zu unserem Roman paßt, in dem es um schicksalhafte Begegnungen von Menschen und Ereignissen geht, die alle technische Planung durchkreuzen können. Leider war die Super-Constellation sehr störanfällig. Nicht selten fiel einer der Motoren aus.

3) Ich richtete mich sofort zum Schlafen, es war Nacht.

Der dritte Satz besteht aus einem kurzen und einem sehr kurzen Satz, in dem Walter Faber uns, seinen Mitpassagieren und Zuhörern, etwas mitteilt. Das Wichtige steht, wie in den beiden ersten Sätzen am Ende, aber diesmal ist es keine Überraschung: Denn jeder will schlafen, wenn es Nacht ist.

Nun der vierte Satz, bei dem wir Mühe haben, beim ersten Lesen und Hören alles gleich zu verstehen:

4) Wir warteten noch weitere vierzig Minuten draußen auf der Piste, Schnee vor den Scheinwerfern, Pulverschnee, Wirbel über der Piste, und was mich nervös machte, so daß ich nicht sogleich schlief, war nicht die Zeitung, die unsere Stewardeß verteilte, *First Pictures Of World's Greatest Air Crash In Nevada*, eine Neuigkeit, die ich schon am Mittag gelesen hatte, sondern einzig und allein diese Vibration in der stehenden Maschine mit laufenden Motoren – dazu der junge Deutsche neben mir, der mir sogleich auffiel, ich weiß nicht wieso, er fiel auf, wenn er den Mantel auszog, wenn er sich setzte und sich die Bügelfalten zog, wenn er überhaupt nichts tat, sondern auf den Start wartete wie wir alle und einfach im Sessel saß, ein Blonder mit rosiger Haut, der sich sofort vorstellte, noch bevor man die Gürtel geschnallt hatte.

Einen solchen Satz lese ich mit offenem Mund – vor Bewunderung. Wie Max Frisch das macht! Wie er die 40 Minuten in einen atemlosen Satz hineinpackt und unseren Blick aus dem Fenster auf das Schneegestöber und dann auf die katastrophale Schlagzeile lenkt, von der sich Faber angeblich nicht nervös machen läßt, während er sich als Schweizer über diesen seltsamen Deutschen aufregt, der uns jetzt auch merkwürdig vorkommt – und dann spüren auch wir das Brummen der Motoren.

5) Seinen Namen hatte ich überhört, die Motoren dröhnten, einer nach dem andern auf Vollgasprobe –

Dieser Satz richtet sich vor allem an unsere Ohren, sogar das Wort *überhört* dröhnt wie *die Motoren auf Vollgasprobe.*

6) Ich war todmüde.

Der sechste Satz, wieder sehr kurz, aber prophetisch. Der Tod ist des Schlafes Bruder, also auch umgekehrt. Und wer schon einmal so weit geflogen ist, kennt diese Müdigkeit. Aber als Leser sind wir jetzt hellwach und gern bereit, mit Walter Faber, mit dem jungen Deutschen und mit Max Frisch auf die Reise zu gehen: wir als Zuhörer und Faber-Frisch als Erzähler.

Wer laut liest, liest noch intensiver

Daß man beim Lesen zuhören muß, merken wir beim Vorlesen. In der Antike wurde, wie gesagt, immer laut gelesen. Aber auch heute wird in Synagogen und Kirchen, in Schulen und Universitäten vorgelesen, auch im Radio und Fernsehen, freilich mit der Besonderheit, daß bei Radionachrichten kaum mehr als fünf Sätze pro Nachricht vorgesehen sind – und im Fernsehen nach wenigen Sätzen die bewegten Bilder oder die Kamerabewegungen uns vom Gehörten abzulenken beginnen.

Obwohl das Vorlesen seltener geworden ist, gab es in den letzten Jahren mehrere Romane zu diesem Thema.

Der bekannteste ist Bernhard Schlinks politisch-erotischer Weltbestseller *Der Vorleser (1995),* den sich manche meiner Schüler, die sonst wenig lasen, als Schullektüre wünschten. Die Idee, so wie der 15jährige Michael Berg einer attraktiven 36jährigen Bücher vorzulesen, die man ohnehin für die Schule lesen muß, ist auch durchaus verlockend. Es ist freilich nicht anzunehmen, daß unsere Schüler nach der Lektüre dieses Buches mehr Bücher lesen werden, um Frauenherzen zu gewinnen – obwohl das eine erfolgversprechende Methode sein könnte, nicht nur bei Analphabetinnen wie Hanna Schmitz. Bekanntlich werden die Männer gern vom Aussehen einer Frau, also visuell »angesprochen«, Frauen jedoch eher von der Stimme und von dem, was ein Mann sagt und wie er es sagt. Der junge *Johann* in Martin Walsers Entwicklungsroman *Ein Springender Brunnen* ist wohl auch deshalb bei den Mädchen Magda und Lena so erfolgreich, weil er so gut sprechen kann. Ähnliches gilt auch für *Johann* Heinrich Faust und Gretchen und für *Johannes* und Cordelia im *Tagebuch des Verführers* von Søren Kierkegaard und für das Vorbild aller Verführer: für Don *Juan.*

Zweitens sei *Das Labyrinth der Wörter (2010)* von Marie-Sabine Roger erwähnt. Im Film schien es glaubwürdig, wenn man aber das Buch liest, fragt man sich, ob ein Hilfsarbeiter mit einer so groben Sprache plötzlich Bücher lesen möchte.

Das dritte Buch ist Johano Strassers Roman *Die schönste Zeit des Lebens (2011)*. Das ist natürlich die Jugend, vor allem die Zeit nach dem Abitur. Aber Robert Markmann hat es nicht so einfach wie der Held in seinem Lieblingsbuch, der die Mühle seines Vaters verläßt, als der ihn als *Taugenichts* beschimpft.

Auch Robert hat einen ewig schimpfenden Vater, der Frühinvalide ist und die Liebe seiner attraktiven Frau verloren hat. Und auch er weiß noch nicht, was er werden soll. Zunächst ist er »Zivi« und kümmert sich unter anderem um Frau Sternheim, die inmitten von Büchern lebt, aber immer schlechter lesen kann. Also bittet sie ihn, ihr etwas vorzulesen:

Nun, was ist, junger Mann? Haben Sie etwas Passendes gefunden?

Er steht vor dem zur hohen Decke hinaufreichenden Bücherregal und lässt seine Augen wieder über die Buchrücken gleiten: Mario Soldati, *Briefe aus Capri* neben Selma Lagerlöf, *Aus meinen Kindertagen* und daneben ohne erkennbare Ordnung Bruno Schulz, *Die Zimtläden,* Gustave Flaubert, *Die Erziehung des Herzens,* Rudolf Borchardt, *Der leidenschaftliche Gärtner,* dann ein Band mit der Aufschrift *Unser Goethe ...*

Unschlüssig nimmt er den Band Goethe zur Hand, schlägt das Inhaltsverzeichnis auf, überfliegt das Vorwort, blättert noch darin, während sein Blick schon über die nächste Bücherreihe gleitet und an zwei kleinformatigen Bänden festmacht ... dann stellt er den Goethe zurück und nimmt die beiden Bändchen aus dem Regal, hält sie eine Weile wägend in der Hand, gibt sich einen Ruck und liest ihr, ein wenig zu laut, aber mit fester Stimme, den Titel vor: *Liebesgeschichten aus Tausendundeiner Nacht.*

Was hier noch über das Lesen von Gedichten zu finden ist, über die Notwendigkeit von Gesprächen in der Familie, über die Schwierigkeiten, die junge Leute mit ihren Gefühlen haben, macht dieses Buch auch und gerade für Jugendliche lesenswert. Es ist sozusagen eine moderne Taugenichts-Novelle und eine *Erziehung des Herzens* am Anfang des 3. Jahrtausends.

Wer Kindern vorliest, fördert sie und sich selbst

»Herr Hase«, sagte das kleine Mädchen, »ich brauche Hilfe.«

»Hilfe, kleines Mädchen? Ich will dir gern helfen, wenn ich kann«, sagte Herr Hase.

»Herr Hase«, sagte das kleine Mädchen, »es ist wegen meiner Mutter.«

»Deine Mutter?« sagte Herr Hase.

»Sie hat Geburtstag«, sagte das kleine Mädchen.

»Herzliche Glückwünsche«, sagte Herr Hase. »Was schenkst du ihr denn?«

Das ist der Anfang des Bilderbuchs von Charlotte Zolotow und Maurice Sendak: *Mr. Rabbit and the Lovely Present (1962)*, *Herr Hase und das schöne Geschenk (1969)*.

Auf dem Bild sehen wir das kleine Mädchen traurig auf einem Waldweg stehen und vor ihr Herrn Hase, mit aufgerichteten Ohren dem Mädchen zugewandt. So hört auch das Kind der Mutter oder dem Vater zu, wenn sie ihm etwas vorlesen:

»Das ist es ja gerade«, sagte das kleine Mädchen, »deshalb brauche ich Hilfe. Ich habe gar kein Geschenk für sie.«

»Kein Geschenk für deine Mutter an ihrem Geburtstag?« sagte Herr Hase. »Kleines Mädchen, du brauchst wirklich dringend Hilfe!«

»Ich möchte ihr etwas geben, das sie gern hat«, sagte das kleine Mädchen.

»Etwas, das sie gern hat, ist ein gutes Geschenk«, sagte Herr Hase.

Dieses Bilderbuch ist nicht nur wegen der Bilder ein Klassiker geworden. Vor allem der Text ist bezaubernd. Es geht um drei für Kinder ganz zentrale und erfreuliche Themen: die Mutter, Geburtstage und Geschenke. Und die Kleine tut, was viele nur ungern tun. Sie bittet um Hilfe und bedankt sich am Ende:

»Ich danke dir für deine Hilfe, lieber Herr Hase«. Lieber Herr Hase, sagt sie, weil das Helfen einander näher bringt. Und er

antwortet, damit ihr das Sichhelfenlassen leichter fällt: »*Nicht der Rede wert*«, sagte Herr Hase. »*Ich habe dir gern geholfen.*«

Das Mädchen suchte nämlich Geschenke in den Lieblingsfarben der Mutter, was dem Hasen zuerst Gelegenheit gibt, ein gelbes Taxi, die gelbe Sonne, einen Kanarienvogel, Butter und schließlich Bananen vorzuschlagen.

Diese Geschichte ist ganz einfach geschrieben und für das Lernen der Sprache wunderbar geeignet. Bestimmte Worte und Wendungen werden mehrmals leicht verändert wiederholt: *Ich brauche Hilfe, ich will dir helfen, deshalb brauche ich Hilfe, du brauchst dringend Hilfe.* Und dann eine »Grammatikübung« zu den Farbadjektiven: *Rot, etwas Rotes, rote Strümpfe, rote Dächer, mit roten Vögeln, einen roten Feuerwehrwagen, mit roten Äpfeln.*

Um dieses Bilderbuch vorzulesen, braucht die Mutter sieben Minuten. Aber viel mehr Zeit kann sie mit ihrem Kind damit verbringen, über das kleine Mädchen und den Hasen zu sprechen, die Bilder anzuschauen, auf denen einiges zu sehen ist, was im Text nicht genannt ist, aber auch dazugehört: ein Dorf, der Wald und seine Wege, Wiesen, ein blauer See mit drei Birken, eine Brücke über einen Bach und die nächtliche Veranda vor dem Holzhaus, als das kleine Mädchen mit dem Geschenkkorb im Arm von ihrem Ratgeber Abschied nimmt.

Wer solche Bücher Kindern vorliest und mit ihnen darüber spricht, hilft ihnen, in die Sprache hineinzuwachsen und die Welt besser zu verstehen, und weckt in ihnen die Liebe zu den Büchern, in denen solche Geschichten zu lesen sind, und den Wunsch, bald auch selbst solche Bücher lesen zu können.

Deshalb ist auch der *Bundesweite Vorlesetag,* den *DIE ZEIT,* die Stiftung Lesen und die Deutsche Bahn am 15. November 2013 zum zehnten Mal organisieren, ein so wichtiges Signal.

Und wer Kindern vorliest, gewinnt auch selber dabei, vielleicht die Erkenntnis, die Marie von Ebner-Eschenbach so formuliert hat: *Wenn jeder dem andern helfen wollte, wäre allen geholfen.* Und daß man, wenn man andere glücklich macht, auch selber glücklicher wird.

Dies ist auch die Wirkung mancher Gespräche.

6. Wer liest, führt ein Gespräch

Wozu hat der Mensch die Sprache? Um anderen Menschen zuzuhören und mit ihnen ins Gespräch zu kommen. Friedrich Hölderlin sagt dies in seiner Hymne *Andenken (1803)* so:

> ... Doch gut
> Ist ein Gespräch und zu sagen
> Des Herzens Meinung, zu hören viel
> Von Tagen der Lieb',
> Und Taten, welche geschehen.

In guten Gesprächen hören und erzählen wir Erlebnisse oder wollen *des Herzens Meinung* hören und sagen.

Auch Martin Buber hielt in seinem Buch *Ich und Du (1923)* die Aufrichtigkeit für das Wichtigste in einem Gespräch. Beim echten Gespräch sind wir beim Hören wie beim Sprechen ganz da. Manchmal höre ich fast nur zu. Und wenn ich spreche, spreche ich, so gut ich kann, d.h. auf dem mir möglichen Niveau. Und wenn der andere oder die andere anders spricht als ich und anderes weiß oder eine andere Meinung hat als ich – um so besser! Dann und nur dann besteht die Möglichkeit, daß ich etwas dazulerne. Gerade deshalb ist die Lektüre von Büchern so bereichernd, weil ich anderes höre, als ich erwarte.

> »Was ist herrlicher als Gold?« fragte der König. – »Das Licht«, antwortete die Schlange. – »Was ist erquicklicher als Licht?« fragte jener. – »Das Gespräch«, antwortete diese.

So heißt es in Goethes *Märchen,* veröffentlicht 1795 in den *Unterhaltungen deutscher Ausgewanderten.* Heute findet Unterhaltung vor allem in visuellen Medien statt, man unterhält sich seltener miteinander, sondern läßt sich unterhalten, was Geld und Zeit kostet, aber einfacher ist – oder nur scheint. Denn ein unterhaltsames Gespräch ist nicht schwer. Wir brauchen nur den anderen zu fragen, was er erlebt hat, dann ergibt sich leicht ein Gespräch, bei dem auch wir etwas erzählen können.

Und wenn wir allein sind, können wir lesen und uns beim Lesen unterhalten. Können wir auch aus den Dialogen in Büchern etwas lernen? Oft können wir sehen und hören, wie man es nicht machen sollte, wie Menschen aneinander vorbeireden oder in Streit geraten. In Fontanes Romanen wiederum bewundern wir, wie aufmerksam Menschen miteinander sprechen.

Wie aber können wir beim Lesen eines Buches oder eines Zeitungsartikels mit dem Autor ins Gespräch kommen?

Bei Zeitungsartikeln, vor allem bei Kommentaren, ist es klar, daß der Journalist den Kommentar für uns schreibt, die wir ihn lesen und dabei hören. Wir antworten, indem wir uns eine eigene Meinung bilden, vielleicht auch einen Leserbrief schreiben.

Aber auch bei literarischen Texten hören wir, indem wir sie leise oder laut lesen, in unserer Stimme auch die Stimme des Autors. Dies ist ganz deutlich in Erzählungen und Romanen, an deren Anfang ein Ich spricht:

Was ich von der Geschichte des armen Werther nur habe auffinden können, habe ich mit Fleiß gesammelt ... (Goethe, *Die Leiden des jungen Werther, 1774*)

Sie haben mir eine Strafarbeit gegeben. (Siegfried Lenz, *Deutschstunde, 1968*)

»Wäre ich ein Mädchen, ich würde mich auf der Stelle in dich verlieben.« (Hansjörg Schertenleib, *Cowboysommer, 2010*)

Ich betrete das Treppenhaus durch eine unscheinbare Seitentür ... (Albert von Schirnding, *Vorläufige Ankunft, 2010*).

Besonders auffällig spricht ein Ich in Christoph Ransmayrs *Atlas eines ängstlichen Mannes (2012)*. Denn alle 70 Episoden dieses Buches beginnen mit den Worten »*Ich sah ...*« Und dann erinnert sich der Erzähler an Begegnungen mit Menschen und Landschaften, aber auch mit Tieren und lädt uns zum Zusehen und Zuhören ein.

Dank diesem Ich ergibt sich automatisch ein Gespräch zwischen Erzähler und Leser. Manchmal ist das weniger offenbar. Hier der Anfang des 1995 erschienenen Romans *Plötzlich ist es Abend* von Petra Morsbach, in dem das Leben einer Sowjetbürgerin zwischen 1950 und 1991 erzählt wird:

Ljusja ist vierundzwanzig Jahre alt, hat ein uneheliches Kind und arbeitet in der Kugellagerfabrik »Fortschritt«; das heißt, in diesem Augenblick sitzt sie in ihrem Zimmerchen in einer kommunalen Wohnung auf der Petrograder Seite und träumt von der Liebe.

Schon im ersten Satz kommt uns die alleinerziehende, von einer neuen Liebe träumende Ludmilla nahe, vielleicht auch weil wir bei den Worten *das heißt* spüren, daß uns jemand diese Geschichte erzählt und uns *in diesem Augenblick* in dieses *Zimmerchen* einlädt und hinzufügt: *Wir sind in Leningrad, im Februar des Jahres neunzehnhundertfünfzig.* Jetzt sind wir ganz dabei. Und dann geht's los, und wir hören es: *Es klingelt.*

Im folgenden Text gibt es scheinbar keinen Erzähler. Es ist die erste Szene aus *Paare Passanten (1981)* von Botho Strauß:

Ein Mann in einem grauen, zu kurzen Anzug, der im Restaurant allein am Tisch sitzt, ruft plötzlich »Psst!« in die dahinplappernde Menge der Gäste, so laut, daß alle, nachdem er dies zwei Mal wiederholt hat, zu seinem Tisch hinblicken und das Stimmengewoge stockt, beinahe versickert und nach einem letzten, kräftigen »Psst!« des Mannes endlich einer Totenstille weicht. Der Mann hebt den Finger und sieht horchend zur Seite und alle anderen horchen mit ihm still zur Seite. Dann schüttelt der Mann den Kopf: nein, es war nichts. Die Gäste rühren sich wieder, sie lachen albern und uzen den Mann, der sie zu hören ermahnte und die gemischteste Gesellschaft in eine einträchtig hörende Schar verwandelt hatte, wenn auch nur für Sekunden.

Wenn wir dies aufmerksam lesen, merken wir, daß wir auch hier jemandem zuhören. Wer weiß denn, daß der graue Anzug des Mannes *zu kurz* ist? Nur der Erzähler, also Botho Strauß, kann das wissen. Er selbst hat diese Szene gesehen oder sich ausgedacht und aufgeschrieben, in der Erwartung, daß andere diese Geschichte lesen und dabei hören und sehen.

So führen wir, wenn wir lesen, immer ein Gespräch mit dem Autor, aber auch mit seinen Gestalten.

Martin Walser fand dazu in einer Rede in Bergen-Enkheim 1977 folgenden Vergleich:

> Wird also die Seele oder das Bewußtsein beim Lesen aktiver als beim Filmanschauen? Ja, weil das Geschriebene unfertig ist und von jedem Leser erst zum Leben erweckt und dadurch vollendet werden muß; kein bißchen anders als die Notenschrift des Komponisten durch den Sänger, den Pianisten und so weiter. Der Leser ist vergleichbar eher dem, der musiziert, als dem, der Musik hört.

Was für ein schmeichelhaftes Lob, das zwar stark übertrieben ist – denn unfertig sind weder die Werke von Petra Morsbach noch von Botho Strauß noch von Martin Walser –, doch wir nehmen es gern als Ermutigung und als Einladung zum Gespräch mit den Autorinnen und Autoren, wohl wissend, daß wir, wenn wir ein Buch lesen, zur großen Gemeinschaft derer gehören, die vor uns das Buch gelesen haben, und derer, die es nach uns lesen werden.

Aber damit ein Dialog zwischen uns, die wir lesen, und dem Autor bzw. der Autorin zustande kommt, wollen wir uns doch bemühen, das Buch möglichst so zu lesen, wie es gemeint war. Doch je besser ein Buch ist, desto öfter geschieht, was Marie von Ebner-Eschenbach in einem ihrer Aphorismen sagte (die hier jeweils nach der Reclam-Ausgabe zitiert sind):

In einem guten Buche stehen mehr Wahrheiten, als sein Verfasser hineinzuschreiben meinte.

Warum ist das so? Weil wir beim Lesen geistig fast immer hellwach sind, mitdenken, nachdenken und selber denken und dabei manches Neue finden. Aber auch unsere Sinne werden beim Lesen angeregt und gefördert, vor allem das Sehen und das Hören. Darum geht es im zweiten Teil dieses Buches.

Doch zuvor noch ein erstes Fazit.

7. Erstes Fazit mit Friedrich Schiller

Was unterscheidet Gedanken, haben wir uns oben gefragt, von gesprochenen und geschriebenen Worten? Ein Gedanke ist unhörbar, unsichtbar und flüchtig. Wenn wir ihn aussprechen, wird er hörbar; und wenn wir ihn aufschreiben, außerdem »körperlich« sichtbar und haltbar. So kann ein zunächst stummer Gedanke in der Schrift Jahrhunderte überdauern.

Friedrich Schiller (1759 – 1805) sagte das in seiner Elegie *Der Spaziergang (1795)* in einem einzigen Doppelvers so:

> Körper und Stimme leiht die Schrift dem stummen Gedanken,
> Durch der Jahrhunderte Strom trägt ihn das redende Blatt.

Dieses Distichon, das seit 1916 am Portal der Deutschen Bücherei in Leipzig zu lesen ist, meinte ursprünglich den Buchdruck, durch den die Gedanken dauerhaft fixiert werden:

> Körper und Stimme leiht dem stummen Gedanken die Presse ...

Wo aber bleibt der Leser? Schiller spricht hier nur vom Autor, also dem »Sender«, und seiner »Botschaft«, die im »Medium« Schrift auf dem Blatt eines Buches, einer Zeitschrift oder einer Zeitung den *Strom der Jahrhunderte* überdauern kann.

Vom »Empfänger«, dem Leser, braucht Schiller nicht zu sprechen. Aber wir Leser sind gemeint. Wir lesen und sehen die in den Buchstaben verkörperten Gedanken des Autors, hören seine *Stimme* und Rede, übersetzen sie in Gedanken und sehen schließlich vor unserem geistigen Auge das Bild des Zeitstroms, auf dem das *redende Blatt* Papier mit den Gedanken und Worten und Bildern des Autors dahinsegelt und von uns immer wieder neu angehalten, gelesen, gehört und neu gedacht werden kann. Indem wir lesen, sind wir also in höchster geistiger und sprachlicher Aktivität und machen dabei, ohne es zu bemerken, in unseren sprachlichen und geistigen Möglichkeiten Fortschritte, die wir anders nicht machen könnten.

Doch der Mensch kann und will nicht immer nur denken.

Wer liest, verfeinert auch seine Sinne

Bei guten Freunden bedauern wir manchmal, daß wir ihnen nicht schon früher begegnet sind. Das kann auch bei Büchern so sein, obwohl wir uns doch freuen sollten, daß wir sie überhaupt entdeckt haben. Hermann Hesse (1877 – 1962) zum Beispiel galt in der Germanistik nicht viel, weshalb ich ihn lange übersehen habe. Erst als eine kluge Freundin uns von ihm erzählte, begann ich Hesse zu lesen, zuerst *Knulp (1915)*.

Knulp ist ein Landstreicher, ein Homo viator, der am Ende seines Lebens noch einmal in seinen Heimatort Gerbersau – gemeint ist Calw – zurückkehrt, wo er vor Jahrzehnten die Lateinschule verlassen hat, um einem Mädchen zu imponieren:

> Noch einmal kostete der Heimgekehrte das Licht und den Duft, die Geräusche und Gerüche der Heimat und die ganze erregende und sättigende Vertrautheit des Daheimseins: Gewühl der Bauern und Bürger auf dem Viehmarkt, durchsonnte Schatten brauner Kastanienbäume, Trauerflug dunkler Herbstfalter an der Stadtmauer, Klang des vierstrahligen Marktbrunnens, Weingeruch und hohles hölzernes Gehämmer aus der gewölbten Kellereinfahrt des Küfermeisters […].
>
> Mit allen Sinnen schlürfte der Heimatlose den vielfältigen Zauber des Zuhauseseins, des Kennens, des Wissens, des Sicherinnerns, der Kameradschaft mit jeder Straßenecke und jedem Prellstein. […] Am Flusse stand er lange und lehnte an der hölzernen Brüstung überm ziehenden Wasser, worin das dunkle Seegras langhaarig wallte und die schmalen Rücken der Fische schwarz und stille über den zitternden Kieseln standen. Er ging über den alten Steg und ließ sich in der Mitte in die Kniekehlen sinken, um wie als Knabe den feinen, lebendig elastischen Gegenschwung des Brückleins in sich zu spüren.

Mit allen Sinnen schlürft Knulp, dieser melancholische Enkel des romantischen Taugenichts, *das Licht und den Duft, die Geräusche und Gerüche* der Kleinstadt in sich auf und spürt am Ende sogar noch mit Bauch und Beinen das Holz der Brük-ke über die Nagold. Solche Schilderungen können auch unsere Wahrnehmungen verfeinern, weil wir sie in Zukunft vielleicht ein wenig besser beschreiben können als bisher. Das gilt vor allem für die zwei wichtigsten Sinne: das Hören und das Sehen.

In den bisherigen Kapiteln ging es darum, wie das Lesen unsere geistigen Fähigkeiten »trainiert«: das Denken, das Hören von Sprache, das Sprechen, das Schreiben, das Gedächtnis und natürlich das Lesen selbst.

Nun geht es um die »sinnlichen« Fähigkeiten: Sehen, Hören, Riechen, Schmecken und Tasten. Diese fünf Sinne hat Aristoteles in seiner Schrift *Über die Seele (Perì psychēs, De anima)* als erster beschrieben. Seither wird in allen Büchern das Sehen als erster Sinn genannt. Es ist insofern auch der wichtigste Sinn, weil es, es sei denn wir schließen die Augen oder im Stockdunklen, immer etwas zu sehen gibt, nicht immer aber etwas zu hören, erst recht nicht zu riechen, zu schmecken und zu tasten. Auch ist das Sehen im Gegensatz zum Hören (und Riechen) ein aktiver Sinn: Wir können auswählen, was wir sehen wollen.

Schließlich gibt es beim Sehen noch mehr Möglichkeiten als beim Hören. Wir können Menschen, Tiere, Pflanzen, Landschaften, Kunst und menschengemachte Gegenstände sehen und dabei auf vier Besonderheiten achten: die Formen, die Farben, den Raum und die Bewegung. Diese vier Seh-Aufgaben werden im Gehirn an verschiedenen Stellen bearbeitet, weshalb der Sehsinn auch den meisten Platz im Gehirn beansprucht.

Doch das Hören ist für den Menschen noch zentraler, weil er die Sprache, die ihn zum Menschen macht, nur als Hörender (und Denkender und Lesender) lernt und versteht. Wir können auch Musik, Tierstimmen und Geräusche hören, das Wichtigste aber sind die an uns gerichteten Worte. Dazu paßt sehr schön eine Redewendung, die Barbara König (1925 – 2011) 1971 für ein Hörspiel und Ludwig Steinherr 2012 für einen Gedichtband zum Titel gewählt hat: *Ich bin ganz Ohr.*

8. Wer liest, lernt den Sprachklang hören

In Kapitel 5 wurde das Hören als Verstehen beschrieben. Die Sprache hat aber auch Klang und Rhythmus, was hier an drei bekannten Gedichten gezeigt werden soll.

Der Klang der Sprache

Georg Trakl (1887 – 1914): Ein Winterabend (1912)

Wenn der Schnee ans Fenster fällt,
Lang die Abendglocke läutet,
Vielen ist der Tisch bereitet
Und das Haus ist wohlbestellt.

Mancher auf der Wanderschaft
Kommt ans Tor auf dunklen Pfaden.
Golden blüht der Baum der Gnaden
Aus der Erde kühlem Saft.

Wanderer tritt still herein;
Schmerz versteinerte die Schwelle.
Da erglänzt in reiner Helle
Auf dem Tische Brot und Wein.

In Versen ist die Musikalität im Klang der Vokale und Konsonanten hörbar und, wenn sie gereimt sind, auch in den Reimen:

Wenn der Schnee ans Fenster fällt,
(im ersten Vers sechs E-Laute und in der Mitte das A)
Lang die Abendglocke läutet,
(im zweiten Vers A und O und L wie Glockenklang)
Vielen ist der Tisch bereitet
(im dritten Vers I und E)
Und das Haus ist wohlbestellt.
(Schließlich der Wohlklang aller Vokale)

Das Gedicht beschreibt den Weg eines Menschen aus dem Dunkel ins Licht: Wenn der erste Schnee fällt, werden die Häuser für Weihnachten vorbereitet, auch das Haus Gottes, die Kirche, wo *vielen der Tisch bereitet ist* (am Abendmahlstisch reicht Jesus den Jüngern den Wein mit den Worten: »Dies ist mein Blut, das für *viele* vergossen wird«, Mk 14,24). (Strophe 1)

Mancher auf der Wanderschaft kehrt im Dezember wie der verlorene Sohn *auf dunklen Pfaden* zurück in die Heimat und sieht den Christ*baum,* der *golden* strahlt und *blüht.* (Str. 2)

Doch die Reue tut weh, man hört es im »sch«, im »e« und im »i«: *Schmerz versteinerte die Schwelle.* Doch dieser vergeht im Anblick von Brot und Wein, daher die Vergangenheitsform *»verstéinertè«,* wobei die letzte Silbe leicht betont ist. (Str. 3)

Zum Vergleich das wohl bekannteste Gedicht von Friedrich Nietzsche, der damals an seinem *Zarathustra* schrieb:

Friedrich Nietzsche (1844 – 1900): Vereinsamt (1884)

Die Krähen schrein
Und ziehen schwirren Flugs zur Stadt:
Bald wird es schnein –
Wohl dem, der jetzt noch – Heimat hat!

Nun stehst du starr,
Schaust rückwärts, ach! wie lange schon!
Was bist du Narr
Vor Winters in die Welt – entflohn?

Die Welt ein Tor
Zu tausend Wüsten stumm und kalt!
Wer das verlor,
Was du verlorst, macht nirgends halt.

Nun stehst du bleich,
Zur Winter-Wanderschaft verflucht,
Dem Rauche gleich,
Der stets nach kältern Himmeln sucht.

Flieg, Vogel, schnarr
Dein Lied im Wüsten-Vogel-Ton! –
Versteck, du Narr,
Dein blutend Herz in Eis und Hohn!

Die Krähen schrein
Und ziehen schwirren Flugs zur Stadt:
Bald wird es schnein –
Weh dem, der keine Heimat hat!

In den ersten Versen wird dreifach vor dem Winter gewarnt: Man hört *die Krähen schrein,* sieht sie *zur Stadt* fliegen und riecht und spürt schon den Schnee. Aus dem Fazit *Wohl dem, der jetzt noch Heimat hat* ergibt sich ein Selbstgespräch.

Das Ich beschimpft sich zweimal als *»du Narr«,* und als Pastorensohn kennt Nietzsche die Bergpredigt: *Wer zu seinem Bruder sagt: »Du Narr!«, ist des höllischen Feuers schuldig. (Mt 5,22)* Warum Narr? Weil er vor dem Winter aus der Heimat geflohen ist (Str. 2), in eine Wüsten-Welt (Str. 3), sich zur *Winter-Wanderschaft verflucht* hat (Str. 4) und sein heimwehkrankes Herz verhöhnt (Str. 5).

Und dann die Schreckensklage: *Weh dem, der keine Heimat hat!* Was ist hier Heimat? Die Stadt mit ihren Bürgerhäusern und Kirchtürmen, zu der die Krähen sich flüchten? Das *dumpfe deutsche Stubenglück,* das Nietzsche in zwei späteren *Antwort-*Strophen zu diesem Gedicht verhöhnt? Der traditionelle Glaube?

Die Schärfe der Selbstvorwürfe wird erhöht durch die Intensität der Bilder und Klänge, hier vor allem in den Stabreimen: *vereinsamt, Flug, entflohn, verlor, verflucht* usw.; oder: *Welt, Wüsten, Winter-Wanderschaft, Wüstenvogel;* oder: *schrein, schwirren, Stadt, schnein, stehst, starr, schaust, schon, stumm, schnarr …*

Bei Nietzsche geht einer trotzig auf *Winter-Wanderschaft.* Bei Trakl kehrt einer von einer *Wanderschaft … auf dunklen Pfaden* reuevoll zurück. So kann Trakls *Winterabend* als geheimnisvolle Antwort auf Nietzsches *Vereinsamt* gelesen werden.

Der Rhythmus der Sprache

Freundschaften beruhen oft auf Gemeinsamkeiten: Gefährten gehen miteinander auf »Fahrt« und auf Wanderschaft, Genossen »genießen« miteinander wie Kumpane das Brot (lat. panis, dazu: cumpanio, frz. compagnon), Kameraden schlafen in derselben »Kammer«, Gesellen (althochdeutsch »Gisaljon«) im selben »Saal«. Eichendorffs Gedicht *Die zwei Gesellen* trifft heute vielleicht noch mehr als 1818, als es unter dem Titel *Frühlingsfahrt* erschien, die Situation mancher Jugendlicher.

Joseph v. Eichendorff (1788-1857): Die zwei Gesellen

Es zogen zwei rüst'ge Gesellen
Zum ersten Mal von Haus,
So jubelnd recht in die hellen,
Klingenden, singenden Wellen
Des vollen Frühlings hinaus.

Die strebten nach hohen Dingen,
Die wollten trotz Lust und Schmerz,
Was Recht's in der Welt vollbringen,
Und wem sie vorübergingen,
Dem lachten Sinnen und Herz. –

Der erste, der fand ein Liebchen,
Die Schwieger kauft' Hof und Haus;
Der wiegte gar bald ein Bübchen,
Und sah aus heimlichem Stübchen
Behaglich ins Feld hinaus.

Dem zweiten sangen und logen
Die tausend Stimmen im Grund,
Verlockend' Sirenen, und zogen
Ihn in der buhlenden Wogen
Farbig klingenden Schlund.

Und wie er auftaucht vom Schlunde,
Da war er müde und alt,
Sein Schifflein das lag im Grunde,
So still war's rings in die Runde,
Und über die Wasser weht's kalt.

Es singen und klingen die Wellen
Des Frühlings wohl über mir;
Und seh ich so kecke Gesellen,
Die Tränen im Auge mir schwellen –
Ach Gott, führ uns liebreich zu Dir!

Wie hoffnungsfroh ziehen die beiden in die Welt. Man hört es am *klingenden, singenden* Dreivierteltakt-Rhythmus. Nur der zweite Vers, der einzige rein jambische, ist langsam, zögernd – auf der Schwelle vor dem Schritt in den Ernst des Lebens.

Der eine hat Glück, heiratet, kommt dank Schwiegermutter zu einem Hof. Das erste Kind: ein Bub! Was will man mehr? Er selbst wollte mehr – als sich ins gemachte Nest setzen! Die Welt, die er hatte erobern wollen, sieht er nur noch vom Sessel aus. Er ist ein Kleingeist geworden, was im Reim hörbar ist: *Liebchen, Bübchen, Stübchen!* Und der Rhythmus der fünf ihn betreffenden Verse ist viermal erst schnell, dann gebremst.

Der zweite Geselle, dem Wanderer bei Nietzsche und Trakl verwandt, erlebt Abenteuer in Fülle. Das hört man auch an den dunklen Vokalen im Reim und am Rhythmus »seiner« Verse, die zum Ende hin schneller werden. Und nach den kurzen Sätzen der dritten Strophe folgt in der vierten ein einziger langer, den Atem raubender Satz, in dem dieser Geselle *verlockenden Sirenen* begegnet, die *ihn in der buhlenden Wogen farbig klingenden Schlund* hinabziehen: mit Bildern, Klängen und Händen.

So scheitern beide, obwohl sie *was Rechtes wollten.* Nietzsche endet mit der *Weh*-Klage des Heimatlosen, Eichendorff in einem Vers, in dem fast alle Silben betont sind, mit dem *Ach* der Sehnsucht nach der himmlischen Heimat, wo »Gott wird abwischen alle *Tränen* von ihren *Augen.« (Offenbarung 7,17)*

Wer Noten liest, lernt hören und – genau lesen

Vor fast 3000 Jahren übernahmen die Griechen von den Phöniziern die Buchstabenschrift und erweiterten sie um Buchstaben für die Vokale, was eine beispiellose literarische und kulturelle Tradition möglich machte.

Die geniale Erfindung der Notenschrift vor fast 1000 Jahren durch Guido von Arezzo ermöglichte die Entwicklung der mehrstimmigen Musik und – was für unser Thema wichtig ist – das Selbststudium beim Musizieren.

Hier die ersten vier Noten von drei bekannten Musikstücken:

Es handelt sich, manche erkennen das gleich, um die Anfänge von Händels *Halleluja (1742)*, Beethovens 5. Symphonie (1808) und *Stille Nacht, heilige Nacht (1818)*. Warum kann man diese Musikstücke schon nach vier Noten erkennen? Nehmen wir als Beispiel das Weihnachtslied von Franz Gruber, das einen Umfang von 18 Noten hat, nämlich elf ganzen und sieben halben zwischen dem tiefen H und dem hohen E. Wenn man unter diesen 18 Noten auswählen kann, hat man bei vier Noten 104 976 Möglichkeiten. Wenn wir noch fünf Tonlängen dazu nähmen – Ganze, Halbe, Viertel, Achtel, Sechzehntel –, gäbe es mehr als 100 Millionen Möglichkeiten, freilich würde man den Anfang von *Stille Nacht* auch mit einem etwas anderen Rhythmus noch erkennen.

Allerdings sind die schönsten Melodien oft schon gefunden worden, weshalb Komponisten, die etwas Neues finden wollen, möglicherweise in weniger wohlklingende ausweichen müssen. Da haben es die Dichter und Journalisten besser, weil es in jeder Zeit neue Situationen und Probleme und neue Stoffe gibt.

Das Lesen jedoch ist seit Jahrhunderten in etwa gleich geblieben, auch das Notenlesen, welches ein besonderes Lesen ist und höchste Konzentration verlangt. Wie bei den Zahlen führt jede falsch gelesene Note zu einem unrichtigen Ergebnis. Auch deshalb ist die Musik mit der Mathematik verwandt. Ein Wort kann ich erkennen, wenn ich nur einen Teil gesehen habe, bei Zahlen, bei Noten und Melodien geht das nicht. Deshalb übt man beim Notenlesen auch das genaue Lesen von Texten.

Beim Lesen von Texten und Noten kommt das Hören hinzu. Ich höre, was ich lese. Aber das Notenlesen ist meistens nur eine Vorstufe für das Singen oder Musizieren. Und wenn der Musiker ein Instrument spielt, dann setzt er nicht nur Noten in Töne um, sondern auch in Bewegungen und in oft mehrstimmige Gebilde, die ein gleichzeitiges Denken, Fühlen und Bewegen auf verschiedenen Ebenen (Melodik, Harmonik, Rhythmik, Form etc.) und in verschiedenen Stimmen nötig macht.

Und indem ich singe oder ein Instrument spiele, höre ich die Musik, die ähnlich wie das meiste, was wir lesen, ein weit höheres Niveau hat als das, was ich selbst erreichen kann. Und da wir beim Singen und Musizieren selbst im höchsten Maße aktiv und produktiv sind, sind wir auch glücklich dabei. Denn *alle lieben mehr, was mit Mühe zustande gekommen ist,* so Aristoteles im 9. Buch der *Nikomachischen Ethik.* Und beim Musizieren tun wir zudem noch etwas besonders Schönes. Die Musik wird nicht ohne Grund eine himmlische Kunst genannt. Um weiterzukommen, müssen wir jedoch mit Disziplin üben, aber wir sehen wie beim Sport den Sinn des Übens ein, weil wir unsere Fortschritte hören und uns darüber freuen können. So trägt das Musizieren nicht nur zur geistigen und emotionalen Entwicklung der Kinder bei, sondern auch zu ihrem Lebensglück.

Aber auch beim Lesen bringen wir, wie beim Musizieren, das vom Autor Geschriebene uns selbst zu Gehör. Auch das ist eine Aktivität auf hohem Niveau. Doch wir hören nicht nur, was der Autor uns sagt, wir sehen auch, was er zeigt, und lernen so beim Lesen auch besser sehen.

9. Wer liest, lernt auch besser sehen

Vor fast 3000 Jahren schrieb ein frommer Jude die Geschichte von der Erschaffung der Tiere und des Menschen im Paradies auf, die am Anfang der Bibel zu lesen ist:

> Und Gott der HERR machte aus Erde alle die Tiere auf dem Felde und alle die Vögel unter dem Himmel und brachte sie zu dem Menschen, daß er sähe, wie er sie nennte; denn wie der Mensch jedes Tier nennen würde, so sollte es heißen. Und der Mensch gab einem jeden Vieh und Vogel unter dem Himmel und Tier auf dem Felde seinen Namen. *(1. Mose 2, 19f.)*

Diesen Auftrag, den Tieren, aber auch allem, was er sieht, Namen zu geben, hat der Mensch seit jeher sehr ernst genommen. Auch werdende Eltern überlegen oft monatelang, wie sie ein Kind nennen sollen. Warum? Weil der Mensch sich nur dann die Erde *untertan machen* kann (was er neuerdings auf erschreckende Weise übertreibt), wenn er alles benennen und so über alles sprechen kann.

Wie aber lernt der Mensch das Sehen? Hören kann, wie schon mehrfach erwähnt, das Kind schon im Mutterleib. Sehen lernt das Neugeborene erst allmählich. Zu Beginn kann es nur etwa 25 cm weit scharf sehen, nämlich von der Mutterbrust bis zum Gesicht der Mutter. Farben kann das kleine Kind erst nach mehreren Monaten sehen. Warum? Weil das Sehen erst dann wirklich notwendig wird, wenn wir uns bewegen und dabei orientieren müssen. Das Hören, genauer das Hören der Muttersprache, ist hingegen von Anfang an wichtig, weil das Kind nur hörend die Sprache lernen und in die Sprache und das Denken hineinwachsen kann. Welche Verbindung aber besteht zwischen Hören, Sprechen und Sehen?

Daß ein Hund Wauwau, ein Auto Auto und ein Stoffbär Teddy heißt, hört und erfährt das Kind von seinen Eltern. Und wenn es weiß, wie die Menschen, die Tiere und die Dinge heißen, kann es sie auch besser sehen und einordnen.

Wer liest, lernt die Wirklichkeit besser sehen

Da war ein Gewächs mit zinnoberroten Bündeln kleiner Blü-
ten, das hieß brennende Liebe, und eine zarte Staude trug
an dünnen Stengeln hängend viele herzförmige rot und wei-
ße Blumen, die nannte man Frauenherzen, und ein anderer
Strauch hieß die stinkende Hoffart.

Vermutlich hat Hermann Hesse die Namen dieser Pflanzen im
elterlichen Garten von seiner Mutter gehört. Wir aber erfahren
diese Namen aus seiner Erzählung *Der Zyklon (1917)* und erkennen dann vielleicht in anderen Gärten die *brennende Liebe*
und die *Frauenherzen*. Wenn wir ihre Namen aber nicht wissen,
dann bemerken wir diese Pflanzen vielleicht gar nicht, jedenfalls sehen wir sie anders.

Besonders schmerzlich empfinde ich persönlich dieses Gefühl des Nichtkennens bei Bergen. Erst wenn ich ihre Namen
kenne, kann ich sie richtig bewundern.

Beim Namensuchen kann uns neuerdings auch das Internet
helfen, und wenn wir unterwegs sind, das Handy. Aber anders
als in einem Buch, einem Magazin oder der Reisebeilage einer Zeitung erfahren wir die Namen nicht im Zusammenhang.
Und das Display eines Smartphones ist und bleibt sehr viel
kleiner als eine Landkarte, die zu lesen übrigens auch eine geistige Tätigkeit ist, während man durch die ständige Benützung
des »Navis« allmählich sein Orientierungsvermögen verliert.
Und manchmal klingen die Namen der Berge fast wie Poesie:

Bald kannten wir die Namen der Geislerspitzen: die Kleine
Fermeda ganz rechts, die Große Fermeda, der Villnößer Turm,
die Odla [ladinisch = Nadel] ... das sind die kleinen Geisler, die
Mittagsscharte trennt sie von der Hauptgruppe. Dort steht der
breite Saß Rigais, mehr als 3000 Meter hoch, und links davon
die schöne und schmale Furchetta [= Gabel], die fast gleich
hoch ist. Dann kommen noch der Wasserkofel, die Valdussa-
Odla, der Wasserstuhl und der Kampiller Turm.

So beschreibt Reinhold Messner in seiner Autobiographie *Die Freiheit, aufzubrechen, wohin ich will (1989)* die Berge, unter denen er aufwuchs. Ein Farbfoto dieser inzwischen von der UNESCO in die Liste der schönsten Landschaften der Welt aufgenommenen Berge scheint zunächst noch schöner als jede Beschreibung. Aber Fotos und Filme können auch unsere Wahrnehmung beeinträchtigen, während das Lesen sie fördern kann. Warum ist das so? Fotos und Filme zeigen fast nur attraktive Ausschnitte aus der viel größeren Wirklichkeit. Und es fehlt alles, was die anderen Sinne anspricht: die Hitze oder Kälte, die Gerüche, die Mücken, die Müdigkeit, der Lärm usw.

Wie wir beim Lesen die Welt kennenlernen können, bevor wir auf Reisen gehen, hat Thomas Hürlimann in seinem Buch *Der Sprung in den Papierkorb (2008)* so beschrieben:

> Im Leben bin ich oft etwas langsam. ... Aber als Leser war ich mir stets voraus, und schon in frühen Kinderjahren, kaum hatte ich das Alphabet erlernt, sah ich vom Gipfel meines Bücherberges herab auf die ganze Welt, auf Wüsten Meere Länder, auf Paläste Götter Untergänge, auf Zerstörungen und Zukünfte. Das hat mir in späteren Jahren das Reisen nicht verleidet, im Gegenteil. Gewisse Landschaften, etwa die schädelkahlen Hügel Griechenlands oder eine Stadt wie St. Petersburg, lockten mich an, weil ich sie durch Erhart Kästner oder Dostojewskij bereits kannte. Enttäuscht wurde ich nie. Die Dichter hatten mich in die Schönheiten und Abgründe dieser Orte eingestimmt.
>
> Nur als ich in New York ankam, hatte ich ein schales Gefühl. Die erwartete Sensation wollte sich nicht einstellen, und ich meine den Grund dieser Enttäuschung zu kennen. New York hatte ich nicht als Leser, sondern im Kino kennengelernt. Kein Déjà-lu, ein Déjà-vu-Erlebnis!

Es gibt nichts Sichtbares, was nicht beschrieben und beim Lesen vom inneren Auge gesehen werden kann, und nichts Sichtbares, was durch die Beschreibung nicht noch sichtbarer würde. Das gilt ganz besonders bei der Betrachtung von Kunstwerken.

Wer liest, lernt die Kunst besser sehen

Die Malerei unterscheidet sich in zweifacher Hinsicht von Literatur und Musik: Sie scheint stumm und wendet sich ans Auge. Die Literatur spricht und richtet sich über Auge und Ohr zunächst an den Geist, und die Musik an unser Ohr und unsere Emotionen. Manche Maler jedoch versuchen die Stummheit der Kunst zu überwinden: die religiösen Maler, die Historienmaler, auch die Symbolisten wie Arnold Böcklin, der einmal sagte:

Wie es die Aufgabe der Dichtung ist, Gedanken in uns zu erzeugen, die der Musik, Gefühle auszudrücken oder hervorzurufen, so soll die Malerei erheben! Ein Bildwerk soll etwas erzählen und dem Beschauer zu denken geben, so gut wie eine Dichtung, und ihm einen Eindruck machen, wie ein Tonstück. Auch sagte er:

Wozu über Bilder schreiben? Die sprechen für sich selbst.

Oft ist aber schon die Sprache mehrdeutig. Die Kunst ist es erst recht. Dies soll hier an zwei Bildern gezeigt werden, die ich immer wieder mit Schülern betrachtet habe:

Das eine malte der junge Henri de Toulouse-Lautrec (1864 – 1901) im Jahr 1888: »Au cirque Fernando«. Dieses Bild, heute im Art Institute in Chicago, kaufte der Eigentümer des Moulin Rouge und stellte es dort im Foyer aus.

Dort hat es Georges Seurat (1859 – 1891) mit Sicherheit gesehen und malte 1891 im selben Zirkus sein letztes Bild: »Cirque«, das heute im Musée d'Orsay zu bewundern ist. Beide Bilder zeigen dieselbe Szene und dieselben Personen: Zirkusdirektor Loyal, drei Clowns, einen Schimmel, eine Reiterin. Doch unterschiedlicher könnte man dieselbe Szene kaum malen.

Toulouse-Lautrec stellt die Beziehung zwischen dem Zirkusdirektor, dem animalischen Spiegelbild des von hinten gezeigten dahinstampfenden gescheckten Zirkusgauls, und der sich am Gaul festhaltenden Reiterin in den Mittelpunkt. Die anderen Figuren, auch den interesselos dasitzenden Herrn mit Zylinder, schneidet er durch den Bildrand ab. Er konzentriert sich auf das für ihn Wesentliche, die brutale Wahrheit des Zirkuslebens, die das schaulustige und vergnügungsbereite Publikum weder sieht noch sehen möchte.

Seurat hingegen arrangiert die Szene zu einem Schauspiel. Im Hintergrund setzt und stellt er alle so, daß sie zu sehen sind: 30 Zuschauer auf den Rängen und der Galerie, dazu drei Musiker und vier livrierte Ordner – sie alle bewundern die drei Clowns, zwei von ihnen mit vor Staunen geöffnetem Mund, den überaus galanten Zirkusdirektor, das Traumpferd und vor allem die Traumtänzerin, die auf ihrem Schimmel zu schweben scheint.

Das ist ein Traumzirkus, ein ideales Gegenbild zur brutalen Zirkusrealität bei Toulouse-Lautrec! Auch Toulouse-Lautrec, der auf Seurats Bild in der ersten Reihe zu sitzen scheint, hat dieses Bild vermutlich bewundert.

Was hat das alles mit dem Lesen zu tun? Einiges. Denn ohne etwas über Toulouse-Lautrec und über Seurat gelesen zu haben, kann man die beiden Bilder kaum sinnvoll miteinander vergleichen. Auch für die Beschreibung eines einzelnen Bildes brauchen wir das dazu nötige Vokabular, das wir vor allem in kunstgeschichtlichen Büchern und Aufsätzen finden. Und indem wir Bilder beschreiben, bringen wir sie zum Sprechen.

Was habe ich nicht aus den Büchern von Ingo F. Walther gelernt, u.a. über die großen Codices der Weltliteratur, die Miniaturen der Manesse-Handschrift, über van Gogh und Picasso. Und welche Freude ist es, in den Kunstbüchern von Wieland Schmied zu blättern, zu schauen und zu lesen: in den *Bildern zur Bibel (2006)* und *Von der Schöpfung zur Apokalypse (2007)* hat er zu jedem Bild eine Seite geschrieben.

In solchen und anderen Kunstbüchern liest man, lernt man, staunt man und freut sich über die Schönheit und die durch die Beschreibung erkennbare Weisheit der Bilder.

Dichter schreiben seltener über Bilder. Warum sollten sie auch Bilder nacherzählen, wenn sie selbst Geschichten in Worten erzählen können?

Es gibt aber Ausnahmen: Romane und Erzählungen über Künstler, Gedichte über Statuen und Gemälde – und die Parabel *Auf der Galerie* von Franz Kafka.

Ich erinnere mich noch, wie wir diese Parabel durch unseren unvergessenen Deutschlehrer Dr. Michael Scherer kennengelernt haben und tief beeindruckt waren. Wie oft habe ich sie mir vorgelesen und dabei die Atemlosigkeit der lungenkranken Reiterin und die Verzweiflung des Galeriebesuchers gespürt. Wie sehr habe ich diesen dafür bewundert, daß er das Unrecht, das da vor seinen Augen geschieht, aufhalten möchte!

Nicht weniger bewundernswert ist der Satzbau dieser aus nur zwei Sätzen bestehenden Geschichte, einem Konditionalsatz plus Hauptsatz im Konjunktiv *(Wenn irgendeine Kunstreiterin ... rundum getrieben würde ... – vielleicht eilte dann ...)* und einem Kausalsatz plus Hauptsatz im Indikativ: *Da es aber nicht so ist ..., da dies so ist, legt der Galeriebesucher ... und weint.*

Auch die Untersuchung der Verben, der Partizipien und Adjektive, schließlich der Satzzeichen (Kommata und Strichpunkte) zeigt, wie in dieser genialen Parabel alles zusammenpaßt.

Kafka war zweimal in Paris und hat dort wohl das Zirkusbild von Toulouse-Lautrec im Moulin Rouge gesehen, vielleicht von Seurats Bild gehört, das damals im Besitz von Paul Signac war, und dann vielleicht auch diesen Zirkus besucht.

Kafka war auch ein begeisterter Kinobesucher. Er kannte also das Problem des doppelten Scheins: Vieles im Film ist Kulisse und alles gespielt, und was wir sehen, sind auch nur Lichtspiele – und doch beeindrucken sie uns fast so und manchmal noch mehr als die Wirklichkeit, von der wir aber oft auch nur die Oberfläche sehen, die Vorderseite, die Schauseite.

In dieser Parabel geht es um Schein und Sein, um Lüge und Wahrheit und um unsere Erkenntnis, die heute vielleicht noch mehr getäuscht werden kann als vor 100 Jahren.

Darüber könnte man ins Grübeln kommen, vielleicht sogar zum Weinen. Zum Weinen ist auch das *Vielleicht* am Ende des ersten Satzes: Nur *vielleicht* würde er protestieren. Das fragen auch wir uns manchmal: Sollen wir etwas sagen oder nicht? Sollen wir protestieren? Oder sollten wir uns nicht vor allem für das Gute einsetzen statt gegen das Schlechte zu protestieren? Aber oft ist das eine nicht möglich ohne das andere.

Franz Kafka (1883 – 1924): Auf der Galerie (1919)

Wenn irgendeine hinfällige, lungensüchtige Kunstreiterin in der Manege auf schwankendem Pferd vor einem unermüdlichen Publikum vom peitschenschwingenden erbarmungslosen Chef monatelang ohne Unterbrechung im Kreise rundum getrieben würde, auf dem Pferde schwirrend, Küsse werfend, in der Taille sich wiegend, und wenn dieses Spiel unter dem nichtaussetzenden Brausen des Orchesters und der Ventilatoren in die immerfort weiter sich öffnende graue Zukunft sich fortsetzte,

begleitet vom vergehenden und neu anschwellenden Beifallsklatschen der Hände, die eigentlich Dampfhämmer sind – vielleicht eilte dann ein junger Galeriebesucher die lange Treppe durch alle Ränge hinab, stürzte in die Manege, riefe das: Halt! durch die Fanfaren des immer sich anpassenden Orchesters.

Da es aber nicht so ist; eine schöne Dame, weiß und rot, hereinfliegt, zwischen den Vorhängen, welche die stolzen Livrierten vor ihr öffnen; der Direktor, hingebungsvoll ihre Augen suchend, in Tierhaltung ihr entgegenatmet; vorsorglich sie auf den Apfelschimmel hebt, als wäre sie seine über alles geliebte Enkelin, die sich auf gefährliche Fahrt begibt; sich nicht entschließen kann, das Peitschenzeichen zu geben; schließlich in Selbstüberwindung es knallend gibt; neben dem Pferde mit offenem Munde einherläuft; die Sprünge der Reiterin scharfen Blickes verfolgt; ihre Kunstfertigkeit kaum begreifen kann; mit englischen Ausrufen zu warnen versucht; die reifenhaltenden Reitknechte wütend zu peinlichster Achtsamkeit ermahnt; vor dem großen Salto mortale das Orchester mit aufgehobenen Händen beschwört, es möge schweigen; schließlich die Kleine vom zitternden Pferde hebt, auf beide Backen küßt und keine Huldigung des Publikums für genügend erachtet; während sie selbst, von ihm gestützt, hoch auf den Fußspitzen, vom Staub umweht, mit ausgebreiteten Armen, zurückgelehntem Köpfchen ihr Glück mit dem ganzen Zirkus teilen will – da dies so ist, legt der Galeriebesucher das Gesicht auf die Brüstung und, im Schlußmarsch wie in einem schweren Traum versinkend, weint er, ohne es zu wissen.

Wer liest, sieht in seiner Phantasie

Zu Beginn habe ich kritisiert, daß man auf die Frage *Wozu lesen?* nur wenige überzeugende Antworten findet. Eine ist der Slogan »Lesen ist Kino im Kopf«. Freilich sind bewegte Bilder in der direkten Konkurrenz mit dem Lesen immer im Vorteil. Andererseits ist das Lesen schöpferisches Sehen.

Hier zunächst ein uralter Text über das Sehen. »Sehen« ist mit lateinisch »sequi«, »folgen«, verwandt. Wer sieht, folgt allen Bewegungen. Dies gilt besonders für Männer, die visuell anders ansprechbar sind als Frauen, die das manchmal auch ausnützen:

> Judith ... zog ihre Witwenkleider aus, ... ordnete ... ihre Haare, setzte ein Diadem auf und zog die Festkleider an ... Auch zog sie Sandalen an, legte ihre Fußspangen, Armbänder, Fingerringe, Ohrgehänge und all ihren Schmuck an und machte sich schön, um die Blicke aller Männer, die sie sähen, auf sich zu ziehen. ... Man öffnete das Tor und Judith ging mit ihrer Dienerin hinaus. Die Männer in der Stadt aber sahen ihr nach, bis sie den Berg hinabgestiegen und durch das Tal gegangen war und man sie nicht mehr sehen konnte. *(Buch Judith, 10. Kapitel, Einheitsübersetzung)*

Judith macht sich schön, weil sie König Holofernes zuerst mit den Waffen der Frau verführen und dann mit der Waffe der Männer, einem Schwert, besiegen will. Beim Lesen dieser Erzählung sehen wir in unserer Phantasie vielleicht eine dunkelhaarige Schönheit, die uns auch heute faszinieren könnte.

Brauchen wir dazu die 112 Millionen Judith-Fotos, die uns Google am 18.6.2012 anbot? Am 16.8. waren es 325, am 19.8. wieder 145 Millionen, etwa hundertmal mehr als es weltweit Judiths geben kann, am 20.12. waren es laut der »alten Version« noch 129 Millionen, in der »Standardversion« wurden und werden keine Zahlen mehr angegeben. Vor 2001, als Google, wohl auch um das Erotik-Geschäft zu beleben, seine Fotosuche einführte, war unsere Phantasie jedenfalls noch freier.

Nicht nur bei Prosatexten, auch beim Lesen von Gedichten sehen wir Bilder. Denn auch hier möchte der Dichter das, was er selber sieht – in Wirklichkeit, in der Erinnerung oder in seiner Phantasie –, so schildern, daß wir beim Lesen etwas Ähnliches sehen können wie er beim Schreiben:

Friedrich Hölderlin (1770 – 1806/1843):
Hälfte des Lebens (1803)

Mit gelben Birnen hänget
Und voll mit wilden Rosen
Das Land in den See,
Ihr holden Schwäne,
Und trunken von Küssen
Tunkt ihr das Haupt
Ins heilignüchterne Wasser.

Weh mir, wo nehm' ich, wenn
Es Winter ist, die Blumen, und wo
Den Sonnenschein,
Und Schatten der Erde?
Die Mauern stehn
Sprachlos und kalt, im Winde
Klirren die Fahnen.

Dieses berühmte Gedicht von Friedrich Hölderlin, der sechsundzwanzigeinhalb Jahre als Wahnsinniger in Tübingen verbrachte, bevor er im Alter von 73 Jahren starb, kann eine junge Leserin oder einen jungen Leser ein Leben lang begleiten.

Um es besser zu verstehen, könnten beide versucht sein, bei Google nachzusehen, und am 17.12.2011 die ersten drei von 15.200 Treffern zu *Hälfte des Lebens* lesen (am 17.6.12 waren es 201.000, am 20.12. dann 599.000 Treffer). Zuerst eine *Inhaltsangabe, Gedicht-Analyse und Interpretation,* die so beginnt:

In dem Gedicht ›Hälfte des Lebens‹ von Friedrich Hölderlin, das 1803 von ihm verfasst wurde, nimmt beschreibt [beides! F.D.]

das lyrische Ich die Natur und nimmt Bezug auf das Thema der Überschrift, indem die zwei Hälften des Lebens beschrieben werden.
Der zweite Treffer war der Wikipedia-Artikel. Hier die beiden ersten Sätze: *Hälfte des Lebens ist ein bekanntes Gedicht von Friedrich Hölderlin aus dem Jahr 1805. Auch Verehrer Hölderlins konnten dieses Gedicht nicht einordnen.*
Schließlich drei Sätze des dritten »Treffers«:
Auf den ersten Blick können wir das Gedicht »Hälfte des Lebens« fast nur mit einem Kommentar »erklären«. Schon der Titel scheint das ganze Gedicht zu deuten – ein »memento mori«, das sich bei der Sichtung des Gedichtes zu bestätigen scheint. Ein Mensch, der sich der Vergänglichkeit des Lebens bewußt wird, dargestellt anhand der Jahreszeiten.
Wie kommt es, daß das Internet von solchen gut gemeinten, aber unbeholfenen Texten wimmelt, die sich ständig vermehren und den Zugang zu vielleicht besseren Texten erschweren?
Weil jeder sich zu Wort melden kann, melden sich zu viele zu Wort. Und viele Texte werden vor der Veröffentlichung zu wenig korrigiert. Lehrer, die ihre Schüler im Internet »recherchieren« und solche Texte lesen lassen, dürfen sich jedenfalls nicht wundern, wenn die Schüler dabei wenig oder nichts lernen, aber viel oder sehr viel Zeit verlieren.
Doch genug der Lesefrüchte aus dem Internet. Uns geht es um die Frage, wie wir beim Lesen das Sehen lernen können.
Hier sehen wir schon beim Lesen der ersten Verse die wohlschmeckenden und duftenden gelben Birnen an einem Baum hängen, wir sehen und riechen die Rosen, die wir uns rot vorstellen, die Halbinsel entsteht vor unseren Augen, doch das Schönste sind die im See dahingleitenden weißen Schwäne. Dies Bild ist so schön, daß der Dichter die Schwäne anspricht und mit ihnen das Haupt ins kühle Wasser tauchen möchte.
Doch da überkommt ihn die plötzliche Angst vor dem realen Winter, dem alle Schönheit des Herbstes fehlt, und vor allem dem Winter des Lebens: *Weh mir, wo nehm ich …* Als ob Hölderlin beim Schreiben dieses Gedichts die andere Hälfte seines Lebens und die Jahre des Wahnsinns vorausgesehen hätte!

Diese heftige Reaktion auf ein Naturbild erinnert an Friedrich Nietzsche, der Friedrich Hölderlin natürlich kannte und beim Schreiben von *Vereinsamt* auch an ihn gedacht haben mag, als er beim Anblick der Krähen *vor Winters* »*Weh dem, der keine Heimat hat!*« ausruft und damit *Weh mir* meint.

Und wie Nietzsche mit sich selber spricht, so sieht Hölderlin als Antwort auf seine Frage nur *sprachlose Mauern.* Und wie zum Hohn *klirren im Winde die Fahnen,* die Wetterfahnen, die wie Nietzsches Krähen kreischen.

Das alles sehen wir mit den Augen und hören wir mit den Ohren des Dichters, ohne wirklich zu sehen und zu hören – alles in unserer Vorstellung, die aber kaum weniger intensiv ist als ein wirklicher Blick auf einen herbstlichen See und ein wirkliches Hören von scheppernder Metall.

Natürlich ist ein See mit Schwänen auch schön ohne Hölderlins Gedicht. Aber Kunst und Literatur öffnen unsere Augen für die Schönheit und erleichtern es uns, darüber zu sprechen.

Hier sei noch hinzugefügt, daß Martin Walser durch Friedrich Hölderlin zur Dichtung gekommen ist. In seinem Essay *Hölderlin auf dem Dachboden* schreibt er:

Man bekommt Namen geschenkt für eine Umgebung, die man … auswendig zu kennen glaubt. Das aber bedeutet, daß Literatur eine neue Sicht auf die uns umgebende Welt ermöglicht.

Zuletzt noch der Beginn einer Episode aus Christoph Ransmayrs schon erwähntem *Atlas eines ängstlichen Mannes:*

Ich sah einen barfüßigen Mann in einer langen Schlange winterlich vermummter Menschen vor dem Reichstag in Berlin.

Der Erzähler beschreibt das Gesehene aus seiner Erinnerung, und wir sehen es beim Lesen neu vor dem inneren Auge. Nebenbei gesagt, sehen wir immer auch dann etwas vor uns, wenn wir Sprachbilder, Metaphern, hören oder lesen, hier das Bild der »Schlange«, es hätte aber auch ein »Häuflein« sein können.

Es gibt natürlich auch manche Bereiche, wo uns das Lesen weniger weiterbringt, zum Beispiel bei den drei Sinnen Riechen, Schmecken und Tasten. Warum ist das so?

10. Wer liest, kann sogar die »vitalen« Sinne verfeinern

Am 19. März 2012 brachte die *Neue Zürcher Zeitung* eine Reportage über die Leipziger Buchmesse, die so beginnt:

Das erste starke Grün, das der Frühling in Leipzigs Auwald hervortreibt, ist jedes Jahr der Bärlauch. Vorerst haben die als Wildgemüse geschätzten Blätter nur einen milden Geschmack, und die Nase des Spaziergängers erhält allenfalls eine Ahnung von kommenden Düften. Das wird sich ändern. Im Blühen, Verblühen und Verwelken strömt der Bärlauch immer stärkere Aromen aus; in lauen Nächten scheint es, als bilde er Geruchsnester, die sich in die Leipziger Luft einlagern. Tritt man dann unverhofft in eine intensive Zone seines Duftes ein, öffnet dies Herz und Sinne.

Von den Wonnen des Auwalds erfuhr freilich nichts, wer sich in den vergangenen Tagen nach Leipzig begab, um den Frühling in den Hallen der Buchmesse zu begehen. Die Geruchsnester, welche dort Menschenmassen und mobile Garküchen bilden, sind von fragwürdiger Qualität. Aber eine Analogie drängt sich gleichwohl auf – eine des Klangs. Sich durch die Gänge treiben lassend, passiert man wechselnde Räume aus Stimmen: Gesprächsnester, Vortragsnester, Vorlesenester. Vom Zentrum der rund fünfzig Musikverlage wehen barocke Gitarrenklänge herüber, Bach und Scarlatti, und aus der »Lese-Insel Religion« erreicht die Mahnung »Werte bewusster leben« unser Ohr …

Was Joachim Güntner uns unter dem Titel *Lesenischen und Gesprächsnester* so elegant und lebendig über diese Buchmesse erzählt, spricht alle Sinne an: Wir sehen mit ihm den Auwald, in dem wir noch nie gewesen sind, hören die Musik und das Stimmengewirr in den Messehallen und erinnern uns vielleicht an den Bärlauch-Geruch am Wehrenbach beim Botanischen Garten in Zürich.

Die Schilderung von Düften, die luftig und flüchtig sind, ist besonders schwierig, vor allem wenn der Leser sie noch nie gerochen hat. Um so mutiger war Patrick Süskind in seinem Roman *Das Parfüm*, und er wurde für diesen Mut auch belohnt.

Was den Geschmackssinn betrifft, so gibt es in der Literatur seit der Bibel immer wieder Beschreibungen von Gastmählern, die uns das Wasser im Mund zusammenlaufen lassen. Bei gut geschriebenen Kochbüchern ist das nicht anders. Wir essen ja auch mit den Augen, weshalb gute Köchinnen und Köche auch auf das Arrangement und die Farbe der Speisen achten.

Ein Meister der Schilderung von Mahlzeiten und Gerüchen ist Günter Grass: seit dem ersten Drama *Die bösen Köche (1956)*, aber auch in seinem Roman *Der Butt (1977)*, in dem es von Anfang an ums Essen geht, und in der *Blechtrommel (1959)*:

> Eines Sonnabends nach Geschäftsschluß ... ließ Maria Rock und Bluse fallen, stand in armseligem aber sauberem Unterrock neben mir am Wohnzimmertisch und begann, mit Benzin einige Flecken aus dem Rock und der kunstseidenen Bluse zu reiben.
>
> Wie kam es wohl, daß Maria, sobald sie die Oberkleider ablegte, sobald sich der Benzingeruch verflüchtigte, angenehm und naiv betörend nach Vanille roch? [...] Maria roch so. Ja, ich bin heute noch überzeugt, daß sie sich dieses ihr anhaftenden Duftes gar nicht bewußt war; denn wenn bei uns am Sonntag, nach Kalbsbraten mit Stampfkartoffeln und Blumenkohl in brauner Butter, ein Vanillepudding auf dem Tisch zitterte, weil ich mit dem Stiefel gegen ein Tischbein stieß, aß Maria, die für Rote Grütze schwärmte, davon nur wenig und mit Widerwillen ...

Schließlich der Tastsinn, sozusagen der unterste der fünf Sinne, weil wir vor allem mit den Händen und Füßen tasten. Der Tastsinn ist aktiv, wenn wir greifen (haptisch), und passiv, wenn wir auf der Haut etwas empfinden (taktil). Auch den Tastsinn können wir beim Lesen spüren. Der Blechtrommler Oskar, inzwischen 16, darf, weil er so klein ist, im Ostseebad Zoppot mit Maria in die Damenabteilung und liegt neben ihr im Sand. Da kommt er auf die Idee, ihr Brausepulver in die Hand zu schütten und die Brause mit viel Spucke in Wallung zu bringen:

> In Marias Hand begann es zu zischen und zu schäumen. [...] Da spielte sich etwas ab, was Maria noch nicht gesehen und wohl

noch nie gefühlt hatte, denn ihre Hand zuckte, zitterte, wollte wegfliegen, weil Waldmeister sie biß, weil Waldmeister durch ihre Haut fand, weil Waldmeister sie aufregte, ihr ein Gefühl gab, ein Gefühl, ein Gefühl ...

Dies ist ein Teil der ersten »Brausepulver-Episode« in der *Blechtrommel,* in der deutlich wird, wie Riechen, Tasten und Schmecken beim Essen und Trinken, aber auch in der körperlichen Liebe miteinander zusammenwirken.

Das Kind an der Mutterbrust und die Liebenden in der Umarmung und beim Kuß (wenn die Zunge nicht mehr spricht, sondern nur noch schmeckt, tastet und spürt): Da sind Hören und Sehen nicht mehr wichtig, da leben wir sozusagen animalisch. Deshalb könnte man diese drei Sinne auch animalische oder vitale Sinne nennen. Oft werden sie Nahsinne genannt, was für das Riechen nicht paßt; denn intensive Gerüche und Düfte können uns durch die Luft auch von weither erreichen:

Eduard Mörike (1804 – 1875): Er ist's (1829)

Frühling läßt sein blaues Band
Wieder flattern durch die Lüfte;
Süße, wohlbekannte Düfte
Streifen ahnungsvoll das Land.
Veilchen träumen schon,
Wollen balde kommen.
– Horch, von fern ein leiser Harfenton!
Frühling, ja du bist's!
Dich hab ich vernommen!

Wie hier unsere Augen und Ohren (die Konsonanten f und v klingen wie Atem und Luft), unsere Nase und unsere Sehnsüchte angesprochen werden, ist ein wunderbares, immer wieder neues Geschenk des Dichters Eduard Mörike an uns, wenn wir sein luftiges Gedicht lesen und hören. Solche Gedichte sprechen unsere Sinne, aber auch unsere Gefühle an.

Das Lesen und die Emotionen

11. Wer liest, fühlt mit

Am 12. September 2001 kaufte ich in der Bahnhofsbuchhandlung von Weilheim elf dort verfügbare deutschsprachige Tageszeitungen. Die Ereignisse vom 11.9.2001, 9/11, »Nine Eleven« hatten die ganze Welt bewegt und bei wohl allen Menschen intensive Gefühle ausgelöst: Schrecken, Mitgefühl und Mitleid, bei den Feinden der USA dagegen Genugtuung oder sogar Triumphgefühle. Ausgelöst wurden diese Emotionen durch die Fernsehbilder und dann auch durch Reportagen.

In den bisherigen Kapiteln ging es um die geistigen und sinnlichen Fähigkeiten, die wir beim Lesen, ohne es zu merken, immer üben und dadurch fördern. Jetzt soll es darum gehen, wie die Lektüre von Büchern, Zeitschriften und Zeitungen unsere Gefühle bewegen kann. Bewegen heißt lateinisch »movere« (der »Motor« bewegt das Auto), »emovere« heißt u.a. erschüttern, Emotionen sind Gefühlsbewegungen.

Am 14.9., in meiner ersten Deutschstunde in Klasse 11e, verteilte ich einen Zettel mit den Schlagzeilen vom 12.9., nach Länge geordnet, mit der Aufgabe, die Aufmacher der drei in Bayern verkauften Boulevardzeitungen zu erraten:

1. *Verheerender Terrorangriff erschüttert die Welt:*
   Tausende Tote in New York und Washington
2. *Barbarische Terrorangriffe gegen Nervenzentren der USA*
3. *Terror-Inferno: Die Welt fühlt mit Amerika*
4. *Terrorangriff auf das Herz Amerikas*
5. *Terror-Krieg gegen Amerika*
6. *Großer Gott, steh uns bei!*
7. *und 8. Angriff auf Amerika*
9. *Krieg gegen die USA*
10. *Krieg gegen USA*
11. *Das ist Krieg*

Emotionen haben in unserem Leben eine zentrale Bedeutung. Und weil das so ist, spielen sie auch in den Medien eine große Rolle. Denn alles, was unsere Gefühle bewegt, fesselt auch unsere Aufmerksamkeit.

In dem von Bernad Batinic und Markus Appel herausgegebenen Springer-Lehrbuch *Medienpsychologie (2008)* sind 27 Seiten dem Thema »Medien und Emotionen« gewidmet. Darin werden die folgenden fünf Bereiche beschrieben, in denen die audiovisuellen Medien Emotionen hervorrufen:

a) »Stimmungsmanagement«; gemeint ist, daß wir im Fernsehprogramm »Entspannung und Abbau von Stress oder Aktivation und Aufregung« suchen (S. 157);

b) »Sensationssuche, Angstlust und ‚suspense'« (160);

c) »Prosoziales Verhalten und Empathie« (161), d.h. Verständnis für die Menschen, die uns gezeigt werden;

d) »Parasoziale Interaktion und parasoziale Bindung« (164); gemeint sind (bisweilen sehr intensive) Beziehungen, die man im Lauf der Zeit zu Fernsehmoderatoren, aber auch zu Figuren in den Daily Soaps aufbauen kann;

e) Pornographie (167 – 172).

Wenn wir uns nun fragen, ob die Literatur in diesen Bereichen mit den audiovisuellen Medien mithalten kann, so können wir sagen: Bei der Pornographie (vgl. Kap. 25) keinesfalls, in den anderen Bereichen aber durchaus – und sogar mit dem Vorteil, daß wir, wenn wir lesen, unsere Emotionen eher beschreiben und uns deshalb wohl auch besser an sie erinnern können.

Der Hauptunterschied ist jedoch, daß Emotionen, die durch bewegte Bilder hervorgerufen werden, durch einen »Tatort« oder ein Fußballspiel, unmittelbarer und intensiver wirken als das, was wir mit den Augen lesen, innerlich hören, gedanklich verstehen und dann mit dem inneren Auge imaginieren müssen, während wir die Handlung am Bildschirm ja unmittelbar sehen und oft sehr gespannt dem Geschehen zuschauen. Wenn dabei in meinem Kopf »kognitiv«, d.h. die Erkenntnis betreffend, weniger geschieht, nehme ich das in Kauf. Wenn ich gut unterhalten werde, bin ich zufrieden.

Andererseits bietet uns die Lektüre von Büchern und Zeitungen meistens beides: Wir üben dabei immer unsere »kognitiven« Fähigkeiten; und meistens kommt auch das Emotionale nicht zu kurz.

Unter dem Gesichtspunkt der Emotionalität könnte man die elf Schlagzeilen vom 12. September 2001 etwa so anordnen:

1. Krieg gegen USA
2. Krieg gegen die USA
3. und 4. Angriff auf Amerika
5. Terror-Krieg gegen Amerika
6. Verheerender Terrorangriff erschüttert die Welt:
   Tausende Tote in New York und Washington
7. Barbarische Terrorangriffe gegen Nervenzentren der USA
8. Terrorangriff auf das Herz Amerikas
9. Terror-Inferno: Die Welt fühlt mit Amerika
10. Das ist Krieg
11. Großer Gott, steh uns bei!

Welches war die Schlagzeile der *Bildzeitung?* »Natürlich« die mit dem Ausrufezeichen und dem Hilferuf. *Oh, my God!* war auch am 11.9. einer der häufigsten Ausrufe, die man noch heute in den Videos auf Youtube hören kann. Und die *tz* hatte als Aufmacher den Schreckenssatz *Das ist Krieg.* Da Boulevardzeitungen kaum Abonnenten haben, müssen sie ihr Publikum täglich neu erreichen. Daß dabei oft Emotionen angesprochen werden, ist verständlich.

Aber auch sonst gab es emotionale Vokabeln wie *erschüttert (Berliner Zeitung), barbarisch (NZZ), das Herz Amerikas (Die Welt), Die Welt fühlt mit Amerika (Münchner Merkur).* Auch Formulierungen wie *Angriff auf Amerika (F.A.Z.* und *Tagesspiegel)* und *Terrorkrieg gegen Amerika (Süddeutsche)* wirkten emotional allein durch den Ländernamen »Amerika«, der in den meisten Zeitungen längst durch das genauere und kühlere USA ersetzt ist, so in der *taz (2.)* und der *Abendzeitung (1.),* die deshalb die »kühlsten« Aufmacher hatten: *Krieg gegen (die) USA.*

Alle drei Boulevardzeitungen, auch die *Abendzeitung,* hatten auf der Seite 1 neben der übergroßen Schlagzeile fast nur Fotos, die Angst und Mitgefühl bewirkten. Fotos sind vielleicht noch wirkungsvoller als die Videos im Fernsehen und im Internet, weil sie durch Texte erklärt und kommentiert werden.

Noch eine Art von Emotionen sei erwähnt, die in allen aktuellen Medien eine Rolle spielt, im Fernsehen noch mehr als in der Presse: der Ärger und der Zorn. Beides wird oft provoziert, in Boulevardzeitungen natürlich mehr als in Abonnementzeitungen, aber auch hier sind Kommentare nicht selten provozierend, weil vieles Ärgerliche geschieht. Und wenn wir uns über Ungerechtigkeiten empören und uns vielleicht zum Widerstand entschließen, hat der Ärger auch etwas Positives.

Beim Lesen von Büchern ärgern wir uns zum Glück seltener, es sei denn wir lesen Sachbücher, die uns aufrütteln wollen. In literarischen Büchern werden eher andere Emotionen angesprochen. Das könnte man an vielen Beispielen zeigen.

Allein unter den mehr als 1600 Gedichten in der 1955 von Ludwig Reiners begründeten und 2005 von Albert von Schirnding erneuerten Anthologie *Der ewige Brunnen* finden sich zu allen Bereichen des Lebens bewegende Gedichte. Das gilt auch für viele der etwa 350 Gedichte in der schönen von Hans-Joachim Gelberg herausgegebenen Anthologie *Wo kommen die Worte her? Neue Gedichte für Kinder und Erwachsene (2011).*

Vor allem könnte man nahezu alle Romane nennen, die wir lesen, weil uns die Schicksale der Romanfiguren nahegehen, weil wir mit ihnen mitfühlen und mitleiden, uns mit ihnen freuen, wenn es gut ausgeht, und mit ihnen trauern, wenn nicht.

Hier seien nur drei neue Bücher über Menschenschicksale in unserer Zeit genannt:

In Walter Kappachers *Land der roten Steine (2012)* begegnen wir dem pensionierten Arzt Wessely, der in den Canyonlands von Utah einen Sinn für die letzten Lebensjahre sucht.

In *Wald aus Glas (2012)* schildert Hansjörg Schertenleib nebeneinander das Leben einer 73jährigen Rentnerin und einer 15jährigen Türkin, die freier leben wollen als bisher.

Und Jens Sparschuh macht uns in seinem Roman *Im Kasten* *(2012)* mit einem Ordnungsfanatiker namens Hannes Felix bekannt, der alles andere ist als ein Hans im Glück.

Beispielhaft sei hier noch eine Erzählung zitiert, in der das Verhalten von fünf Menschen aus drei Generationen unsere Gefühle anspricht, vor allem wenn man die Geschichte laut liest. Sie spielt übrigens im Sommer 1956, zur Zeit des sog. Ungarnaufstands, Thomas Hürlimann war damals 5 Jahre alt.

Thomas Hürlimann: Onkel Egon (1992)

Seit Stunden fiel warmer Regen in den grünen Garten. Mein Großvater stand am Stubenfenster, sah auf die Kirschbäume hinaus und sagte plötzlich: »Alle großen Kriege haben im Sommer angefangen.«

Aus dem Estrich, wo Onkel Egon sein Studio hatte, war von Zeit zu Zeit ein Signalpfiff zu hören. Also würde Onkel Egon vor seinem Gleistisch knien, eine rote Mütze auf dem Kopf, die grüne Kelle in der Hand und seine Schnell- und Güterzüge durch jene Landschaft fahren lassen, von der er, zum großen Ärger des Großvaters, behauptete, sie vermöge sich, genau wie die Natur, mit den Jahreszeiten zu verwandeln. Im Winter überstreute er sie mit weißem Pulver; nun war es Sommer, und die runden, von Schlössern gekrönten Hügel zeigten ihre Bespannung, den grünen Filz.

»Großvater«, sagte ich, »was ist das – Krieg?«

Nach dem Abendessen verließ Onkel Egon das Haus, um im Adler ein Bier zu trinken und mit anderen Eisenbahnern, wie er sagte, »Erfahrungen auszutauschen«.

Draußen funkelte die Abendsonne durch die tropfenden Bäume und Blätter. Die Großmutter kauerte im Salatbeet und schnitt die Schnecken mit der Gartenschere entzwei.

»Muß dem Kleinen etwas erklären«, rief ihr der Großvater zu.

Wir stiegen ins Studio hinauf. Über Onkel Egons Landschaft schwamm die Dämmerung, die Bahnhöfe lagen im Schatten, die Lämpchen waren gelöscht, die Züge standen still.

Plötzlich ein Knirschen. Der Großvater, zum Riesen geworden, stand mitten im Gelände, nun bückte er sich, packte die schwarze Dampflokomotive und warf sie aus dem Fenster. »So!« sagte er.

Wir stiegen hinab und traten vor das Haus. Die Räder mit den roten Speichen, die Pleuelstangen, der Kohletender – alles lag zerschmettert vor dem Eingang. »So«, sagte der Großvater, »im Krieg sieht alles so aus. Die Dinge sind kaputt, die Menschen verwundet.«

Nachts hörte ich Lärm, Gepolter, Schreie. Was war los? Am Morgen wurde ich später als üblich geweckt, es gab keine Ovomaltine, der Großvater war nicht im Haus. Lange strich ich von Zimmer zu Zimmer. Draußen das Gezwitscher der Vögel, das Elfuhrläuten der Kirche, ein Sommertag. Ein Sommertag? Ich erschrak. Hatte der Krieg angefangen? Die Großmutter saß an Onkel Egons Bett und versuchte, ihm Tee einzulöffeln.

Ein paar Tage danach kam Cousine Jocelyne zu Besuch. Sie meinte stolz, man werde ihr demnächst eine Zahnspange einsetzen, auch war sie zufällig dabeigewesen, als Reto Hux eine lebende Maus verspiesen hatte – »Gott, war das eklig!« stöhnte Jocelyne –, und natürlich stand sie auf der Liste für Daisy Enderlins Geburtstagsparty. »Und du, alter Knabe?«

Ich war ziemlich verlegen. Der Großvater und ich hatten die Kirschen gepflückt, mehr gab es nicht zu berichten.

»Weißt du, was das ist – ein Krieg?«

»Ja, aber gewiß doch«, log Jocelyne.

Ich rannte ins Studio hinauf, sie hinter mir her, dann zertrat ich ein Perrondach, nahm den Schlafwagen und warf ihn aus dem Fenster. »So«, sagte ich, »im Krieg sieht alles so aus.«

Wieder war mitten in der Nacht der tobende Onkel Egon zu hören, er heulte, er schrie, und wieder lag er am andern Morgen im Bett. Man hatte ihm eine eisgefüllte Gummihaube auf den Kopf geschnallt, und der Onkel, obwohl man die Vorhänge gezogen hatte, trug eine Sonnenbrille mit runden Gläsern.

»Ist er verwundet?«, fragte ich leise.

Der Großvater nickte. Sein armer Sohn Egon, meinte er schließlich, komme mit dem Leben nicht zurecht.

In diesem Augenblick näherte sich eine lärmende Horde dem Haus. »Hallöchen!« rief Jocelyne, »ich hoffe, ihr habt nichts dagegen, wenn ich Reto und Daisy kurz erkläre, was ein Krieg ist.«

Sie stürmte das Treppenhaus hinauf; der Großvater verzog sich in den Obstgarten, ich folgte ihm.

Jocelyne ist heute eine bekannte Wirtschaftsanwältin, und ich weiß nicht, ob sie meinen Gruß auf der Straße erwidern würde. Mit Onkel Egon verband mich eine lebenslange Feindschaft. Als er starb, mußte meine Mutter seine Wohnung räumen. Alle Schränke und Schubladen waren mit kleinen Papiertüten vollgestopft, und so erfuhren wir, daß Onkel Egon im Alter Samen gesammelt hatte – Samen von Blumen aus aller Welt.

Onkel Egon begegnet uns in mehreren Anekdoten in Hurlimanns Erzählband *Die Satellitenstadt (1992),* der ursprünglich *Zeitweh* heißen sollte, was gut zu den heiter-melancholischen Geschichten gepaßt hätte. Vorbild für ihn war Leo Duft, der jüngere Bruder von Thomas Hürlimanns Mutter und von Dr. Johannes Duft, dem St. Galler Stiftsbibliothekar seit 1948, den wir in der Novelle *Fräulein Stark (2001)* näher kennenlernen.

Die Geschichte von Onkel Egon erzählt in fünf Akten – der Anekdotenerzähler Thomas Hürlimann ist wie sein Vorbild Kleist auch Dramatiker – und einem Epilog etwas über die Entstehung von Gewalt, von Kriegen und Feindschaften.

Zu Beginn blicken wir in einen friedlichen Garten, doch der Großvater spricht vom Krieg. Signalpfiffe erinnern den fünfjährigen Enkel an den Onkel im Speicher des Hauses, dann stellt er die verhängnisvolle Frage, was ein Krieg sei. (1. Akt)

Diese Frage ermuntert den Großvater zu einem gezielten Gewaltakt (derweil *schnitt* die Großmutter *die Schnecken mit der Gartenschere entzwei):* Er beginnt einen Krieg gegen den erwachsenen Sohn, der im Vergleich zu seinem älteren Bruder als Taugenichts gelten kann, und zerstört einen Teil seiner Modelleisenbahn. (2. Akt, vor allem Schauspiel)

Nachts Geschrei, am Morgen seltsame Stille, und die Großmutter pflegt das »Kriegsopfer«. (3. Akt, vor allem Hörspiel)

Ein paar Tage danach ahmt der Kleine den Großvater nach und setzt den Krieg gegen den Onkel fort. (4. Akt, vor allem dramatischer Dialog: aus Worten ergeben sich Handlungen; griechisch »drama« heißt Handlung)

In der Nacht wieder Geschrei, der Onkel ist *verwundet,* der Großvater fällt ein Urteil über ihn: *Sein armer Sohn komme mit dem Leben nicht zurecht,* Jocelyne setzt das Zerstörungswerk fort, die Schuldigen »verziehen« sich. (5. Akt: Katastrophe)

Im Epilog erfährt der aufmerksame Leser die Geschichte der nächsten Jahrzehnte in einem Bild. Der Onkel, der viel zu lang mit der Eisenbahn spielen wollte, sammelte später *Blumensamen aus aller Welt.* Wie diese kam auch sein Leben nie zur Entfaltung, zum Wachsen und Blühen. Erlebnisse wie die drei Angriffe auf seine Modelleisenbahn waren daran vermutlich mitschuldig.

Vor allem aber können wir an dieser Geschichte sehen, wie Gewalt sich ausbreitet: durch Nachahmung, durch Lieblosigkeit und Bosheit, manchmal auch aus Verlegenheit.

Als Leser denke ich bei solchen Geschichten an einen Vers in Guntram Vespers Gedicht *Landmeer,* in dem er drei Haltungen gegenüber dem Leben anderer benennt: *Mitleid, Trauer und Empörung:* Mitleid mit den Opfern (Gegenwart), Trauer über das geschehene Unglück (Vergangenheit) und Empörung angesichts des Unrechts, das man in Zukunft bekämpfen will.

Nun wäre es schlimm, wenn diese Gefühle die einzigen wären, die wir beim Lesen von Büchern und Zeitungen empfinden können. Zum Glück gibt es genug zu lesen, was ganz und gar positive Gefühle in uns weckt: Bewunderung, Dankbarkeit, Freude, Heiterkeit und Glück.

Das meinte auch Horaz, als er in seinem Poem *Über die Dichtkunst* den berühmten, meistens nur halb zitierten Satz schrieb:

Aut prodesse volunt aut delectare poetae
aut simul et iucunda et idonea dicere vitae.

Entweder nützen oder erfreuen wollen die Dichter
oder zugleich Erfreuliches und für das Leben Hilfreiches sagen.

Am Ende dieses Kapitels stehe eine Betrachtung, die Marie von Ebner-Eschenbach (1830 – 1916) am Ende ihres Lebens über das Lesen geschrieben hat und deren Anfang oben schon in Frakturschrift zitiert wurde. Zum Glück gibt es Dichter wie sie, die schildern, was wir manchmal beim Lesen empfinden, ohne es in Worte fassen zu können.

Lesen ist ein großes Wunder.
Was hast du vor dir, wenn du ein Buch aufschlägst? Kleine, schwarze Zeichen auf hellem Grunde. Du siehst sie an, und sie verwandeln sich in klingende Worte, die erzählen, schildern, belehren. In die Tiefen der Wissenschaft führen sie dich ein, enthüllen dir die Geheimnisse der Menschenseele, erwecken dein Mitgefühl, deine Entrüstung, deinen Haß, deine Begeisterung. Sie vermögen dich in Märchenländer zu zaubern, Landschaften von wunderbarer Schönheit vor dir entstehen zu lassen, dich in die sengende Wüstenluft zu versetzen, in den starren Frost der Eisregionen. Das Werden und Vergehen der Welten vermögen sie dich kennen, die Unermeßlichkeit des Alls dich ahnen zu lassen. Sie können dir Glauben und Mut und Hoffnung rauben, verstehen deine gemeinsten Leidenschaften zu wecken, deine niedrigsten Triebe als die vor allen berechtigten zu feiern. Sie können auch die gegenteiligen, die höchsten und edelsten Gedanken und Gefühle in dir zur Entfaltung bringen, dich zu großen Taten begeistern, die feinsten, dir selbst kaum bewußten Regungen deiner Seele in kraftvolles Schwingen versetzen.
Was können sie nicht, die kleinen, schwarzen Zeichen, derer nur eine so geringe Anzahl ist, daß jeder einzelne von ihnen alle Augenblicke wieder erscheinen muß, wenn ein Ganzes gebildet werden soll, die sich selbst nie, sondern nur ihre Stellung zu der ihrer Kameraden verändern. Und hinter die Rätsel dieser Eigenschaft, die ihnen anhaftet, zu kommen, uns den Weg zu ihren Geheimnissen zu eröffnen, wird einem Kinde zugemutet, und ein Kind vermag's – wenn das nicht ein Wunder ist . . .

Kein Wunder ist es hingegen, daß Lesen uns oft Freude macht.

12. Wer liest, kann sich unterhalten und sich freuen

Wer in einen Zug steigt, in dem sechshundert Nonnen eine Wallfahrt nach Lourdes antreten, ist froh, ein Abteil für sich allein zu finden, auch wenn ihm darin ein komisches leises Pfeifen und mehr noch ein leichter kalter, säuerlicher Geruch auffällt.
– Wahrscheinlich singt die Glühbirne, dachte ich mir, Glühbirnen singen vor ihrem Ende bisweilen, darin den Schwänen ähnlich. Ich legte meinen Koffer ins Gepäcknetz und öffnete das Fenster, um die Ausdünstung des wohl schweißfüßigen Vorpassagiers auszulüften. Als aber der Zug abfuhr, ich mich hinsetzte, die Beine aus- und die Füße unter die gegenüberliegende Bank streckte, da wurden sie mit einem Griff umklammert und festgehalten. *(Herbert Rosendorfer, Der Ruinenbaumeister, 1969)*

Es muß der 7. oder 8. März gewesen sein. Ich schob Wache vor der Ortskommandantur. Auf einmal sah ich durch den Feldstecher auf der anderen Seite der Stadt, auf der Kelbergerstraße, Panzer, amerikanische Panzer, eins, zwei, drei, vier! Aufgeregt rannte ich in den Raum des Ortskommandeurs. Der saß beim Essen. Ich baute Männchen und schrie aus vollem Hals: »Herr Oberstleutnant, melde gehorsamst, vier feindliche Panzer auf der Kelbergerstraße!« Der kaute vornehm zu Ende, tupfte sich den Mund mit einer Serviette und sagte: »Leise, mein Junge, das ist doch kein Grund, so zu schreien.« Sprach's, stand auf, ging hinaus zu seinem Wagen, fuhr davon und ward nie mehr gesehen. *(Mario Adorf: Mein Kampf, in: Der Mäusetöter, 1992)*

Zur Feier des Bestehens ihres Abiturs durfte meine Schwester ihren ersten Freund mit nach Hause bringen. Und weil eine meiner indiskreten Tanten sofort fragte, welcher Arbeit dieser Freund denn nachgehe, wußten wir, was uns erwartete. Dieser Freund war ein Dichter. Wir lebten damals in einer Stadt, die den Dichtern ein gewisses Verständnis entgegenbrachte, was dazu führte, daß immer mehr Dichter in die Stadt kamen, um zu dichten, so daß man in bestimmten Kreisen unweigerlich auf einen Dichter stoßen mußte. Bis zu uns hatte sich allerdings noch keiner vorgewagt, aber in der Nachbarschaft wohnten schon zwei von ihnen, die wir gelegentlich beobachten konnten, wenn sie bei Feinkost-Dietrich einkauften. Einer war Pole und bevorzugte italienische Rotweine, der andere war aus Irland eingereist und den weißen Weinen aus Frankreich zugeneigt. *(Michael Krüger: Der Freund meiner Schwester, in: Aus dem Leben eines Erfolgsschriftstellers, 1998)*

Es gibt, wie schon im Kapitel über das Lesen als Gespräch bemerkt, zwei Arten von Unterhaltung: Unterhaltung, die wir passiv genießen und für die wir zu zahlen bereit sind (englisch: entertainment) und das kostenlose unterhaltsame Gespräch (conversation) mit Menschen oder beim Lesen. Da wir zu dieser Art von Unterhaltung selbst etwas beitragen müssen, vor allem beim Lesen, sind wir danach auf andere Weise erfreut als nach dem Anschauen einer Unterhaltungssendung im Fernsehen, die im Moment freilich mehr Spaß machen kann als das Lesen von Buchstaben, die wir erst in Worte, Gedanken und Bilder verwandeln müssen.

Wer das aber tut und gerne tut, weil ihm das Lesen leicht fällt, wird nicht nur bei der Lektüre der Romane von Herbert Rosendorfer oder Michael Krüger oder der Geschichten von Mario Adorf etwas zu lachen haben und sich freuen, sondern auch bei zahllosen anderen Autorinnen und Autoren. Wir alle kennen solche Bücher aus der deutschen wie der fremdsprachigen Literatur, die in diesem Buch erst auf den Seiten 246ff. zur Geltung kommt, aber auch Artikel in Zeitungen und Zeitschriften, die zu lesen eine Freude ist und oft lehrreich dazu.

Deshalb sollte man weniger den Slogan »Lesen macht Spaß!«, der sich am 18.8.2012 im Internet 61.600mal fand, oder »Lesen macht Spass!« (mit »ss« 303.000mal) propagieren, sondern den Satz »Lesen macht Freude!«, den es damals nur 13.400mal gab.

Nun aber Schluß mit lustig! »Delectare« ade! Her mit dem »Prodesse«, dem Nützlichen.

Lesen zur Information und Erkenntnis:
Die Inhalte der Bücher und Zeitungen

13. Wer liest, lernt immer

Gestern gönnte ich mir wieder mal das Vergnügen, eine Buchhandlung zu besuchen. Im oberbayerischen Weilheim gibt es für 22 000 Einwohner neben der Filiale einer Buchhandelskette noch drei private Buchhandlungen. Da würde ich in eine der drei oder in alle drei gehen. Hier in Zürich besuche ich die nächstgelegene Buchhandlung. Schon in den Kästen davor wählte ich drei Bücher aus: die Cäsar-Biographie von Christian Meier, Malcolm Lowrys Roman *Unter dem Vulkan,* den ich schon längst einmal lesen wollte, und den Roman *Spieltrieb* von Juli Zeh, in dem es, laut Klappentext, um zwei Schüler geht, die ihre Mitschüler und einen Lehrer tyrannisieren.

Innen kaufte ich noch, als ich es zufällig sah, das neueste Buch von Rafik Schami, *Die Frau, die ihren Mann auf dem Flohmarkt verkaufte,* und die *Ermutigung zum Glauben. Gedanken und Erinnerungen* des (inzwischen verstorbenen) Zürcher Pastors Ruedi Reich. An diesen fünf Büchern (zusammen 69.80 Franken) könnte man exemplarisch zeigen, worum es jetzt gehen soll: nämlich die Inhalte der Bücher, die wir lesen.

Seit dem ersten 1454 mit beweglichen Lettern gedruckten Buch, der berühmten Gutenberg-Bibel, wurden etwa 130 Millionen verschiedene Bücher geschrieben, verlegt und gedruckt. Darüber angemessen zu schreiben, ist schlicht unmöglich. Wir können uns nur überlegen, was wir in den verschiedensten Büchern suchen können und zu finden hoffen.

Bei den fünf gestern gekauften Büchern hoffe ich mit Horaz einerseits auf Unterhaltung, andererseits auf Erweiterung und Vertiefung meines Wissens und vor allem auf Erkenntnis. Goethe sagte das so: *Es ist ein großer Unterschied, ob ich lese zu Genuß und Belebung oder zu Erkenntnis und Belehrung.*

In kleineren Buchhandlungen finden sich 10 000 und mehr verschiedene Bücher, die alle in der einen oder anderen Weise lesenswert sind, fast so wie jeder Mensch Beachtung verdient. Aus jedem dieser Bücher können wir nämlich etwas lernen.

In »meiner« Buchhandlung finde ich, wie in anderen Buchhandlungen, ein Abbild unserer Welt: Es gibt Reiseführer, Gartenbücher, Tierbücher, Bücher über Psychologie und Gesundheit, über Mystik und Religion, über Geschichte, Biographien, Ratgeber, Kunstbücher und Fotobände, Bücher über Musik und Theater, humoristische und fremdsprachige Bücher, Wörterbücher usw., vor allem Belletristik sowie Kinder- und Jugendbücher. Und was hier nahezu fehlt, nämlich Philosophie, finde ich in der Buchhandlung Klio, die in zehn Minuten erreichbar ist.

Und vor und neben den Büchern gibt es Kunden und Kundinnen, mit denen man ins Gespräch kommen kann. Die eine Kundin kaufte ein französisches Buch, also sprach ich mit ihr über die Möglichkeit, beim Lesen Fremdsprachen zu lernen.

Eine andere Kundin sagte mir ihren Lieblingssatz über das Lesen – *Wir lesen, um zu wissen, daß wir nicht allein sind* – aus *Shadowlands,* einem Film über eine späte Liebe des Dichters C.S. Lewis, gespielt von Anthony Hopkins, dem diese Erkenntnis, die von Lewis stammen könnte, in den Mund gelegt wird.

Doch zunächst soll wie bei Horaz vom Nützlichen die Rede sein, von den Zeitungen und den Büchern, die wir lesen, um etwas zu lernen, also von den Sachbüchern. Aber wir lernen eigentlich immer, wenn wir lesen. Dazu noch eine persönliche Erinnerung und einige allgemeine Bemerkungen.

Wie haben wir früher gelernt, und wie lernen die heutigen Schüler und Studenten? Wir haben in den 1950er und 60er Jahren vor allem durch Exzerpieren und Abschreiben gelernt. Denn es gibt kaum eine bessere Möglichkeit, sich den Inhalt eines Textes anzueignen, als beim Lesen Notizen zu machen, was eine genaue Lektüre voraussetzt.

Wenn wir damals eine Seminararbeit schrieben, gehörte das Abschreiben zu den täglichen Beschäftigungen. Wir lasen in der Bibliothek einen Zeitschriftenaufsatz, fanden eine interessante

Passage und schrieben sie ab, wobei wir sie zweimal lasen: im Original und beim Niederschreiben. Zu Hause lasen wir den Text wieder zweimal und schrieben ihn in die erste Fassung und noch einmal in die Endfassung unserer Arbeit. Schließlich hatten wir den Text wenigstens sechsmal gelesen und dreimal geschrieben – und dabei Sprachliches und Inhaltliches gelernt.

Ende der 60er Jahre wurden in den Bibliotheken die ersten Kopierer aufgestellt. Auch wenn es teuer war – man wollte sich Arbeit sparen und kopierte interessante Seiten, ohne sie genau zu lesen. Das tat man erst daheim und schrieb sie das erste Mal ab und dann noch einmal für die Endfassung: insgesamt also viermal Lesen und zweimal Schreiben: sechs Denkvorgänge.

Als dann in den 80er Jahren der Computer die mechanische, aber auch die elektrische Schreibmaschine verdrängte, mußte man den Text nur noch zweimal lesen und einmal schreiben, weil er im Computer gespeichert blieb. Und heute?

Heute kann man ein paar Texte googeln, die zum Thema passen, und sie in das »eigene« Word-Dokument kopieren – und fertig ist die Arbeit. So kann es geschehen, daß ein Schüler ein Referat zur Lyrik des Expressionismus hält und es in der Schule zum ersten Mal richtig liest. Geschrieben hat er es nie, weil er es direkt übernommen hat. Er kann es zwar vortragen, aber er kennt es nicht – und er hat bei der »Anfertigung« seines Referats buchstäblich nichts gelernt. Lernen kann man nämlich, wenn man allein ist, fast nur durch Lesen und Schreiben.

Die dritte Möglichkeit des Lernens, wenn man allein ist, nämlich das Hören einer CD, einer Radiosendung oder das Hören eines Vortrags im Internet, verlangt höchste Konzentration und hat den Nachteil, daß man, anders als beim Lesen, selten etwas wiederholen oder überspringen kann. Trotzdem lohnt es sich immer, gute Sendungen zu hören, vor allem in den so verdienstvollen 2. Programmen.

Leider spielt der Schulfunk kaum mehr eine Rolle. Auch das Schulfernsehen, das in den 60er Jahren aufgebaut wurde, konnte sich nicht durchsetzen: Denn gefilmter Unterricht kann das persönliche Unterrichtsgespräch nicht ersetzen.

Dokumentationen jedoch können, das ist keine Frage, den Unterricht ergänzen und beleben. Leider sind auch Informationssendungen oft nur scheinbar lehrreich. Heinz Bonfadelli und Ulrich Saxer, die beiden renommierten Schweizer Medienpädagogen, kamen in ihrer Untersuchung über *Lesen, Fernsehen und Lernen (1986)* auf S. 171 zu dem Fazit: *Das Dilemma von Informationssendungen mit Unterhaltungscharakter besteht also darin, dass die Sendungen zwar zum Zuschauen motivieren und als interessant empfunden werden, dass die unterhaltenden Elemente aber u.U. von der zu vermittelnden Information eher ablenken und so die Informationsaufnahme behindern.*

Vermutlich ist es aber nicht nur das Unterhaltende, was die Aufmerksamkeit ablenkt, sondern auch die bewegten Bilder, die von den Texten ablenken, auf die es vor allem ankommt.

Das gilt auch für viele der heutigen Schulbücher, die wie Bilderbücher wirken, sogar die Sprach- und Lesebücher. Wie soll man zum Beispiel das Gedicht *D-Zug München – Frankfurt* von Günter Eich aufmerksam lesen, wenn daneben ein großes Foto des Dichters vom Text ablenkt? Selbst bei Geschichts- und Geographie-Büchern wird manchmal übertrieben.

Nun aber ist das Wissen, das wir in der Schule und meistens auch im Beruf brauchen, fast immer sprachliches Wissen, anders gesagt: Wir müssen das Gelernte sagen oder schreiben können, und zwar nicht nur in Prüfungen.

Deshalb bestehen »Spickzettel« auch nicht aus Bildern, sondern aus sprachlichen Informationen. Und um die zu lernen, das wissen wir alle, verspricht leises und lautes Lesen, eventuell auch Auswendiglernen, sowie Abschreiben und Zusammenfassen in eigenen Worten den besten Erfolg.

Merkwürdigerweise wird diese zentrale Möglichkeit des Lernens in den meisten neuen Büchern über das Lernen nicht erwähnt. In sechs umfangreichen Büchern über Lernpsychologie, erschienen zwischen 2000 und 2007, die ich in der Zürcher Zentralbibliothek ausgeliehen habe, fehlt im Register das Stichwort »Lesen«. Wie erklärt sich diese Geringschätzung des Lesens, die allen pädagogischen Erfahrungen widerspricht?

Was und wie wir beim Lesen lernen können, sei noch an drei Beispielen gezeigt, an zwei Zeitungsartikeln und einem literarischen Text. Man könnte natürlich auch aus einem Sachbuch zitieren, etwa einem Geschichtsbuch. Aber da ist ohnehin klar, daß wir dabei lernen, vor allem wenn es interessante Geschichtsbücher sind wie zum Beispiel *Cäsar (1982)* von Prof. Christian Meier oder die Erinnerungen *Ein Deutscher auf Widerruf (1982)* von Prof. Hans Mayer oder die Autobiographie von Prof. Hans Maier: *Böse Jahre, gute Jahre (2011)*.

Hier also statt eines Abschnitts aus einem Sachbuch zwei Artikel aus der *NZZ* vom 15. Dezember 2011 – ähnlich interessante Artikel gibt es natürlich auch in anderen Zeitungen:

Kino in Kürze: Gerhard Richter Painting

mlö. – Corinna Belz' wunderbarer Dokumentarfilm «Gerhard Richter painting» hält, was sein Titel verspricht. Er zeigt einen der bedeutendsten Künstler unserer Zeit beim Verfertigen grossformatiger, abstrakter Gemälde: beim Auftragen, Verwischen und Verschwindenlassen von Farbe unter immer neuen Schichten. Ein langsamer Prozess, unterbrochen vom Nachdenken, Zurücktreten, Überlegen und Verwerfen. Kein Wunder, dass die Präsenz der Kamera Gerhard Richter dabei unbehaglich ist. Doch beobachten zu können, welche künstlerischen Entscheidungen Richter trifft, verleiht dem Film hohe Spannung. Die feierliche Filmmusik – J.S. Bach, John Cage, György Kurtág und Dietmar Bonnen – wird von den Kommentaren des Malers selbst konterkariert. Sie sind rar, lakonisch und oft überraschend witzig. Ein kleines Meisterwerk.

Auch diese Filmkritik in acht kurzen Sätzen ist ein kleines Meisterwerk in der Präzision der Beschreibung, in Wortwahl und Satzbau. Wir lernen, je genauer wir lesen, desto mehr dabei, auch über den *langsamen Prozess* des Malens, schließlich lesen wir von drei zeitgenössischen Musikern, deren Musik wir jetzt vielleicht hören wollen. Und vielleicht schauen wir uns auch den Film an? Nebenbei können wir auch ein für uns neues Wort in unseren »Wörterbaum« hängen: »konterkarieren«, dessen Sinn aus dem Zusammenhang erschlossen werden kann: durchkreuzen, hintertreiben, widersprechen.

Und hier der zweite Artikel: *Durchbruch für Ego-Shooter*
(dapd) - Wie der Computerspiele-Hersteller Activision Publishing
mitteilte, hat der kürzlich erschienene Ego-Shooter «Call of Duty: Mo-
dern Warfare 3» («CoD») einen Umsatzrekord erzielt. Der Rekord
von einer Milliarde Dollar Umsatz innerhalb von 17 Tagen, den
der Kinofilm «Avatar» aufstellte, wurde unterboten. Die Marke
von einer Milliarde Dollar sei schon nach 16 Tagen erreicht wor-
den, teilte Activision mit. Mehr als 30 Millionen Spieler zählt die
«CoD»-Community inzwischen. «Call of Duty: Modern Warfare
3» ist ab 18 Jahren freigegeben worden.

Jeder Zeitungsleser interessiert sich für etwas anderes und
bringt sich bei der täglichen Zeitungslektüre in seinen Interes-
sengebieten auf den neuesten Stand. Der eine liest mit Gewinn
den Artikel über den Maler Gerhard Richter. Ein anderer interessiert sich für die neuen Medien. Was kann er dabei lernen?

Zunächst merkt der kritische Leser, daß diese Nachricht ursprünglich eine PR-Meldung war und deshalb mit Vorsicht zu
genießen ist. Vor allem klingt die Formulierung *Mehr als 30*
Millionen Spieler zählt die «CoD»-Community inzwischen ver-
dächtig nach Werbung.

Und die Zahlenangaben? Entweder sind sie übertrieben oder
beängstigend. Wenn von den 7 Milliarden Menschen weltweit
30 Millionen das Killerspiel *Ruf der Pflicht. Moderne Kriegs-*
führung spielen, das außer den Herstellern niemandem nützt
und vielen schadet, dann wären das 0,43 Prozent: In Deutschland wären das von 80 Millionen Einwohnern immerhin eine
Stadt mit 340 000 vor allem jungen Männern (also mehr als
Mannheim Einwohner hat), in Österreich immerhin 36 000
(fast Dornbirn), in der Schweiz 34 000 (Schaffhausen).

Andererseits setzt die Computerspielindustrie heute mehr
Geld um als die gesamte Filmindustrie – fast nur mit dem
männlichen Teil der Weltbevölkerung. Warum das so ist und
was das mit unserem Thema, dem Weiterkommen durch Lesen, genauer: dem Nichtweiterkommen durch Nicht-Lesen, zu
tun hat, soll im zweiten Teil noch untersucht werden.

Jetzt aber zum Ausgleich noch ein lehrreiches Romankapitel:

Es gab

Ich sitze mit dem Trieler am Tisch, weil ich noch triele. Den Löffel kann ich schon selbst halten. Vor mir das Habermus. Alle haben einen Löffel. Alle essen damit vom Habermus. Es schmeckt. Ein Rest von früher. Ein Rest von gestern. Auch gestern gab es Habermus, weil es so gut war. Oben schwamm das Butterfett. Unten die Kratzede. Das Angebrannte, streifenweise mit dem Löffel weggekratzt, der siebente Himmel.

Es gab Habermus. Den abgeschöpften Rahm von der Rahmschüssel. Es gab Hirnle von der Frühjahrssau. Der Reihe nach Erdbeeren, Stachelbeeren, Zuckerbirnen, Frühäpfel. Es gab von allem.

Es gab Kopfweh, Fieber, Scharlach, Tod, ein Kinderspiel.

Der Flieder blühte in allen Himmelsrichtungen, angefangen hinter dem Holzschopf. Es gab den Flieder in allen fliedermöglichen Farben. Es sind nicht viele.

Für jeden, der durch die niemals geschlossene Haustür eintrat und dann an der Stube kurz klopfte, gab es zuerst einmal einen selbstgebrannten Willi.

Dies ist ein Kapitel des ersten Romans von Arnold Stadler: *Ich war einmal (1989),* den er 2009 mit seinem zweiten und dritten Roman *Feuerland (1992)* und *Mein Hund, meine Sau, mein Leben (1994)* zu dem Entwicklungsroman *Einmal auf der Welt. Und dann so* zusammenfügte.

In diesem Kapitel erinnert sich Stadler an manches, was es in seiner Kindheit gab und heute in dieser Kombination nicht mehr gibt: den *Trieler,* wie das Lätzchen in Stadlers oberschwäbischer Heimat genannt wurde, das *Habermus,* also den Haferbrei, die ländliche Speise in seinem Heimatdorf Rast südlich von Meßkirch, das *Hirnle von der Frühjahrssau,* die Früchte im Jahreskreis, das Kinderspiel *Kopfweh, Fieber, Scharlach, Tod,* das an die Zeiten erinnert, als Kinder noch an Kinderkrankheiten starben, den Flieder und den selbstgebrannten Birnenschnaps *Willi.* Das alles erfahren wir beim Lesen, nicht ohne ein Gefühl der Nostalgie.

Als erfolgreichster Propagandist des Lernens unter mehr als 50 Autoren, die seit 1980 in Weilheim gelesen haben, stellte sich übrigens, ganz unerwartet, Wolf Biermann heraus. Er sagte bei seinem Liederabend am 21. April 1994 u.a. folgendes, was erst in der Zeitung und dann im Jahresbericht zu lesen war:

Ich ging in Hamburg zur Oberschule, und ich war immer der Schlechteste in der Klasse. Und das ist keine eitle Rede eines Prominenten, der sich damit spreizt, daß er so dämlich war. Sondern ich hab' sehr darunter gelitten, wenn ihr es genau wissen wollt . . . Es gibt doch Leute, die einen guten Kopf haben, aber leider zu wenig gelernt haben . . . Leute, die einen guten Computer haben, aber nichts auf der Diskette! . . . Ich ärger' mich darüber, wenn die Schüler in der Schule ihre kostbare Zeit versitzen und verblöden und verblödeln und nicht nutzen. Ich ärger' mich übrigens über meine eigene Zeit. Ich hab' von der 5. Klasse bis zur 10. Klasse, wo man eine so unglaubliche Kapazität in der Birne hat und so toll lernen kann, meine Zeit vergeudet . . .

Damals sang er auch das folgende Lied:

Bitte an mich *(1978)*

mach weiter! ja, so wie bisher
mein Freund, doch ich begehr
auch das: ich bitt dich, bitte mach
auch weiter
  auch weiter
    auch weiter a l s bisher!

Also – lernen wir! Am 23.8.2012 waren im Katalog der Zürcher Zentralbibliothek beim Stichwort »Lehrbuch« 40.324 Titel zu finden: Für jeden das passende Lehrbuch.

In diesem Buch aber kann es nicht darum gehen, alle Fachgebiete Revue passieren zu lassen. Vielmehr soll in neun Kapiteln überlegt und an einigen Beispielen gezeigt werden, in welchen Bereichen man beim Lesen etwas für das Leben lernen kann. Zunächst ein Blick ins Buch der Natur.

14. Wer liest, lernt die Natur besser kennen

Daß wir etwas schön finden können, ist unsere wichtigste Begabung überhaupt ...: Was Martin Walser am 20.5.2012 im Schweizer Radio DRS 2 sagte, betrifft die Kunst, die Musik, auch die »schöne« Literatur, vor allem aber die Schönheiten der Natur.

Daß die Natur schön sei, empfanden die Menschen seit jeher. Im 9. Buch von Homers *Odyssee* (8. Jh. v. Chr.) erzählt Odysseus von einer unbewohnten Insel (Übersetzung: J. H. Voß):

> Längs des grauen Meeres Gestade winden sich Wiesen,
> Reich an Quellen und Klee. Dort rankten die edelsten Reben,
> Und leicht pflügte der Pflug, und dicke Saatengefilde
> Reiften jährlich der Ernte; denn fett ist unten der Boden. ...
> Oben am Ende der Bucht entrieselt der felsichten Grotte
> Silberblinkend ein Quell, von Pappelweiden umschattet.

In dieser Tradition haben Theokrit im 3. Jh. v. Chr. in seinen *Idyllen* und Vergil (70 – 19 v. Chr.) in seinen *Georgica* die Schönheiten des Landlebens gepriesen. In dieser Tradition standen auch viele spätere Naturschilderungen, vor allem wenn ein »lieblicher Ort« zu beschreiben war, ein »locus amoenus«.

Noch vor der *Odyssee* wurden die ersten Bücher der Bibel geschrieben, in denen die Natur nicht nur als Natur, sondern als Schöpfung Gottes bewundert wird:

> Da machte Gott der HERR den Menschen aus Erde vom Acker und blies ihm den Odem des Lebens in seine Nase. Und so ward der Mensch ein lebendiges Wesen. Und Gott der HERR pflanzte einen Garten in Eden gegen Osten hin und setzte den Menschen hinein, den er gemacht hatte. Und Gott der HERR ließ aufwachsen aus der Erde allerlei Bäume, verlockend anzusehen und gut zu essen, und den Baum des Lebens mitten im Garten und den Baum der Erkenntnis des Guten und Bösen. Und es ging aus von Eden ein Strom, den Garten zu bewässern ... *(1. Mose 2, 7 ff.)*

Daß es einen und nur einen Gott gibt und daß dieser eine Gott die Welt und den Menschen erschaffen hat, sind die zentralen Glaubenswahrheiten, die das Christentum und den Islam mit dem Judentum verbinden. Im Koran wird mehrmals auf die Schöpfung verwiesen, so in der 7. Sure (Ü: Hartmut Bobzin):

> Siehe, euer Herr ist Gott, der die Himmel und die Erde in sechs Tagen schuf, sich dann hoch oben auf dem Throne niederließ.

Vor allem in den Psalmen wird die Schöpfung gepriesen:

> Lobe den HERRN, meine Seele! ... / Du lässest Wasser in den Tälern quellen, daß sie zwischen den Bergen dahinfließen, / daß alle Tiere des Feldes trinken und das Wild seinen Durst lösche. / Darüber sitzen die Vögel des Himmels und singen unter den Zweigen. / Du feuchtest die Berge von oben her, du machst das Land voll Früchte, die du schaffest. / Du lässest Gras wachsen für das Vieh und Saat zu Nutz den Menschen, daß du Brot aus der Erde hervorbringst, / daß der Wein erfreue des Menschen Herz und sein Antlitz schön werde vom Öl und das Brot des Menschen Herz stärke. *(Psalm 104)*

In der christlichen Tradition entstand auch das Bild vom »Buch der Natur«, über das Ernst Robert Curtius in dem Buch *Europäische Literatur und Lateinisches Mittelalter (1948)* und Hans Blumenberg in *Die Lesbarkeit der Welt (1981)* nachgedacht haben.

In diesem Sinn pries Franziskus von Assisi (1181/2 – 1226) in seinem *Sonnengesang,* einem der ersten Werke der italienischen Literatur, Gott als Schöpfer aller Dinge und sprach Sonne, Mond und Sterne, Wind, Wasser, Feuer und Erde, auch den Tod, als unsere Brüder und Schwestern an. Hier die 2. Strophe:

> Gelobt seist du, mein Herr, mit allen deinen Geschöpfen,
> zumal dem Herrn Bruder Sonne;
> er ist der Tag, und du spendest uns das Licht durch ihn.
> Und schön ist er und strahlend in großem Glanz,
> dein Sinnbild, o Höchster.

Die Tiere kommen im *Sonnengesang* nicht vor. Doch in der Legendensammlung *Fioretti* spricht Franziskus die Vögel als Geschwister und den wilden Wolf von Gubbio als Bruder an; und sein Mitbruder, der hl. Antonius von Padua, wendet sich in seiner Fischpredigt an die »Brüder Fische«.

Leider hat Descartes 400 Jahre später in seinem *Discours de la méthode* die Tiere als sprachlose Automaten bezeichnet. Darüber sind wir heute hinaus. Doch die Ausbeutung der Natur wäre wohl weniger verbreitet, wenn das Gefühl noch lebendig wäre, daß die Fische wie die Vögel und alle Tiere als Lebewesen »Geschwister« der Menschen sind.

Stattdessen werden die Fische in den vermüllten Meeren dezimiert (u.a. durch die Vernichtung des sog. Beifangs bei der Fischerei mit Grundschleppnetzen) und wurde in Europa die *Zahl der Feldvögel seit 1980 halbiert (NZZ, 25.7.2012)*.

Auch im Barock und in der Romantik entstanden zahlreiche Lobgedichte auf die Natur als Schöpfung. Hier die ersten zwei von 15 Strophen eines Sommergedichts des barocken Liederdichters Paul Gerhardt (1607 – 1676):

> Geh aus, mein Herz, und suche Freud
> In dieser lieben Sommerzeit
> An deines Gottes Gaben;
> Schau an der schönen Gärten Zier
> Und siehe, wie sie mir und dir
> Sich ausgeschmücket haben.
>
> Die Bäume stehen voller Laub,
> Das Erdreich decket seinen Staub
> Mit einem grünen Kleide;
> Narzissus und die Tulipan,
> Die ziehen sich viel schöner an
> Als Salomonis Seide.

Schauen und Sehen und den Schöpfer loben sind für Paul Gerhardt und für seine damaligen Leser eins.

Und er erinnert dabei an Jesus von Nazareth, der in der Bergpredigt sagte (Matthäus 5,28f.): *Schaut die Lilien auf dem Feld
an, wie sie wachsen: sie arbeiten nicht, auch spinnen sie nicht.
Ich sage euch, daß auch Salomo in aller seiner Herrlichkeit nicht
gekleidet gewesen ist wie eine von ihnen.*

Ein Lobpreis der Natur ist für die heutigen Menschen schwieriger geworden. Wir informieren uns über die Natur und die
Entstehung der Welt nicht in frommen Naturgedichten, sondern in wissenschaftlichen Büchern wie Charles Darwins *On
the Origin of Species by Means of Natural Selection, or the Preser-
vation of Favoured Races in the Struggle for Life (1859). Über die
Entstehung der Arten im Thier- und Pflanzen-Reich durch natürliche Züchtung, oder Erhaltung der vervollkommneten Rassen im
Kampfe um's Daseyn (1860).*

Wer die heutigen naturwissenschaftlichen Bücher liest, tut
sich schwerer, an eine Schöpfung zu glauben, da in den meisten
Büchern überzeugend dargestellt wird, daß Millionen verschiedener Pflanzen- und Tierarten aus unbelebter Materie durch
Zufall, Selektion und Anpassung evolutionär entstanden sind.

Allerdings kommen auch Evolutionsbiologen nicht umhin,
die Perfektion der uns bekannten Lebewesen zu konstatieren.
Richard Dawkins, einer der schärfsten Kritiker des Christentums, betitelte sein neuestes Buch über die Natur *The Greatest
Show on Earth. The Evidence of Evolution (2009).* Auf deutsch,
zu direkt: *Die Schöpfungslüge. Warum Darwin recht hat (2010).*

Selbst Dawkins ist voller Bewunderung für die Natur:

*Eine weidende Giraffe, ein in die Lüfte steigender Albatros, ein
herabstoßender Mauersegler, ein kreisender Falke, ein Fetzenfisch,
der zwischen den Seetangwedeln nicht zu sehen ist, ein Gepard,
der sich in vollem Lauf nach einer hakenschlagenden, prächtigen
Gazelle streckt – überall scheint die Illusion einer gezielten Gestaltung intuitiv so sinnvoll, dass es echte Mühe erfordert, kritische
Gedanken zu fassen und die Verführung der naiven Intuition zu
überwinden.*

Davor und danach beklagt er sich über *Fehlkonstruktionen*
wie den rückläufigen Kehlkopfnerv bei Giraffen:

Ein vernünftiger Gestalter hätte nicht nur einen Fehler wie den Umweg des Nervs nie begangen: er hätte nichts von dem ganzen Saustall konstruiert ...

Ob *Fehlkonstruktionen* oder *gezielte Gestaltung,* fest steht, daß jahrzehntelange Nachbauversuche Vorbilder in der Natur nie erreichen konnten. Dies hat Goethe in der vorletzten Strophe seiner *Marienbader Elegie (1824)* schon geahnt:

> Verlaßt mich hier, getreue Weggenossen!
> Laßt mich allein am Fels, in Moor und Moos;
> Nur immer zu! euch ist die Welt erschlossen,
> Die Erde weit, der Himmel hehr und groß;
> Betrachtet, forscht, die Einzelheiten sammelt,
> Naturgeheimnis werde nachgestammelt.

Über die Imitation dessen, was man in der Natur sehen, erforschen und sammeln kann, gibt es erstaunliche Bücher, zum Beispiel *Faszination Bionik. Die Intelligenz der Schöpfung,* hrsg. von Kurt G. Blüchel und Fredmund Malik (2006). Das ist ein Sammelband zu einer Fernsehserie des SWR, geschrieben von 39 Fachleuten aus Technik und Wissenschaft, die immer wieder die Fortschritte der Evolution betonen, während die Fotos auf den mehr als 400 großflächigen Seiten eine solche Vielfalt, Perfektion und Schönheit zeigen, daß man an eine ungerichtete, vom Zufall mitbestimmte Entwicklung kaum glauben mag. Die Bionik, ein Kunstwort aus *Bio*logie und Tech*nik,* erscheint so eher als Bestätigung der im 1. Kapitel erwähnten Ansicht des Aristoteles zu sein, daß *die Natur nichts vergebens macht.*

Es gibt neben dem Schwinden des Schöpfungsglaubens noch zwei weitere Veränderungen in unserem Verhältnis zur Natur: die Natur- und Umweltzerstörung durch den technischen »Fortschritt«, wovon in zahllosen Büchern und Artikeln in Zeitungen, Illustrierten und Zeitschriften berichtet wird, aber auch die Beeinträchtigung unserer eigenen Sehfähigkeit durch die Überfülle der Bilder, die uns die visuellen Medien liefern.

Zum Glück können uns Künstler und Dichter den genauen und liebevollen Blick auf die Natur lehren:

Wulf Kirsten: Minzower elegie (1971)

auf nebelbänken ruhte die nacht.
wir gingen durch koppeln,
atmeten grasduft.
das knirren der rinder rief uns nach.
undurchdringlich die leeren felder.
der weg zum see erzählte geschichten,
die ich vergaß.
wir schwiegen in die gespiegelte stille,
der es den atem verschlug. –
die erinnerungen leben getrennt.
nichts wiederholt sich:
der grasgeruch jener nacht,
die regungslosigkeit der leeren felder,
die strömung des mondrauchs über dem see,
gesichter, vergraben in laub.

(der bleibaum, 1977)

Sarah Kirsch: Das Dorf

Am Abend war die Stille vollkommen.
Die Grillen verstummten in ihren Löchern
Auf dem Hügel die Eiche
Stand schwarz vor lackrotem Himmel.

Da kam ich ins Dorf aus dem Moor.
Ging übers glänzende Stoppelfeld
Stern und Steine leuchteten hell
In den Häusern flammte das Licht auf.

Zermahlener Staub auf der Straße.
Knöterich unter den Füßen
Reichte von Tür zu Tür, ein Sommertagteppich.

(Rückenwind, 1977)

Michael Krüger:
Meditationen unter freiem Himmel

16
Wer weiß, wie und wann die Vögel sterben?
Die Raben, die unten über den Acker staken
und vor jeder Maus zittern,
was bringt sie dazu, sich im Unterholz
zu verkriechen und den Atem einzustellen?
Und die Finken und Rotkehlchen,
gerade erst dreitausend Kilometer geflogen,
mit geschlossenen Augen, wann sagt ihnen
eine innere Uhr, daß es Zeit ist, die Flügel
für immer anzulegen? Warum sieht man
nie eine tote Eule oder ein Käuzchen?
Hier und da ein Knöchelchen, im Wald,
der widerhallt von dem großen Chor
der überlebenden Vögel. Die Vögel lügen,
sie belügen sich und mich, der ich
hier warte auf ihre kleinen Körper,
damit ich sie begraben kann
in Demut und voller Scham.
(Unter freiem Himmel, 2007)

Günter Kunert: Kalenderspruch

Immer noch: Der blasse Mond.
Die alte Erde: Noch bewohnt.
Natur: Ein Anlaß zum Gedicht.
Zum Wörterspiel. Zum Weltgericht.
Hier: Meine Hand. Noch greift sie zu.
Und hält sich fest. An einem Du.
(Berlin beizeiten, 1987)

Jedes dieser Gedichte von vier Dichtern, deren Namen zufälligerweise mit K beginnen (das war freilich kein Kriterium für die Auswahl), zeigt uns, wenn wir sie hören und uns ihre Bilder vorstellen, die Natur von einer anderen Seite.

Wulf Kirsten erinnert sich in seinem Gedicht an einen nächtlichen Spaziergang zu zweit beim Dorf Minzow in der Mecklenburgischen Seenplatte.

Sarah Kirsch verbrachte den Sommer 1975 im Haus von Christa Wolf in Meteln nördlich von Schwerin, ebenfalls in Mecklenburg, und schrieb dort ihre Naturgedichte, darunter auch, wie Wulf Kirsten, einige kritische Gedichte über die zunehmende Umweltzerstörung.

Trotzdem kann es gelingen, den Blick bewußt auf das Schöne der Natur zu richten. Wir können das Schöne sehen und auf die Geheimnisse der Natur achten. Dann wird es möglich, mehr zu sehen, als wir bisher sahen, und das Gesehene zu reflektieren wie Michael Krüger, der sich beim Anblick von Raben fragt, *wie und wann die Vögel sterben,* und am Ende *Demut und Scham* empfindet. Demütig war auch die Haltung des hl. Franziskus zur Natur; und Scham können wir empfinden beim Gedanken an ihre Zerstörung.

Der Kalenderspruch von Günter Kunert schließlich gibt uns Gelegenheit, darüber nachzudenken, was wir als dialogische Lebewesen noch mehr brauchen als das Anschauen des Schönen, nämlich unsere Mitmenschen.

Um unsere Mitmenschen kennenzulernen, gibt es keine bessere Möglichkeit, als mit ihnen zu sprechen. Aber vieles bleibt unausgesprochen, und anderes kann kaum gefragt werden. Manches über die Menschen kann man deshalb vielleicht sogar besser beim Lesen von Büchern erfahren, auch beim Lesen von guten Artikeln in Zeitungen und Zeitschriften, in denen erfundene oder wirkliche Menschen zu Wort kommen.

15. Wer liest, lernt die Menschen besser kennen

Das wohl Wichtigste in unserem Leben sind die Beziehungen zu unseren Mitmenschen. Um sie besser verstehen zu können, kann uns das Lesen helfen. Dazu eine geheimnisvolle Erzählung, die man mit Achtzehn-, aber auch mit Zwölfjährigen lesen kann. Zuvor kann man fragen, wer einen Obdachlosen kennt (da melden sich einige) und wie einer dazu wird, und da wissen fast alle: Arbeitslosigkeit, Scheidung, Alkohol ...

Hans Joachim Schädlich: Am frühen Abend (1985)

Am frühen Abend des achtundzwanzigsten Februar betrat der junge Handelsreisende Saller die kleine Halle des Bahnhofs von Schwäbisch-Hall, einem Ort in der Nähe Stuttgarts.

Die Luft ist um diese Zeit kalt, so daß Saller die Helle und Wärme der kleinen Halle willkommen war. Er sah, daß auf dem steinernen Fußboden vor dem Ofen ein Mann lag. Saller gab sich den Anschein, als achte er nicht auf den Schlafenden. Er betrachtete den Fahrplan, suchte die Abfahrtszeit des Zuges, mit welchem er in das nahe Stuttgart fahren wollte, sah auf die Uhr über der Tür und warf einen schnellen Blick auf den Mann. Saller bemerkte, daß der Mann sich den Anschein gab, als bemerkte er Saller nicht.

Saller setzte sich. Zu seiner Linken hatte er den halbwachen Mann im Auge.

Bis zur Einfahrt seines Zuges waren es noch sieben, bis zur Abfahrt acht Minuten. Saller rechnete zwei Minuten für den Weg zum Bahnsteig. Sechs Minuten kann ich ausruhen, sagte er.

Der Mann sagte nichts.

Saller sah das strähnige, wirre Haar des Mannes, die schmutzigbraune Haut des Gesichts, den schütteren Vollbart, die fleckige Joppe, deren Knöpfe fehlten, die schmutzig-schwarzbraune Haut der Hände, die schmierige Hose, die nassen Halbschuhe.

Saller sagte auf gut Glück, Es ist zu kalt auf dem Steinfußboden.

Der Mann öffnete die Augen, sagte, Ich wollte am Ofen stehen, aber die Beine, die verdammten, tragen mich nicht mehr. Ich bin zusammengesackt. Ich habe Beine, ganz kaputt. Wund. Die Wunden groß wie meine Hand.

Auf der Bank wäre es besser für Sie, sagte Saller und zeigte auf den Platz neben sich.

Aber wie hinkommen, sagte der Mann.

Ich könnte Ihnen helfen, sagte Saller.

Aber Sie können mich nicht tragen, sagte der Mann.

Nein, sagte Saller.

Ich hab mir was gebettelt in Schwäbisch-Hall, sagte der Mann. Aber nicht viel. Leute, fromm und geizig.

Wo wollen Sie hin, sagte Saller.

Wo will ich hin, sagte der Mann. Wohin soll ich wollen. Ich bin hier.

Hier können Sie nicht bleiben, sagte Saller.

Wie soll ich weg? Allein schaff ich es nicht. Mir hilft kein Gott und kein Bulle. Und wenn ich drei Mal schrei, Herzlieber Jesu mein.

Sie brauchen einen Arzt, sagte Saller.

Du redest, wie du's verstehst. Wie klein Moritz, sagte der Mann. Bezahlst du den Arzt?

Nein, sagte Saller. Einen Notarzt.

Hatte ich schon, sagte der Mann. Hat leise gesagt zu mir, Dreckskerl elender.

Sie müssen in ein Krankenhaus, sagte Saller.

Und wo?, sagte der Mann.

In Stuttgart, sagte Saller.

Bravo!, sagte der Mann. Darauf noch'n Asbach uralt. Ich schaff's nicht bis zu deiner Bank, der Doktor faßt mich nicht an, die Bullen rollen mich aus'm Bahnhof und der liebe Gott selig pfeift auf mich. Nee, Märchen glaub ich nur noch meine eigenen.

Saller schwieg.

Der Zug nach Stuttgart fuhr ein, Saller stand auf, sagte, Auf Wiedersehen! und ging auf den Bahnsteig.

Der Mann sagte, Er hilft mir auch nicht.

Diese Erzählung ist einerseits ganz realistisch (die 23 wörtlichen Reden klingen wie protokolliert), andererseits eine Parabel über die scheinbare Sinnlosigkeit mancher Gespräche. Saller sucht das Gespräch, aber *Er hilft auch nicht,* so wenig wie die *Ärzte,* die *Bullen,* die *Leute* und selbst *Gott* – dies sagt der Obdachlose am Ende auch uns, den Lesern!

Kann ihm wirklich niemand helfen? Doch! Der Dichter, der ihm und uns im Sinn von Horaz nützlich ist, indem er die Leser zum Nachdenken bringt: wie verschiedene Menschen auf den Mann mit seinen Wunden reagieren (besonders schlimm: dieser Notarzt); über Sallers Hilfsbereitschaft, über die sich der Mann am Ende vielleicht doch ein wenig gefreut hat; schließlich die Frage, was Jesus in dieser Geschichte zu suchen hat.

Mit dieser Frage nähern wir uns einem Geheimnis dieser Parabel vom *Handelsreisenden Saller.* Der Branntweinsäufer von Kleist, ein Vorläufer dieses Obdachlosen in Schwäbisch Hall, kann mit Jesus in der Wüste verglichen werden.

An wen aber erinnert der »Handels*reise*nde« *Saller?* An den »*Sa*mariter, der auf der *Reise* war« (Lukas 10,33), einen überfallenen Mann liegen sieht, seine *Wunden* verbindet und dem Gastwirt Geld für die weitere Pflege hinterläßt!

Anders als damals gibt es heute eine staatliche Fürsorge. Die Nächstenliebe, um die es im Gleichnis Jesu geht, ist jedoch nicht überflüssig geworden. Saller, der einen Aufenthalt von acht Minuten zu einem Gespräch mit einem armen Mitmenschen nutzt, kann für die Leser ein Vorbild sein. Vielleicht ist ihm auch im Zug nach Stuttgart eingefallen, wie er dem Mann ein wenig hätte helfen können, der beim Betteln von den *frommen und geizigen Leuten* wenig bekommt; Saller hätte ihm 20 Mark geben und die nächste Betteltour ersparen können ...

Gute Literatur gibt uns so die Möglichkeit, über den Menschen und die Mitmenschen nachzudenken. Das beginnt bei der Lektüre der biblischen Geschichten, die uns ja vor allem deshalb so bewegen, weil uns das Verhalten vieler biblischer Gestalten, angefangen bei Adam und Eva, so nahe geht. Das gilt für alle Dramen, die uns Menschen in Entscheidungen vor

Augen stellen, sowie für fast alle Erzählungen und Romane, die, längst vor der Etablierung der wissenschaftlichen Psychologie am Ende des 19. Jahrhunderts, den Lesern Einblick in die Abgründe der menschlichen Seele geben. Das gilt für die Romane von Jane Austen und Emily Brontë, von Dickens und Henry James, von Stendhal und Flaubert, von Dostojewski und Tolstoi, von Keller, Stifter, Fontane und Thomas Mann, um nur einige unter den älteren Autoren zu erwähnen, die in der Liste der »Lieblingsbücher für junge Leser« genannt sind.

Natürlich kann man auch in einem Film das Verhalten von Menschen zeigen, doch selbst bei einer Großaufnahme sehen wir das Äußere der Menschen, nicht ihre Gedanken. Auch ist das Tempo der Bilder oft zu hoch, um uns die Möglichkeit zum Nachdenken zu lassen, was beim Lesen möglich ist.

Annette von Droste-Hülshoff (1797 – 1848) zum Beispiel untersucht in ihrer Kriminalnovelle *Die Judenbuche (1842)*, an der sie mehr als drei Jahre gearbeitet hat, wie es dazu kommen konnte, daß Friedrich Mergel, geb. 1738, im Herbst 1760 einen Juden erschlägt. Sie beginnt mit einem programmatischen Gedicht über die Wirkung von Vorurteilen. Doch es geht der Dichterin um alle möglichen Einflüsse auf die Entwicklung Friedrichs: um seinen Geburtsort in der Abgeschiedenheit westfälischer Wälder, in dem *die Begriffe der Einwohner von Recht und Unrecht einigermaßen in Verwirrung geraten ... waren,* seine Vorfahren und seine Eltern, die Mutter ist eine stolze Bauerntochter, die spät einen Alkoholiker heiratet.

Sie erwähnt die Bedeutung der Schwangerschaft *(obwohl unter einem Herzen voll Gram geboren, war Friedrich ein gesundes hübsches Kind, das in der frischen Luft kräftig gedieh),* sie läßt uns an wichtigen Gesprächen zwischen Mutter und Sohn teilnehmen, über das Beten und den Teufel, über den Vater, der nach Hause gebracht wird *(»Da bringen sie mir das Schwein wieder!«),* diesmal aber nicht betrunken, sondern tot (da ist Friedrich acht), über die Förster und die Juden, die *»alle Schelme«* sind.

Wir erleben, wie Onkel Simon Semmler, geheimer Anführer der Holzfrevlerbande »Blaukittel«, den 12jährigen zu sich holt.

Ein Höhepunkt der Novelle ist die Begegnung zwischen Friedrich, inzwischen 18, und dem Förster Brandis – *im Juli 1756 früh um drei.* Friedrich liegt als Aufpasser der »Blaukittel« im Gras. *Aus dem Walde drang von Zeit zu Zeit ein dumpfer, krachender Schall. Plötzlich ... pfiff [er] gellend und anhaltend ... In demselben Augenblicke* taucht Brandis auf und nimmt Friedrich ins Gebet: »*... Hast du nichts im Walde gehört?*« – »*Im Walde?*« – *Der Knabe warf einen raschen Blick auf des Försters Gesicht.* – »*Eure Holzfäller, sonst nichts.*«

Brandis wird wütend und beschimpft Friedrich als *Hund* und seine Mutter als *alte Hexe.* Der Beschimpfte will sich rächen und schickt Brandis mit List und Lüge dorthin, wo sich die Holzdiebe versteckt halten, bereut es aber wenig später:

Der Förster schlug den bezeichneten Weg ein. ... Da blitzte es noch einmal durchs Laub. Es war ein Stahlknopf seines Jagdrocks; nun war er fort. Friedrichs Gesicht hatte während dieses allmähligen Verschwindens den Ausdruck seiner Kälte verloren und seine Züge schienen zuletzt unruhig bewegt. ... Er ging einige Schritte voran, blieb dann stehen. »Es ist zu spät«, sagte er vor sich hin und griff nach seinem Hute. Ein leises Picken im Gebüsche, nicht zwanzig Schritte von ihm. Es war der Förster, der den Flintenstein schärfte. Friedrich horchte. – »Nein!« sagte er dann mit entschlossenem Tone, raffte seine Siebensachen zusammen und trieb das Vieh eilfertig die Schlucht entlang.

Das *leise Picken* signalisiert die Entscheidung, Brandis nicht zurückzurufen, der wenig später tot aufgefunden wird. Friedrich macht sich Vorwürfe, möchte zur Beichte. Auch diesmal hören wir im Moment der Entscheidung, doch nicht zur Beichte zu gehen, *ein leises Geräusch.* Diese beiden Entscheidungen fördern eine *unglückliche Wendung seines Charakters* hin zu einem *grenzenlosen Hochmut* und einem *sehr empfindlichen Ehrgefühl.*

Dieses wird vier Jahre später zutiefst getroffen, als ihm der Jude Aaron bei einer Hochzeit öffentlich vorhält, daß er ihm noch zehn Taler für eine Taschenuhr schuldet, mit der Friedrich zuvor geprahlt hat: *Die Tenne tobte von Gelächter.*

Bald darauf findet man Aaron ermordet unter einer Buche, und Friedrich Mergel verschwindet. 28 Jahre später kehrt er unter falschem Namen am Heiligen Abend nach Hause zurück. Doch anders als Trakls *Wanderer* (s.o. S. 73) findet er keinen Frieden und erhängt sich schließlich in der »Judenbuche«.

Man kann diese Novelle immer wieder lesen und wird dabei jedesmal Neues entdecken. Das gilt auch für Georg Büchners (1813 – 37) Antwort auf Goethes *Faust,* für *Woyzeck (1836)* mit der Erkenntnis *»Jeder Mensch ist ein Abgrund«,* für die Novelle *Brigitta (1843)* von Adalbert Stifter, die Geschichte eines häßlichen Mädchens mit zwei schönen Schwestern, oder für Marie von Ebner-Eschenbachs Tiergeschichten *Krambambuli (1883)* und *Die Spitzin (1888),* in denen Tiere mehr Treue und Liebe zeigen als die Menschen.

Das gilt erst recht für die meisten Romane, in denen wir Menschen kennenlernen, über die der Autor beim Schreiben lange nachgedacht hat und über deren Verhalten und Entwicklung auch wir beim Lesen nachdenken können.

Dazu noch zwei Erzählanfänge, ein kurzer und ein längerer:

Ich wohne seit gestern einen Stock tiefer. Ich will es nicht laut sagen, aber ich wohne tiefer. Ich will es deshalb nicht laut sagen, weil ich nicht übersiedelt bin.

Was Ilse Aichinger in ihrer Erzählung *Wo ich wohne (1955)* eine Frau berichten läßt, ist sehr merkwürdig. Die Frau findet eines Abends ihre Wohnung nicht im 4., sondern schon im 3. Stockwerk, traut sich nach einer schlaflosen Nacht aber nicht, jemanden zu fragen, was passiert sein könnte. Am Ende wohnt sie im Keller und hat Angst, irgendwann im Kanal zu landen.

Als ich diese Geschichte im Sommer 1980 zur Vorbereitung der ersten Lesung von Ilse Aichinger am Gymnasium Weilheim im Deutschunterricht besprach, fragten sich die älteren Schüler, wie eine Wohnung absinken kann. In der 5. Klasse jedoch sagte ein Bub: »Da liegt jemand im Bett und hat Angst.« Und ein Mädchen, wörtlich: »Da ist jemand seelisch abgerutscht!« In der Tat wird hier eine Depression erzählt.

Außerdem gibt es noch einen absurden Hintergrund: In den alten Häusern in Wien wurde, um die »Stockwerkssteuer« zu umgehen, der erste Stock »Mezzanin« genannt. Deshalb heißt es noch heute in der Marc-Aurel-Straße 9 im 1. Wiener Bezirk, wo Ilse Aichinger mit ihrer jüdischen Mutter am Ende des Krieges in ständiger Angst schräg gegenüber vom Gestapo-Hauptquartier im 4. Stock wohnte, im eigentlichen 2. Stock an der Wand gegenüber vom Aufzug »I. Stock«, im 3. Stock »II. Stock« und im 4. Stock »III. Stock«.

Zum Abschluß dieses notwendigerweise fragmentarischen Kapitels noch der Anfang des psychologischen Kriminalromans *Albissers Grund (1974)* von Adolf Muschg:

> An einem Spätsommertag des Jahres 73 wurden dem Ausländer Zerutt, Constantin, Alter ca. 60, Herkunft ungeklärt, in seiner Wohnung Badgasse 23 a folgende Verletzungen beigebracht: ein Lungensteckschuß, ein Schulterdurchschuß, ein Streifschuß beim linken Auge; fünf weitere Schüsse wurden in den Türrahmen der Altwohnung abgegeben. Die Tatwaffe: eine widerrechtlich zurückbehaltene Ordonnanzpistole Kaliber 9 mm; der Täter, ein Dr. phil. Albisser, Peter, war aus der Schweizer Armee ausgeschlossen worden und hatte auch seit einem Jahr seinen Dienst als Englischlehrer an einem Zürcher Gymnasium quittiert. Er befand sich seit längerer Zeit bei Zerutt in einer Art Behandlung; Zerutt war der Fremdenpolizei als Graphologe bekannt. Täter und Opfer setzten der Untersuchung schwer zu bestimmende Widerstände entgegen. Die Behörde sah sich veranlaßt, das Verhältnis der beiden Männer auszuleuchten nach seinem Grund.

Wenn man diesen oder andere Romane liest, ist man keineswegs immer einverstanden mit dem, was die Figuren da tun und was sie denken. Aber ebendies gehört auch zum Vergnügen des Lesens und zu den Erkenntnissen, die wir beim Lesen über das Wesen des Menschen und seine Lebensbedingungen, die Conditio humana, gewinnen. Dies gilt auch und ganz besonders von Texten und Büchern zur Geschichte.

16. Wer liest, kann aus der Geschichte lernen

In Friedrich Nietzsches Schrift *Vom Nutzen und Nachteil der Historie für das Leben (1874)* heißt es am Anfang des 2. Kapitels: *Daß das Leben aber den Dienst der Historie brauche, muß ebenso deutlich begriffen werden als der Satz, ... daß ein Übermaß der Historie dem Lebendigen schade.* Diese Gefahr ist heute gering. Um so größer ist die Gefahr, daß wir den Nutzen der Geschichte für unser Leben nicht mehr begreifen.

Historische Sachbücher und Biographien können uns dabei helfen, aber auch literarische Texte. Denn auch und gerade aus der Literatur können wir etwas über die Geschichte und die Menschen erfahren und dabei etwas für unser Leben lernen.

Alle erzählende Literatur, angefangen bei der *Ilias* und der *Odyssee,* aber auch die Bibel hat mit Geschichte zu tun. Denn alles, was geschieht, geschieht zu einer bestimmten Zeit, an einem bestimmten Ort, durch und mit Menschen, die handeln oder leiden. Je wilder die Zeiten, desto ergiebiger für die Literatur und desto interessanter, leider, für spätere Generationen.

Deshalb sind auch Romane über die NS-Diktatur und den Zweiten Weltkrieg interessanter als die über die Bundesrepublik. Doch Ilse Aichinger, Horst Bienek, Heinrich Böll, Günter Grass, Walter Kempowski, Hermann und Siegfried Lenz und Hans Werner Richter, um nur einige Namen zu nennen, deren Leben und Werk von der NS-Zeit geprägt wurde, hätten vermutlich gern die ihre in eine spätere, wenn auch ereignislosere Biographie eingetauscht.

Erst recht hätten die zahllosen exilierten Autorinnen und Autoren, deren Existenz oft vernichtet wurde (einige nahmen sich auch das Leben), gern auf die extremen Stoffe für ihre Bücher verzichtet. Genannt seien hier nur H. G. Adler, Walter Benjamin, Ernst Bloch, Bertolt Brecht, Hermann Broch, Alfred Döblin, Lion Feuchtwanger, Bruno Frank, Oskar Maria Graf, Walter Hasenclever, Hermann Kesten, Annette Kolb, Heinrich Mann, Klaus Mann, Thomas Mann, Erich Maria Remarque,

Ludwig Renn, Anna Seghers, Hilde Spiel, Ernst Toller, Kurt Tucholsky, Ernst Weiß, Franz Werfel, Carl Zuckmayer, Arnold Zweig und Stefan Zweig.

Aber auch »innere Emigranten« wie Stefan Andres, Werner Bergengruen, Albrecht Haushofer (* 1903, ermordet am 23.4.45), Ricarda Huch, Ernst Jünger, Fritz Reck-Malleczewen (der im KZ umkam), Reinhold Schneider, Ernst Wiechert, die zuerst von der Flucht der bedeutenderen Kollegen profitierten, hätten wohl lieber in unserer harmloseren Zeit gelebt, von der aus man sie dann als opportunistisch kritisieren konnte (was ich in meinem Buch *Die Zensur der Nachgeborenen. Zur regimekritischen Literatur im Dritten Reich* 1995 analysiert habe).

Natürlich kann die Geschichte auch in Dramen lebendig werden, man denke nur an Shakespeare und Schiller. Hier nur die ersten acht Verse aus Albrecht Haushofers hintergründigem historischen Drama *Augustus,* das 1939 als Buch erschien:

Landhaus des Horatius bei Tibur ... Horatius, Vergilius und Catullus an einem erlesenen Frühstückstisch. Ein Sklave schenkt ihnen Wein und verläßt dann den Raum.
    Horatius. Gedenken wir des allerhöchsten Wohls!
        Augustus Octavianus Caesar lebe!
    Catullus (sein Glas umwerfend).
        Ick kanns nicht ändern, daß er lebt – Sein Wohl –
    Horatius. Was tust Du, Freund! Mein bester Wein –
    Catullus.   Verzeih!
    Horatius. Du wagst zu viel. Man hätt es hören können!
    Vergilius. Es ist doch niemand hier.
    Horatius.   Mein neuer Sklave –
    Catullus. Der junge Bengel, der uns grad verließ,
        Steht in besondrem Dienst?
    Horatius.   Das weiß ich nicht.

Haushofer schrieb zwischen 1933 und 39 drei in Rom spielende Dramen, in denen er, in historischen Kulissen, das Thema Herrschaft und Diktatur behandelte. In seinem Augustus-

Drama bringt er zu Beginn die drei größten Dichter Roms zusammen auf die Bühne, obwohl Catull längst tot war, als Augustus Kaiser wurde.

Damit das Drama, d.h. die Handlung, beginnen kann, gibt es in Dramen selten friedliche Gespräche wie in Romanen, sondern dramatische Dialoge, Streit, Verhöre, Befehle: Worte, die zu Handlungen führen oder Taten begleiten.

Was läßt Haushofer nun seine Dichterkollegen sagen, damit die Handlung beginnt? Was deutet er an? Was verschweigt er? Und der Zuschauer bzw. Leser: Was weiß er (was die Personen auf der Bühne vielleicht nicht wissen), was nicht? Was soll er wahrnehmen? Welche Erwartungen sollen in ihm geweckt werden? Spannung, Furcht, Hoffnung, Mitleid, Bewunderung?

Der 3. Vers ist der Schlüssel zur ganzen Szene. Ihn muß man genau und laut lesen. Wenn er gespielt wird, hört und sieht man gleich, worum es geht: Als Horaz den jungen Diktator Augustus hochleben läßt, antwortet Catull, schon betrunken: *Ick [!] kanns nicht ändern, daß er lebt – Sein Wohl –*

Horaz unterbricht ihn, bevor er »ist mir total egal« o.ä. sagen kann. Der Leser und Zuschauer spürt, wie Catull »im Wein die Wahrheit« sagt. Nüchtern würde er wohl den Mund halten.

Und Horaz reagiert, wie man auch 1939 auf Majestätsbeleidigungen reagierte: mit Angst und Ausweichmanövern: *Mein bester Wein!* Und dann erst: *Man hätt es hören können!*

Schon in der ersten Minute des Dramas werden also drei Themen angesprochen, die in einer Diktatur akut sind: der Personenkult, der ohnmächtige Zorn der Untertanen und die Angst vor Denunzianten. Ein vergleichbarer Dramenanfang aus der NS-Zeit ist nicht bekannt geworden.

Imre Kertész, geb. am 9. November 1929 in Budapest, wurde als 14jähriger im Sommer 1944 bei der von Eichmann organisierten Judendeportation nach Auschwitz verschleppt, wo die meisten nach der Selektion, oft durch Dr. Mengele, in den Gaskammern ermordet wurden. Er wurde als »arbeitsfähig« nach Buchenwald weitertransportiert und am 11. April 1945 von den Amerikanern befreit. Nach seiner Rückkehr lebte er als Journalist, Verfasser von Boulevardstücken und Übersetzer aus dem Deutschen, u.a. von Tankred Dorst. Sein *Roman eines Schicksallosen (1975)*, an dem er mehr als zehn Jahre gearbeitet hatte, fand zunächst nur wenig Beachtung. Erst die zweite Übersetzung (1996) machte ihn in Deutschland bekannt. Hier ein Höhepunkt des Romans auf der Rampe in Auschwitz:

Die Untersuchung selbst kann im übrigen nicht mehr als etwa zwei, drei Sekunden (annähernd) gedauert haben. Gerade war vor mir noch Moskovics an die Reihe gekommen – ihn hatte der Arzt sofort, mit gestrecktem Zeigefinger, in die andere Richtung gewiesen. Ich hörte noch, wie Moskovics zu erklären versuchte: *»Arbeiten … sechzehn … «* – aber von irgendwoher packte ihn eine Hand, und schon hatte ich seinen Platz eingenommen. Mich, so sah ich, betrachtete der Arzt schon gründlicher, mit einem abwägenden, ernsten und aufmerksamen Blick. Ich habe mich dann auch aufgerichtet, um ihm meinen Brustkasten zu zeigen, und – so erinnere ich – sogar etwas lächeln müssen, als ich so nach Moskovics drankam. Zu dem Arzt hatte ich auch gleich Vertrauen, weil er von angenehmer Erscheinung war und ein sympathisches langes, glattrasiertes Gesicht hatte, eher schmale Lippen und blaue oder graue, auf jeden Fall helle, gütig blickende Augen. Ich konnte ihn mir gut anschauen, während er, seine behandschuhte Hand beidseits auf meine Wangen stützend, mir mit dem Daumen die Haut unter den Augen ein bißchen herunterzog – geradeso, mit dem gleichen Handgriff, wie ich es von den Ärzten zu Hause kannte. Gleichzeitig fragte er mich mit einer leisen, aber klaren Stimme, die den gebildeten Menschen verriet: *»Wie alt bist du?«* – aber irgendwie nur so nebenbei. Ich sagte: *»Sechzehn.«*

Von solchen Schrecken blieben wir verschont. Doch es konnte auch eine Jugend in den 50er Jahren schwierig sein, gerade weil alles einfacher schien. Man lese zum Beispiel *Vorläufige Ankunft (2010)* von Albert von Schirnding. Und auch heute haben es die Jugendlichen zwar viel einfacher, aber nicht einfach.

Das ist die immer neue Chance der Literatur. Sie kann und muß auf die immer neuen Probleme der jeweiligen Gegenwart reagieren. Daniel Kehlmann zum Beispiel führt uns in seinem *Roman in neun Geschichten* mit dem wuchtigen Titel *Ruhm (2009)* in die Welt der elektronischen Kommunikation.

In der siebten Geschichte, *Ein Beitrag zur Debatte*, kommt ein internetsüchtiger Angestellter einer Mobilfunkgesellschaft namens Mollwitz zu Wort. Hier der Anfang im Blog-Slang:

> Da muß ich erst ausholen. Sorry und: weiß ja, daß lithuania23 und icu_lop sich wieder über die Länge von diesem Posting lustig machen werden, und natürlich lordoftheflakes, der Troll, wie neulich bei seinem Flaming im movieforum, aber kürzer kann ichs nun mal nicht, und wers eilig hat, soll das einfach überspringen. Treffen mit Celebrities? Na aber aufgepaßt!

Nun noch ein Blick auf einen Bereich der Literatur, der selten mit der Geschichte in Verbindung gebracht wird: die Lyrik.

Guntram Vesper: Birlibi (1985)

In manchen Nächten meiner Kinderzeit
sprangen die hungrigen Ratten
aus den Abfallgruben von Frohburg
und gaben ihre Mordlust an die
ganze Stadt weiter
man konnte vor Haß nicht schlafen.

Die alten Geschichten. So viele.
Weit weg und sehr nahe.

Wie die *Kinderzeichnung* von Reiner Kunze und *Der Rauch* von Bert Brecht hat auch dieses Gedicht weder Reime noch Metrum. Trotzdem ist es ein Gedicht. Denn man hört, wenn man es laut liest, klangliche Zusammenhänge der Worte mit A: manchen, sprangen, Ratten, Abfall usw., mit R: sprangen, Ratten, Gruben, Frohburg und Mordlust: was für ein Gleichklang! Das sind *alte Geschichten, weit weg,* aber *so viele, sehr nahe!*

Der Aufbau dieses Gedichts aus einem Satz und drei kurzen Satzteilen ist dialektisch wie bei Brecht und Kunze, die Vesper natürlich kannte. Doch seine Gedichte sind keine Gedankenlyrik, keine Naturgedichte, sondern Erzählgedichte, sozusagen historische Balladen. Dazu paßt auch der Name Birlibi aus dem Märchen *Rattenkönig Birlibi* von Ernst Moritz Arndt. Dieser Name könnte fröhlich klingen. Hier steht er für Mordlust und Haß, diese häßlichen Begleiter der Menschheitsgeschichte, allgegenwärtig auch in der Welt der Computerspiele.

Die Geschichte, das Geschehene, besteht aus einzelnen Geschichten. Hier eine dieser inzwischen *alten,* doch dem Dichter noch immer *sehr nahen Geschichten* aus demselben Band *Frohburg. Neue Gedichte (1985):*

Ein Erwachsener erschreckt im Wald bei Frohburg ein Kind mit einer schaurigen Erinnerung an die Lynchjustiz, der im Zweiten Weltkrieg mancher Bomberpilot zum Opfer fiel. Man beachte die hörbaren Pausen nach dem 4., 5. und 8. Vers.

Guntram Vesper: Windbruch im Eisenberg

Hier ist
vor vielen Jahren
ein Mord passiert

hab keine Angst, der Schrei
des abgestürzten Fliegers, das
Klatschen des Knüppels sind
in das Holz der Bäume gezogen
man kann
nichts hören.

Guntram Vesper schreibt auch Erzählungen und Romane. Als wir ihn im Herbst 1992 nach Weilheim einluden, enthielt das ihm gewidmete 34. Weilheimer Heft aber nur Gedichte: *Birlibi und andere Gedichte.* Das Wagnis gelang. Von der 5. bis zur 13. Klasse spürten die Schülerinnen und Schüler: Das ist ein Dichter mit einem ganz eigenen Ton, der uns etwas sagen kann über die dunklen Seiten der deutschen Geschichte nach 1933.

Über die zweite deutsche Diktatur kann man wohl nirgends mehr erfahren als in literarischen Texten: z. B. von Wolf Biermann, Volker Braun, Günter de Bruyn, Uwe Johnson, Kirsten, Kunert, Kunze, Schädlich, Vesper oder Christa Wolf. Dasselbe gilt auch für die in der Liste der *Lieblingsbücher* (S. 251f.) genannten literarischen Zeugnisse aus anderen kommunistischen Diktaturen: von Michail Bulgakov, Bora Ćosić, Milan Kundera und Herta Müller, von Solschenizyn, Juri Trifonow oder Wladimir Woinowitsch. Hier nur eine Geschichte aus einem Buch über die Jugend in der DDR: *Die wunderbaren Jahre (1976):*

Reiner Kunze: Mitschüler

Sie fand, die Massen, also ihre Freunde, müßten unbedingt die farbige Ansichtskarte sehen, die sie aus Japan bekommen hatte: Tokioter Geschäftsstraße am Abend. Sie nahm die Karte mit in die Schule, und die Massen ließen beim Anblick des Exoten kleine Kaugummiblasen zwischen den Zähnen zerplatzen.

In der Pause erteilte ihr der Klassenlehrer einen Verweis. Einer ihrer Mitschüler hatte ihm hinterbracht, sie betreibe innerhalb des Schulgeländes Propaganda für das kapitalistische System.

Das Buch *Die wunderbaren Jahre* enthält historische An/ek/doten, »(noch) nicht / heraus/gegebene« Geschichten. Diese hier spielt in Greiz um 1970. Als Personen treten auf: *Sie,* Kunzes Tochter, die den Vater über ihr Vorhaben informiert, *die Massen* der Mitschüler (Anspielung auf die »Arbeitermassen«), *einer ihrer Mitschüler* und *der Klassenlehrer.*

Die Handlung hat vier Akte: Der Wunsch, die Ansichtskarte herumzuzeigen; die Verwirklichung und die Reaktion der Mitschüler, die schweigend, doch hörbar »westlichen« Kaugummi kauen; als Folge der Verweis; und der (Hinter)Grund: Der Lehrer reagiert auf die Denunziation, denn dieser »Mitschüler« könnte ja Stasi-Informant sein. Und der Sinn? Was ist das für ein Staat, in dem »Mitschüler« zu »Gegen-Schülern« werden? Zuletzt ein Antikriegsgedicht, zugleich ein Gedicht über bzw. gegen die christliche Hoffnung:

Peter Huchel (* 1903, † 1981): Dezember 1942 (1955)

Wie Wintergewitter ein rollender Hall.
Zerschossen die Lehmwand von Bethlehems Stall.

Es liegt Maria erschlagen vorm Tor,
Ihr blutig Haar an die Steine fror.

Drei Landser ziehen vermummt vorbei.
Nicht brennt ihr Ohr von des Kindes Schrei.

Im Beutel den letzten Sonnblumenkern,
Sie suchen den Weg und sehn keinen Stern.

Aurum, thus, myrrham offerunt…
Um kahles Gehöft streicht Krähe und Hund.

… quia natus est nobis Dominus.
Auf fahlem Geripp glänzt Öl und Ruß.

Vor Stalingrad verweht die Chaussee.
Sie führt in die Totenkammer aus Schnee.

Wenn ich diese Ballade im Deutschunterricht besprach, fragte ich zuerst nach Assoziationen zu »Dezember«: Winter, Weihnachten, Frieden! Und zu 1942? Krieg, Zerstörung, Tod!

Dann vergegenwärtigten wir uns die Realität des Winterkriegs bei Stalingrad (das zerstörte Dorf, die tote Frau, das schreiende Kind, deutsche Soldaten) und die Vision Bethlehems: Maria, das Kind, die Heiligen Drei Könige. Diese schon im Titel sichtbare dialektische Struktur findet sich in sechs Strophen wieder, manchmal sogar zwischen zwei Wörtern: *Maria [Bethlehem] erschlagen [Stalingrad], Drei [B.] Landser [St.], des Kindes [B.] Schrei [St.], keinen [St.] Stern [B.].*

In Strophe 7 aber ist Bethlehem *verweht* und ausgelöscht. Das Christkind ist tot. Es gibt keine Erlösung.

Das Schicksal der 6. Armee scheint dies zu bestätigen. Von 220 000 Soldaten kamen nur etwa 6000 zurück. Ein Entlastungsangriff vom 12. bis 23. Dezember scheiterte. Sein Deckname: *WINTERGEWITTER!* Solche Andeutungskunst zeigt sich mehrfach: Statt Ochs und Esel überleben *Krähe und Hund.* Statt Gold, Weih-Rauch [!] und Myrrhe *glänzt Öl und Ruß.* Der Rauch, der in den Gedichten von Brecht und Kunze Wärme und Heimat bedeutet, ist bei Huchel nur noch als Ruß vorhanden, der Rest vom Rauch der Granaten und der Brände.

Dazu die Alliterationen, Assonanzen und Binnenreime: *Wie Wintergewitter, zerschossen – Chaussee, Stall – Stalingrad, fror – Ohr, thus – Ruß, kahl – fahl* usw. Wie in Schillers *Nänie,* Trakls *Grodek* und Celans *Todesfuge* ist das Schreckliche in der Schönheit der Sprache scheinbar aufgehoben.

Zuletzt die Form, das daktylische Metrum, die Paarreime. Warum diese seltene Form? Woran erinnern die Worte *Bethlehems Stall?* Wenn man sie singt, hört man Huchels Gedicht als Antwort auf Christoph von Schmids *Ihr Kinderlein kommet, o kommet doch all! / Zur Krippe her kommet in Bethlehems Stall.* Es ist eine Parodie und ein Widerruf der Weihnachtsbotschaft.

Aber ist die Aussage dieses Anti-Weihnachtsliedes endgültig? Woran erinnert der Stern vor dem Geburtsjahr des Dichters? Woran das Kreuz beim Todesjahr? Nach christlichem Glauben hat die Erlösung, die in einer Katastrophe, dem Tod am Kreuz, gipfelte, für alle Zeiten stattgefunden. Doch war sie von Anfang an gefährdet. Denn schon das Kind sollte auf Befehl des Herodes getötet werden. Und auf vielen alten Bildern leuchtet der Stern von Bethlehem über einem zerstörten Stall.

Aber während im Dezember 1942 Zehntausende deutsche und noch mehr russische Soldaten und Zivilisten in den *Totenkammern aus Schnee* umkamen und zugleich Zehntausende Juden, oft in Gas*kammern,* ermordet wurden, wurden überall Kinder geboren, unter ihnen auch ich. Und Millionen überlebten den Krieg, auch Peter Huchel, dessen Gedicht die Nachgeborenen an den Krieg erinnert und zum Frieden mahnt.

17. Wer liest, kann auch besser leben lernen

Am 6. Juni 1857 schrieb Gustave Flaubert an eine kluge Verehrerin, die ihn fragte, was sie nach *Madame Bovary* lesen solle: *Lesen Sie Montaigne. ... Aber lesen Sie nicht wie es die Kinder tun, um sich zu unterhalten, oder wie die Ehrgeizigen, um sich zu bilden. Nein, lesen Sie, um zu leben. Non. Lisez pour vivre.*

Wir wollen das Lesen zum Vergnügen und zur Bildung nicht verachten, schon gar nicht das Lesen als Geistestraining. Denn auch dies trägt zu einem gelingenden Leben bei. Aber wir können in der Tat beim Lesen auch vieles direkt fürs Leben lernen.

Elke Heidenreich ist hier scheinbar skeptischer. Im Vorwort ihres Buches *Wörter aus 30 Jahren (2003)* schreibt sie:

Es gibt keine Sicherheiten, in gar nichts. Und missionarisch bin ich nur in einem, nie nachlassenden Punkt: Ich wünschte mir, die Menschen würden mehr lesen, auf die Dichter hören und ihr eigenes kleines Leben einordnen in das große Ganze – Bücher, die Geschichten von Menschen und ihren Schicksalen erzählen, helfen dabei.

Vielleicht könnte man so sagen: Auch wenn es keine Sicherheiten gibt, so suchen wir doch immer wieder Orientierung. Und dabei können uns Bücher helfen. Das gilt für die Bücher, in denen von Menschen erzählt wird, also für die Literatur. Das gilt erst recht von den Büchern, die auch deshalb geschrieben wurden, um Orientierung zu geben: Dazu gehören alle religiösen Bücher, fast alle philosophischen Bücher, viele Tagebücher, zum Beispiel die von Max Frisch, aber auch Bildungsromane wie *Wilhelm Meister* oder *Der grüne Heinrich* und Erzählungen wie *Die Judenbuche*.

Schließlich bieten auch alle Sachbücher Orientierung in den verschiedensten Bereichen des Lebens. Im Rahmen dieses Buches über das Lesen können aber nur wenige Bereiche erwähnt werden, die für alle Menschen von Bedeutung sind.

Beginnen wir mit den beiden physikalischen Gegebenheiten Ort und Zeit, die für unseren Lebensweg von fundamentaler Bedeutung sind.

Die Bedeutung des Ortes und der Nähe

IN DEUTSCHLAND

> *Bürgern der DDR, die das gesetzliche Rentenalter*
> *erreicht haben . . . , kann . . . die Ausreise aus der DDR*
> *nach nichtsozialistischen Staaten und Westberlin*
> *zum Besuch ihrer Verwandten genehmigt werden.*
> *(Anordnung über Regelungen im Reiseverkehr von*
> *Bürgern der DDR, 14. Juni 1973)*

> *Nur noch achtzehn Jahre . . .*
> *(brief, Altenburg/Sachsen 1979)*

Das grab herbeisehnen,

um am tisch des freundes
eine tasse tee trinken zu dürfen

Dieses Gedicht Reiner Kunzes, zu finden in dem Band *auf eigene hoffnung (1981),* ist ein eindrückliches Zeugnis für die schicksalhafte Bedeutung des Ortes, an dem wir leben, und des Staats, in den wir hineingeboren wurden. Wenn man dies bedenkt, versteht man, wie viele Menschen ihren Wohnort wechseln wollen, wenn und sobald sie können, und was es bedeutet, wenn andere gegen ihren Willen ihre Heimat verlassen und fliehen müssen. Die Literatur ist voll von solchen Schicksalen.

Die meisten in den westlichen Ländern lebenden Menschen haben weder das eine noch das andere Problem. Unser Problem ist eher, daß wir den Ort, an dem wir leben, zu wenig zu schätzen wissen und daß der Ortswechsel für uns in zweifacher Hinsicht unendlich viel leichter ist als früher.

Zunächst sind die Transportmittel in den vergangenen 100 Jahren derartig perfekt, schnell und billig geworden, daß wir versucht sind, zu oft unterwegs zu sein.

Davor hat schon Seneca im 28. *Brief an Lucilius* gleich zu Beginn gewarnt:

Du meinst, dir allein sei es so ergangen, und du wunderst dich darüber, als sei es etwas unerhört Neues, daß es dir durch deine Auslandsreisen und den ständigen Ortswechsel nicht gelang, Trübsal und Schwermut zu vertreiben? Wechseln mußt du deine Lebensanschauung [animum = Sinn], nicht Gegend und Klima.

Was hätte Seneca erst zu den ständigen Ortswechseln gesagt, denen wir uns aussetzen? Noch mehr hätte er sich über unser zweites Ortsproblem gewundert: die Ubiquität, das Überall- und Nirgends-Sein, das die visuellen Medien scheinbar möglich machen. Man denke nur an Webseiten wie »Second Life« (seit 2003), auf der irreale Avatare irreal miteinander kommunizieren, oder an Chatroulette (seit 2009), wo Zehntausende weltweit mit einem Zufallspartner per Telefon, Tastatur und Kamera »chatten« können, bis einer oder eine von beiden den Ausknopf drückt und sich weiterverbinden läßt. Und wie wirkt es sich aus, wenn Menschen auf ihre Handys starrend oder mit Kopfhörern unterwegs sind und ihre Umgebung vergessen?

Eines ist sicher: Der Mensch ist, anders als viele Fische oder Vögel, nicht für häufige Ortswechsel prädestiniert. Und als dialogisches Lebewesen braucht er, um ganz Mensch zu sein, Mitmenschen, mit denen er sich wirklich austauscht. Dies aber gelingt eigentlich nur in der unmittelbaren Begegnung, also in der Nähe (und anders als bei Handy-Kontakten immer gratis).

Deshalb hatte Goethe ganz recht mit seinem Gedicht

Erinnerung (1787)

Willst du immer weiter schweifen?
Sieh, das Gute liegt so nah.
Lerne nur das Glück ergreifen,
Denn das Glück ist immer da.

Wie aber können wir *lernen,* das Glück zu *ergreifen?* Das ist immer auch eine Frage des richtigen Zeitpunkts.

Die Bedeutung der Zeit

Aber nicht nur unser »Ortsgefühl« wird strapaziert, auch unser Verhältnis zur Zeit ist belastet, nicht nur durch den beschleunigten Fortschritt und die sich daraus ergebende Hektik, die schon Goethe beklagte (s.o. S. 53), sondern auch durch die neuen Medien, die uns die Zeit anders erleben lassen als früher. Das Vergangene ragt in die Gegenwart hinein: auf Fotos und vor allem in Filmen. Wir filmen mit dem Handy die Freundin und die Möwen am See und schauen den Clip gleich danach an. Dadurch erleben wir die Gegenwart nicht mehr wirklich und versäumen das Eigentliche. Denn, wie Marie von Ebner-Eschenbach in einem Satz sagte: *Die Herrschaft uber den Augenblick ist die Herrschaft über das Leben.*

Von den visuellen Medien werden wir zudem ständig eingeladen, überall aktuell und »live« dabeizusein: bei Katastrophen, Kriegen und Konflikten, bei allen Sensationen und immer bei sportlichen Großereignissen, die nur unseretwegen stattfinden.

Aus alldem ergibt sich der Zeitverlust, den wir seit Mitte der 90er Jahre hinnehmen müssen. Die klassischen Maschinen hatten uns immer Zeitgewinne beschert. Ganz anders die neuen Medien. Vor allem das Internet, gerade weil es so viel bietet (dazu mehr im zweiten Teil), ist eine *große Zeitvernichtungsmaschine,* wie es schon im *Spiegel 8/2000* hieß. Und seit es, dank Handy, überall zugänglich ist, kostet es uns noch mehr Zeit.

Da wir alle deshalb immer weniger Zeit haben, gibt es zahllose Bücher zum Thema Zeitmanagement. In den meisten wird ausgerechnet das Hauptproblem nur am Rande oder gar nicht erwähnt: die vielen Stunden, die wir in der Freizeit mit den visuellen Medien verbringen. Und in kaum einem dieser Bücher wird das erste und wohl eindruckvollste Buch zum Thema genannt: *Die Kürze des Lebens. De brevitate vitae* von Seneca.

Der Kernsatz lautet gleich zu Beginn: *Wir haben nicht etwa wenig Zeit, sondern viel davon verschwendet.* Frei übersetzt: *Wir haben nicht zu wenig Zeit, sondern wir verschwenden zuviel.*

Dann, im 3. Kapitel: *Zugeknöpft sind sie [die Menschen], wenn es darum geht, das Vermögen zusammenzuhalten; sobald es aber bloß um Zeitaufwand geht, sind sie wahre Verschwender mit einem Gut, bei dem als einzigem der Geiz etwas Anständiges ist.*

Und im 8. Kapitel: *Ich muß mich immer wundern, wenn ich sehe, wie manche Menschen um Zeit bitten und die anderen sich ohne weiteres darum bitten lassen; ... wie wenn ein Nichts erbeten, ein Nichts gegeben würde. Mit dem Allerkostbarsten treibt man ein Spiel.* Frei übersetzt: *Das Allerkostbarste verspielt man.*

Für Seneca war dieses Thema so wichtig, daß er im ersten seiner *Briefe an Lucilius* darauf zurückkommt:

Folge meinem Rat, mein Lucilius, widme dich dir selbst, halte deine Zeit zusammen und hüte sie; du hast sie dir bisher entweder geradezu wegnehmen oder heimlich entwenden oder auch nur entschlüpfen lassen. Glaube mir, es ist so, wie ich schreibe: ein Teil unserer Zeit wird uns offen geraubt, ein Teil uns heimlich entzogen, und ein dritter verflüchtigt sich. ... Nichts, mein Lucilius, ist unser wahres Eigentum außer der Zeit.

Daß die Zeit das Wertvollste ist, wurde auch von Benjamin Franklin (1706 – 1790) ausgesprochen, dem Harald Weinrich in seinem Buch *Knappe Zeit. Kunst und Ökonomie des befristeten Lebens (2004)* ein eigenes Kapitel gewidmet hat. Seine Mahnung *Remember that time is money* hält die heutigen Amerikaner leider nicht davon ab, einen Großteil ihrer Freizeit mit visuellen Medien zu verbringen und dafür manche 100-Dollar-Note auszugeben, auf der Benjamin Franklin sie anblickt.

Zum Schluß sei noch auf das wichtigste Jugendbuch zu diesem Thema hingewiesen, auf Michael Endes *Momo. Die seltsame Geschichte von den Zeit-Dieben und von dem Kind, das den Menschen die gestohlene Zeit zurückbrachte (1973)* und auf einen Zweizeiler von Erich Kästner (1899 – 1974):

Von Mord und Totschlag (1948)

Denkt ans fünfte Gebot:
Schlagt eure Zeit nicht tot!

18. Tugenden und Laster, Gebote und Verbote

Wilhelm Busch (1832 – 1908): Gut und Böse

Tugend will, man soll sie holen,
Ungern ist sie gegenwärtig;
Laster ist auch unbefohlen
Dienstbereit und fix und fertig.

Gute Tiere, spricht der Weise,
Mußt du züchten, mußt du kaufen;
Doch die Ratten und die Mäuse
Kommen ganz von selbst gelaufen.

Dieses späte Gedicht von Wilhelm Busch klingt zynisch und boshaft und trifft doch einiges ganz genau. Die Tugend und das Gute, das sich sozusagen aus den ersten vier Buchstaben der *Tuge*nd ergibt, verlangen etwas von uns und werden deshalb gern unterlassen. Das Laster, das Böse und die Sünde jedoch sind attraktiv und verlockend. Kurz: die Tugend ist langweilig, das Laster interessant. In Wirklichkeit ist es oft umgekehrt: Von den *120 Tagen von Sodom* des Marquis de Sade bis zu den brutalen Horror- und Pornofilmen von heute zeigt sich die Eintönigkeit des Bösen, die im letzten Satz von Sartres Höllendrama *Geschlossene Gesellschaft (Huis clos, 1944)* ihren Ausdruck findet: *Eh bien, continuons! Also, machen wir weiter!*

Anders als die drei Personen dieses Dramas, die in einem Hotelzimmer sitzen und ewig streiten, haben fast alle Menschen, auch wenn sie ihre Lebenszeit gar nicht und den Lebensort nur wenig ändern können, die Möglichkeit, einen eigenen Lebensweg zu suchen und zu finden. In den ersten Jahren sind es Mutter und Vater, die uns führen und mit uns gehen, auch die Frauen in den Horten und Kindergärten, später auch die Lehrer, und mehr und mehr lernen wir, uns selbst zu orientieren.

Bücher und ihre Autoren, aber auch manche Artikel in Zeitungen und Zeitschriften können uns dabei helfen.

Seit jeher haben die Philosophen ihre Mitmenschen darauf hingewiesen, daß es Tugenden gibt, die uns zu einem glücklichen Leben führen können. Platon und Cicero nannten vier Kardinaltugenden (von lat. cardo, Türangel): Klugheit/Weisheit (prudentia/sapientia), Gerechtigkeit (iustitia), Tapferkeit (fortitudo) und Mäßigung (temperantia).

Diese Verhaltensweisen sind nicht angeboren, können aber gelernt werden, auch durch Lesen. Ich selbst las als Student das erste Buch, das Josef Pieper (1904 – 1997) über die Kardinaltugenden geschrieben hat: *Vom Sinn der Tapferkeit (1934)*. Darin beschreibt er den Zusammenhang dieser vier Tugenden so:

Die Klugheit ist die ranghöchste unter den Kardinaltugenden; sie verbürgt mit ihrem sachlichen Blick auf das objektive Sein die Wirklichkeitsgemäßheit des Handelns ... Was gut ist und was nicht, das bestimmt die Klugheit.

Die Klugheit können wir am besten von klugen Menschen lernen. Die Gerechtigkeit verwirklicht im Reden und Tun, was die Klugheit als gerecht erkannt hat. Die Tapferkeit kämpft für die Gerechtigkeit und gegen die Ungerechtigkeit. Auch die Mäßigung ist eine Tugend des Handelns, doch vor allem des Nicht-Handelns und Nicht-Tuns auf Grund dessen, was die Klugheit als das für uns rechte Maß erkannt hat.

In seiner *Nikomachischen Ethik* beschreibt Aristoteles die Tugenden als rechte Verhaltensweisen in der Mitte zwischen zwei »Lastern«: Tapferkeit zwischen Angst und Verwegenheit, Sparsamkeit zwischen Geiz und Verschwendungssucht, Großzügigkeit zwischen einem Zuwenig und einem Zuviel. Immer kommt es auf das rechte Maß an. Deshalb auch die Inschrift am Apollo-Tempel in Delphi: *Nichts zuviel, mädén agán.* Und diese maßvolle Mitte preist Horaz in seiner Ode II, 10 als *aurea mediocritas*, als »goldenen Mittelweg«.

Diese vierte Tugend ist heute, im Zeitalter des Kapitalismus, besonders schwierig einzuhalten, weil sie fast täglich nötig und das Gegenteil so leicht möglich und viel verlockender ist, und dies schon in der Kindheit. Das wußte übrigens auch Plutarch (ca. 45 – 125) in seinem Buch *Über Kindererziehung:*

Man muß seine Kinder von jedem Umgang mit schlechten Menschen fernhalten, ganz besonders aber von den Schmeichlern. … Sie richten Väter und Kinder zugleich zugrunde, verbittern den einen das Alter und verderben den anderen die Jugend, indem sie all ihren Ratschlägen die Aufforderung zu Lust und Vergnügen als unwiderstehlichen Köder anhängen. Die Väter ermahnen ihre Söhne zu Nüchternheit, die Schmeichler verlokken sie zum Trinken über den Durst. Wo die Väter Anstand und Zurückhaltung predigen, heißt es: Freizügigkeit, wenn Väter zur Sparsamkeit raten: Verschwendung, wo sie zur Arbeitsamkeit ermuntern, heißt es: süßes Nichtstun. Denn, so erklären die Schmeichler, unser Dasein ist nichts weiter als ein Augenblick. Man muß leben und nicht am Leben vorbeigehen. Was brauchen wir uns um die Drohungen des Vaters zu kümmern, sagt einer. Das ist ein alter Schwätzer, der schon mit einem Fuß im Grabe steht, wir werden ihn schon bald zum Haus hinaustragen. Ein anderer führt dem jungen Mann eine Dirne zu oder auch eine verheiratete Frau und hilft ihm, die Ersparnisse des Vaters für sein Alter zu plündern und zu verschwenden.

Heute könnte man manche Profis der Werbung und der visuellen Medien »Schmeichler« nennen. Sie wissen, daß die Kinder sich lieber unterhalten lassen als lernen. Und während die Eltern und Lehrer die Kinder in die eine Richtung »erziehen« wollen, ziehen sie in die andere und »verziehen« so die Kinder.

Dabei geht es immer wieder um Gebote und Verbote, um Anweisungen und den Widerstand dagegen, um das, was wir tun oder lassen sollen und manchmal nicht lassen oder nicht tun.

Zu diesem Problem können wir immer etwas lernen, wenn wir lesen, wie Menschen sich bei Entscheidungen verhalten. Wer sich entscheidet, muß zuerst unterscheiden, d.h. die verschiedenen, voneinander unterscheidbaren Möglichkeiten vergleichen und sich dann für eine von mehreren entscheiden und zugleich von den anderen trennen und verabschieden, anders gesagt: sich das eine erlauben und anderes verbieten.

Je mehr Möglichkeiten es jedoch gibt, desto schwieriger fällt uns die Entscheidung. Und weil wir nicht ohne Grund Angst haben, Fehlentscheidungen zu treffen, schieben wir manche Entscheidungen lange, manchmal auch zu lang, vor uns her.

Dieses Problem hat schon Aristoteles in seiner *Nikomachischen Ethik* gesehen:

Ferner kann man sich auf vielfache Weise verfehlen; denn das Schlechte ist dem Unbegrenzten zugeordnet, wie die Pythagoreer vermuteten, und das Gute dem Begrenzten; richtig handeln kann man nur auf eine Art. Darum ist jenes leicht und dieses schwer. Leicht ist es, das Ziel zu verfehlen, schwierig aber, es zu treffen.

Daß wir uns vieles verbieten müssen, um das Richtige tun zu können, zeigt sich auch bei den Zehn Geboten. Acht dieser Gebote sind nämlich Verbote, das 1. und 2. sowie das 5. bis 10.: *Du sollst nicht töten, nicht ehebrechen, nicht stehlen, nicht falsch Zeugnis reden, nicht begehren deines Nächsten Frau, nicht begehren deines Nächsten Haus, Acker, Knecht, Magd, Rind, Esel noch alles, was sein ist.* Doch diese Verbote können auch als Lebens-Regeln gelesen werden, die vor dem »unbegrenzten Schlechten« warnen.

Dabei betreffen das 5., 6. und 7. Gebot Taten (Mord, Ehebruch, Diebstahl), das 8. Gebot Worte (die Lüge), das 9. und 10. Gebot aber Gedanken und Gefühle (die Begierde und die Habgier), die Worten und Taten vorausgehen. Für letzteres finden wir in der Bibel zahlreiche Beispiele: die verlockenden Früchte im Paradies, der Neid Kains auf das gottgefällige Opfer Abels, die Blicke von Potiphars Frau auf Josef *(Und Josef war schön an Gestalt und hübsch von Angesicht. Und es begab sich danach, daß seines Herrn Frau ihre Augen auf Josef warf und sprach: Lege dich zu mir! ... Und sie bedrängte Josef mit solchen Worten täglich. 1. Mose 39),* die Blicke Davids auf Bathseba und die Gier des Königs Ahab nach dem Weinberg des Nachbarn (1. Könige 21). Es sind vor allem begehrliche Blicke, weshalb Jesus sagt: *Und wenn dich dein Auge zum Bösen verführt, dann reiß es aus; es ist besser für dich, einäugig in das Reich Gottes zu kommen, als mit zwei Augen in die Hölle geworfen zu werden. (Mk 9,47)*

Jesus, der selbst in der Wüste versucht wurde, spricht auch im Vaterunser von Versuchungen. Die Bitte, von ihnen verschont zu bleiben, ergibt sich aus der Erfahrung, daß es schwer ist, einer Versuchung zu widerstehen, wenn sie einmal da ist. Josef war eine seltene und deshalb zu Recht berühmte Ausnahme.

Auch die jüdische Thora wird im längsten Psalm nicht als einengendes Gesetz oder Gebot, sondern als Weisung gepriesen, die den Menschen hilft, recht zu leben: *Ich habe Freude an deinen Mahnungen; sie sind meine Ratgeber. (Psalm 119, 24)*

Weisungen und Anweisungen sind also, anders als Befehle, die manchmal willkürlich sind, als Hinweise gedacht. Sie sollen uns Wissen und Weisheit ermöglichen, so wie Gebote auch als Angebote zum rechten Leben verstanden werden können.

In der Literatur, auch in den Zeitungen lesen wir freilich öfter und wohl auch lieber über Menschen, die Fehler machen, als über solche, die vorbildlich sind. Kaiser Marc Aurel empfiehlt uns im 6. Buch seiner *Selbstbetrachtungen* das genaue Gegenteil:

Willst du dir eine Freude bereiten, so richte deinen Blick auf die trefflichen Eigenschaften deiner Zeitgenossen und sieh, wie der eine ein so hohes Maß von Tatkraft, der andere von Bescheidenheit besitzt, wie freigebig der dritte ist usf. Denn nichts ist so erquicklich als das Bild von Tugenden, die sich in den Sitten der mit uns Lebenden offenbaren und reichlich unserm Blick sich darbieten.

Diese Mahnung Marc Aurels wurde in zwei Bereichen immer befolgt: in der religiösen Literatur und den Legenden (»legenda« ist »das zu Lesende«) sowie in der Kinder- und Jugendliteratur. Aber auch Erwachsene suchen das Positive.

Dies gilt auch heute noch, da und wenn der Autor bzw. die Autorin, alle Romanfiguren, aber auch alle Leserinnen und Leser ein und denselben Wunsch haben: nämlich ein Happy-End! Denn wir sehnen uns alle danach, daß es für uns und für alle Menschen, trotz aller Irrtümer und Fehler, am Ende gut ausgeht.

Das gilt, um drei neue Romane zu nennen, für *Die schönste Zeit des Lebens (2011)* von Johano Strasser, für *Vom Liebesleben der Mondvögel (2012)* von Elias Wagner (* 1987) und *Eure Kraft und meine Herrlichkeit (2011)* von Constanze Petery (* 1991).

Alle drei Bücher sind für heutige Verhältnisse bemerkenswert diskret in der Beschreibung der Sexualität und erstaunlich »moralisch«, da die Hauptpersonen sich um eine kritische Unterscheidung von Richtig und Falsch, Gut und Schlecht bemühen.

So entscheidet sich die 15jährige Anita am Ende des letztgenannten Romans gegen eine Abtreibung, zu der die Mutter rät.

Und der etwa 18jährige Max in Elias Wagners Roman wirft am Ende ein Handy in den Starnberger See, weil er damit heimlich seinen Freund Jacob gefilmt hat: *Jacob winkte mir in einiger Entfernung zu. Nur noch der Sonnenteppich vor mir auf dem See. Ich nahm Anlauf und sprang. In eine zitternde Wolke aus Licht.* So die letzten Worte des Romans.

Heute sind die Möglichkeiten, Fehler zu machen, wegen des technischen Fortschritts keineswegs weniger, sondern zahlreicher geworden, auch weil die Zahl der Versuchungen wesentlich größer ist als noch vor 50 Jahren. Zudem sind viele dieser Versuchungen in Wahrheit Verführungsversuche, weil mit den meisten Versuchungen gute Geschäfte gemacht werden können, heute vor allem im Internet.

Merkwürdigerweise gibt es dicke Bücher über das Internet, in denen die meisten dieser Versuchungen nicht erwähnt werden. So fehlt zum Beispiel in den sonst so wichtigen Büchern von Nicholas Carr *Wer bin ich, wenn ich online bin (2010)* und Sherry Turkle *Verloren unter 100 Freunden (2012)* jeder Hinweis auf die beiden größten Versuchungen des Internets für Männer: Videospiele und Sex.

Zum Glück gibt es andere Bücher, in denen die neuen Versuchungen analysiert werden: von Paula Bleckmann, Heinz Buddemeier, Susanne Gaschke (besonders lesenswert: *Klick. Strategien gegen die digitale Verdummung (2009)* und *Die verkaufte Kindheit, 2011)*, Werner Glogauer, Petra Grimm, Edwin Hübner, Rainer Patzlaff u.a., aber auch Faltblätter von Beratungsstellen, in denen die Suchtgefahren benannt werden. Dazu mehr im 2. Teil dieses Buchs, in dem versucht wird, die geradezu unwiderstehliche Faszination der neuen Medien zu erklären.

Was können die Religionen als Gegengewicht dazu anbieten?

19. Das Angebot der Buchreligionen

Ich lese die Bibel, ich lese sie laut, kapitelweise, aber ohne auszusetzen, Hiob und die Könige. Sie ist unvergleichlich schön, stark, aber ein böses Buch. So der 18jährige Bertolt Brecht in einer Tagebuchnotiz vom 20. Oktober 1916. Zwölf Jahre später antwortete er auf die Frage *Welches Buch hat Ihnen in Ihrem Leben den größten Eindruck gemacht?* im Ullstein-Magazin *Die Dame:* »*Sie werden lachen: die Bibel.*«

Wie ist das möglich bei einem erklärten Atheisten? Zuerst einmal ist die Bibel eigentlich gar kein Buch, sondern eine Bibliothek aus 24 Büchern bei den Juden, 48 bei den Protestanten, 55 bei den Katholiken und 59 bei den orthodoxen Christen.

Die jüdische Bibel, der Tanach, wurde um 100 vor Christus kanonisiert, d.h. festgelegt. Die frühen Christen fügten außer dem Neuen Testament Schriften hinzu, die es nur in der griechischen Bibelübersetzung gab, der Septuaginta, zum Beispiel das *Buch Judith,* das *Buch der Weisheit* und *Jesus Sirach,* die in der Lutherbibel wiederum fehlen.

Das Wort Bibel kommt vom Plural »biblía« (= Bücher) des griechischen Neutrums »to biblíon«, das Buch. Dieses Wort »biblia« wurde im Lateinischen für den Singular eines Femininums gehalten, daher »la bibbia«, »la bible«, »die Bibel«.

Die Formulierung »das Buch der Bücher« entspricht also der Tatsache, daß die Bibel eine Sammlung der besten Bücher aus fast 1000 Jahren jüdischer Geschichte und Literatur ist. Die Geschichten von Jakob und Esau, von Joseph und seinen Brüdern, das *Buch Hiob* oder das *Buch Ruth* sind so etwas wie Novellen von höchster Eindringlichkeit, die Psalmen oder das *Buch Kohelet* grandiose Poesie, die geschichtlichen Bücher auch 2500 Jahre später noch unmittelbar ansprechend.

Deshalb gab es keine Epoche in der Geschichte Europas, in der sich nicht die größten Dichter, Künstler und Musiker, selbst Atheisten, mit der Bibel auseinandergesetzt haben. Auch heute wird die Bibel noch oft empfohlen (s. u. S. 246).

Dennoch verlieren die christlichen Kirchen ständig an Gläubigen. Die Gründe dafür sind vielfältig. Sind es der Zölibat und die römische Hierarchie? Doch auch die reformierten Kirchen leeren sich. Sind es die Defizite, die Friedrich Wilhelm Graf in seinem Buch *Kirchendämmerung (2011)* nennt, u.a. der Moralismus und die Selbstherrlichkeit mancher Würdenträger?

Zwei ganz wichtige Gründe sind die gleichen, die auch für den Niedergang der Lesekultur verantwortlich sind:

Der erste Grund ist der eklatante Zeitmangel in einer von den visuellen Medien und vom Konsum bestimmten Gesellschaft. Da fehlt dann die Zeit für manches andere. Der zweite Grund hängt damit zusammen: der Übergang von einer zuhörenden zu einer zuschauenden Gesellschaft. Was soll das heißen?

Die drei monotheistischen Religionen sind Religionen des Wortes, und das Wort muß gehört werden. Das tägliche Morgen- und Abendgebet der Juden, das Schma Jisrael, beginnt so:

> Höre, Israel! Jahwe, unser Gott, Jahwe ist einzig. Darum sollst du den Herrn, deinen Gott, lieben mit ganzem Herzen, mit ganzer Seele und mit ganzer Kraft. *(Deuteronomium 6,4f.)*

Wenn der gläubige Jude diesen ersten Satz des Schma Jisrael betet, legt er die rechte Hand auf die Augen. Und wenn er stirbt, spricht er als letztes dieses Gebet: mit der Hand auf den Augen, damit er nicht durch das Sehen vom Hören abgelenkt wird.

Im Koran kommt das Wort »hören« nur selten vor. Aber »Koran« heißt nichts anderes als »Vortrag, Rezitation, Lesung«, so Hartmut Bobzin in seinem *Koranlesebuch (2008)*.

Und im Evangelium heißt es mehrmals: *Wer Ohren hat zu hören, der höre! (Mk 4,9)* Das ergänzt Paulus im *Römerbrief (10,17)* so: *Der Glaube kommt vom Hören.* Das heißt, daß man den Glauben, noch mehr als die Klugheit, von anderen vermittelt bekommt: durch Hören, aber auch durch Lesen, und im Vertrauen auf die Glaubwürdigkeit des Sprechenden. Griechisch »pistis« und lateinisch »fides« bedeuten Glaube und Vertrauen. Der Glaube ist also kein Verdienst, sondern Geschenk. Was aber ist, wenn man wie der »ungläubige« Thomas nur glauben mag, was man sieht? Warum soll man sich auf Gehörtes verlassen, wenn es exakte Wissenschaften gibt und unendlich viele mehr oder weniger objektive Bilder?

Was immer die genauen Gründe für den Glaubensschwund sind, es ist im wohlverstandenen Interesse der Allgemeinheit, daß die Religion wieder attraktiver wird. Der ZEIT-Redakteur Jan Roß sagt das in der Einleitung zu seinem Buch *Die Verteidigung des Menschen. Warum Gott gebraucht wird (2012)* so:

Nicht für Gott, für den Menschen ist die Religion da ... Die gottlose Gesellschaft ist bedroht von Unmenschlichkeit.

Norbert Bolz betont in seinem Buch *Das Wissen der Religion. Betrachtungen eines religiös Unmusikalischen (2008):*

Man muss vor der europäischen Kultur nicht die Knie beugen, aber man sollte ihre großen alten Bücher lesen, die uns die religiöse Erziehung und Tradition ersetzen.

Und Martin Walser sagte am 20. Mai 2012 in Radio DRS 2:

Wir glauben mehr, als wir wissen. Der Glaube ist auch weit über das Religiöse hinaus eine Grundbefindlichkeit der Menschen. Wir sind viel mehr abhängig von dem, was wir glauben, als von dem, was wir wissen. ... Mir ist die Genesis wichtiger als der Urknall – was man da glaubt, wissen zu können.

Solche Bekenntnisse sind nur scheinbar erstaunlich. Professoren wie Jürgen Habermas, Dichter und Künstler merken dank ihrer Sensibilität besser als wir, wenn etwas Wichtiges verloren zu gehen droht. Auch Romane wie *Salvatore (2008)* von Arnold Stadler oder *Muttersohn (2011)* von Martin Walser sind, wie mir scheint, eine Antwort auf die Krise der Religion.

Imre Kertész schließlich schrieb in einer Notiz in seinem *Galeerentagebuch (1993):*

Ob es Gott gibt oder nicht, ist keine Frage. Der Mensch darf auf jeden Fall nur in der Weise leben, als gäbe es ihn.

Was haben nun die Religionen an Orientierung zu bieten? Nach den vier Kardinaltugenden sollen jetzt Glaube, Hoffnung und Liebe im Mittelpunkt stehen, die »göttliche Tugenden« genannt werden, weil sie als Geschenk und Gnade angesehen werden.

Allen drei monotheistischen Religionen ist gemeinsam der Glaube an den einen Gott, der die Welt und die Menschen erschaffen hat, wie es am Anfang der Bibel heißt (s.o. S. 114f.).

Auch die 1. Sure, die von den Moslems fünfmal täglich gebetet wird, richtet sich an den Herrn und Schöpfer der Welt:

Sure 1 (Die Eröffnende – al-fātiha)

Im Namen Gottes, des barmherzigen Erbarmers.
Gelobt sei Gott, der Herr der Weltbewohner!
Er, der barmherzige Erbarmer,
Der König des Gerichtstags!
Dir dienen wir, dich rufen wir um Hilfe an.
Leite uns den rechten Weg,
Den Weg derer, denen du gnädig bist,
Nicht derer, denen Zorn gebührt,
Noch derer, welche irregehn.

Diese 1. Sure erinnert ein wenig an den 1. Psalm *(Wohl dem Mann, der nicht dem Rat der Frevler folgt)*, der ebenfalls zwischen den Gläubigen und den anderen unterscheidet. Das erinnert an die früher oft gehörte Formel *Extra ecclesiam nulla salus. Außerhalb der Kirche kein Heil.*

Doch statt die Unterschiede zu betonen, sollte man mit Lessings Nathan das Gemeinsame sehen, das Gemeinsame des Glaubens an den einen Gott, der die Menschen erschaffen hat.

Aus diesem Glauben ergibt sich einerseits die gleiche Würde für alle Menschen, andererseits die Hoffnung, auch sie ein Geschenk, daß Gott sich diese Mühe nicht vergeblich gemacht habe. Warum sollte er, könnte man fragen, den Menschen »nach seinem Bild« erschaffen haben, ohne etwas mit ihm zu planen?

Die Hoffnung auf ein Leben nach dem Tod, die zweite »göttliche« Tugend, ist im Judentum erst spät entstanden, am deutlichsten im nichtkanonischen *2. Buch der Makkabäer: Gott hat uns die Hoffnung gegeben, daß er uns wieder auferweckt. (7,14)*

Diese Hoffnung auf das Paradies gibt es auch im Koran, zum Beispiel in der 26. Sure (Die Dichter), wo Mose spricht:

> ... der Herr der Weltbewohner,
> der mich erschaffen hat, denn er ist es, der mich leitet,
> der mir Nahrung gibt und mich tränkt,
> der mich, wenn ich erkranke, heilt,
> der mich sterben läßt und dann wieder lebendig macht
> und von dem ich hoffe, daß er mir meine Sünde am Tag
> des Gerichts vergibt.

Vor allem aber ist die Hoffnung christlich. Jesus beginnt seine Verkündigung mit der Botschaft *Kehrt um! Denn das Himmelreich ist nahe. (Mt 4,17)* Und sieben der neun Seligpreisungen der Bergpredigt meinen die Zukunft im »Himmelreich«, u.a.:

Selig die Trauernden; denn sie werden getröstet werden. ... Selig, die ein reines Herz haben; denn sie werden Gott schauen. ... Euer Lohn im Himmel wird groß sein. (Mt 5,4 ff., Einheitsübersetzung)

Noch mehr ist nach Jesu Tod von der Hoffnung die Rede:

Ist aber Christus nicht auferstanden, so ist unsre Predigt vergeblich, so ist auch euer Glaube vergeblich. (1. Kor 15,14)

Denn ich bin überzeugt, daß dieser Zeit Leiden nicht ins Gewicht fallen gegenüber der Herrlichkeit, die an uns offenbart werden soll. ... Denn wir sind zwar gerettet, doch auf Hoffnung. Die Hoffnung aber, die man sieht, ist nicht Hoffnung; denn wie kann man auf das hoffen, was man sieht? (Römer 8,18,24)

In der Tat: Wir können nicht sehen, was wir hoffen. Wir sehen, auch in der christlichen Kunst, das Leid und das Kreuz. Die Auferstehung und den Himmel aber kann man nicht sehen.

Auch die Naturwissenschaftler können nur das Sichtbare bzw. wissenschaftlich Erkennbare erforschen, weshalb Gott in ihren Büchern normalerweise nicht vorkommt, nicht selten sogar explizit ausgeschlossen wird. Auch deshalb haben nicht wenige Christen den Glauben *an Gott, den Vater den Allmächtigen, den Schöpfer des Himmels und der Erde,* wie es im Credo heißt, verloren und sind von einer Evolution überzeugt, die ohne Gott auskommt. Wenn aber die Welt mehr oder weniger von selbst entstanden ist, kann es keine Hoffnung auf ein Jenseits geben. Wenn Gott nicht am Anfang steht, dann auch nicht am Ende.

Die wichtigste Botschaft des Christentums jedoch ist die Liebe. Von der Liebe sprach Jesus nach Auskunft der synoptischen Evangelien bei zwei Gelegenheiten: In der Bergpredigt forderte er zur Feindesliebe auf. Und wenn er gefragt wurde: *Welches ist das höchste Gebot von allen?*, zitierte er das »Schma Jisrael« mit dem Gebot der Gottesliebe und fügte hinzu: *Das andre ist dies: ›Du sollst deinen Nächsten lieben wie dich selbst‹. Es ist kein anderes Gebot größer als diese. (Mk 12, 28ff.)*

In der Lutherübersetzung des Alten Testaments kommt der »Nächste« 104mal vor, aber die Nächstenliebe nur einmal: in einer langen Liste von ganz unterschiedlichen Geboten im 3. Buch Mose: *Du sollst dich nicht rächen noch Zorn bewahren gegen die Kinder deines Volks. Du sollst deinen Nächsten lieben wie dich selbst; ich bin der HERR. Meine Satzungen sollt ihr halten: Laß nicht zweierlei Art unter deinem Vieh sich paaren ... (19,18f.)*

Daß Jesus dieses etwa 30. von etwa 60 Geboten zum Hauptgebot erklärt, ist eine revolutionäre Botschaft, die zum Kriterium für das ewige Leben wird. Beim Jüngsten Gericht wird der Richter nämlich sagen: *Was ihr getan habt einem von diesen meinen geringsten Brüdern, das habt ihr mir getan. (Mt 25, 35ff.)*

Diese Botschaft der Nächstenliebe verkündet Jesus nicht nur, er lebt sie auch. Er solidarisiert sich mit den armen und leidenden Menschen, er heilt Kranke, Gelähmte, Blinde und Taube und beweist seine Liebe bis zum Tod: *Niemand hat größere Liebe als die, daß er sein Leben läßt für seine Freunde. (Joh 15,13)*

Im Johannes-Evangelium lernen wir auch drei Quellen dieser Liebesbotschaft kennen: Zuerst die Liebe Gottes zu den Menschen: *Denn also hat Gott die Welt geliebt, daß er seinen eingeborenen Sohn gab, damit alle, die an ihn glauben, nicht verloren werden, sondern das ewige Leben haben. (3,16)* Dann die Liebe zwischen Jesus und dem Vater: *... die Welt soll erkennen, daß ich den Vater liebe und tue, wie mir der Vater geboten hat ... (14,31).*

Schließlich Jesu Liebe zu den Jüngern, denen er nach der Fußwaschung sagt: *Ein neues Gebot gebe ich euch, daß ihr euch untereinander liebt, wie ich euch geliebt habe, damit auch ihr einander lieb habt. (13, 34)*

Während in den synoptischen Evangelien zusammen etwa 30mal von der Liebe die Rede ist, wird sie im Johannes-Evangelium etwa 40mal genannt, noch mehr im 1. Johannes-Brief, dessen Hauptthema die Liebe ist, weshalb Papst Benedikt XVI. seine erste Enzyklika *Deus caritas est (2005)* nach einem Satz in diesem Brief benannt hat: *Gott ist die Liebe, und wer in der Liebe bleibt, bleibt in Gott, und Gott bleibt in ihm (1. Joh 4,16).*

Doch am meisten, fast 100mal, spricht Paulus von der Liebe: so im Galaterbrief *(Denn das ganze Gesetz ist in einem Wort erfüllt, in dem »Liebe deinen Nächsten wie dich selbst!« 5,14)* und vor allem im berühmten »Hohenlied der Liebe« (1. Kor 13):

Wenn ich mit Menschen- und mit Engelzungen redete und hätte die Liebe nicht, so wäre ich ein tönendes Erz oder eine klingende Schelle. Und wenn ich prophetisch reden könnte und wüßte alle Geheimnisse und alle Erkenntnis und hätte allen Glauben, so daß ich Berge versetzen könnte, und hätte die Liebe nicht, so wäre ich nichts. ... Die Liebe ist langmütig und freundlich, die Liebe eifert nicht, die Liebe treibt nicht Mutwillen, sie bläht sich nicht auf, sie verhält sich nicht ungehörig, sie sucht nicht das Ihre, sie läßt sich nicht erbittern, sie rechnet das Böse nicht zu, sie freut sich nicht über die Ungerechtigkeit, sie freut sich aber an der Wahrheit; sie erträgt alles, sie glaubt alles, sie hofft alles, sie duldet alles. ... Wir sehen jetzt durch einen Spiegel ein dunkles Bild; dann aber von Angesicht zu Angesicht. Jetzt erkenne ich stückweise; dann aber werde ich erkennen, wie ich erkannt bin. Nun aber bleiben Glaube, Hoffnung, Liebe, diese drei; aber die Liebe ist die größte unter ihnen.

Diese drei sind auch am Anfang des Vaterunsers zu finden:
Vater der Menschen ist Gott als ihr Schöpfer, dürfen wir glauben.
Unser Vater liebt uns als seine Kinder, und wir dürfen ihn vertrauensvoll und sollen einander geschwisterlich lieben.
Im Himmel einst gemeinsam bei ihm zu sein, dürfen wir hoffen.
Die zentrale Botschaft des Christentums ist also die tätige Liebe. Die Liebe und das Gute, das wir mit Liebe tun, sind auch immer wieder Themen der Literatur.

20. Gutes tun oder nicht

Wilhelm Busch (1832 – 1908): Reue (1904)

Die Tugend will nicht immer passen,
Im ganzen läßt sie etwas kalt,
Und daß man eine unterlassen,
Vergißt man bald.

Doch schmerzlich denkt manch alter Knaster,
Der von vergangnen Zeiten träumt,
An die Gelegenheit zum Laster,
Die er versäumt.

Was man unterlassen hat, weiß man zum Glück oft nicht. Warum sollte auch ein Amerikaner, der täglich 8,5 Stunden vor Bildschirmmedien sitzt, darüber nachdenken, was er in diesen Stunden, die im Lauf der Jahre zu Jahren werden, Gutes hätte tun können? Von allein entsteht das Gute jedoch nie:

Man muß das Gute tun, damit es in der Welt sei.

Dieser Aphorismus von Marie v. Ebner-Eschenbach ist, wenn man genau hinhört, ein wohlklingender Vers: *Man múß das Gúte tún, damít es ín der Wélt sei.* Das sind sechs Jamben, ein Alexandriner wie der berühmte Vers des Barockdichters Gryphius: *Du siehst, wohin du siehst, nur Eitelkeit auf Erden.*

Diesen Aphorismus kannte vermutlich Erich Kästner, als er nach dem Krieg Epigramme schrieb. Sie erschienen 1948 und 1950 unter dem Titel *Kurz und bündig.* Darin findet sich eines der kürzesten Gedichte unserer Literatur:

Moral

Es gibt nichts Gutes
außer: Man tut es.

So ist es: Nichts, was auf der Welt gut ist und die Menschen weiterbringt – Kunst, Musik, ein Sportverein für Jugendliche, ein Ausflug mit Freunden, ein Krankenbesuch, ein versöhnliches Gespräch nach einem Streit –, nichts entsteht von allein.

Nebenbei gesagt, war dieses Epigramm im Internet am 10.8. 2012 auf nicht weniger als 738 000 Seiten zu finden, allerdings nur 16 400mal mit der Überschrift und bei den ersten Treffern viel öfter ungenau als richtig zitiert. Einmal richtig würde reichen. Denn wer sich beim Suchen im Internet verirrt, kann manches andere nicht tun, was er in derselben Zeit tun könnte.

Vor allem kann er nichts wirklich Gutes tun, zu dessen Erkenntnis wir, so Aristoteles, Vernunft und Sprache haben:

Dies ist nämlich im Gegensatz zu den andern Lebewesen dem Menschen eigentümlich, daß er allein die Wahrnehmung des Guten und Schlechten, des Gerechten und Ungerechten und so weiter besitzt. (Politik, 1253 a, s.o. S. 10)

Zuletzt die Schlußepisode aus dem Roman *Das Haus der dunklen Krüge (1951/2002)* von Gertrud Fussenegger (1912 – 2009). Balthasar Bourdanin hat als 40jähriger die 16jährige Marie geheiratet, die ihm vier Kinder »geschenkt«, 14 Jahre mit ihm ausgehalten und jetzt eine schwere Krankheit überstanden hat:

Der Mann schaute sie an. ... Er dachte: Hab' ich ihr denn je gesagt, daß ich sie liebe? Marie. Marie. Du bist die Beste, Wahrste. ... Das wollte er sagen. ... Aber es war zuviel, er vermochte es nicht. Wieder nahm er ihren Kopf zwischen seine beiden Hände und streifte ihr die Haube zurück. Da fiel sein Blick auf ihren Scheitel. Er stutzte, es zuckte in seinem Blick, dann sagte er: »Du hast ja auch schon graue Haare?« Sie erschrak, wich zurück. ... Dann aber bezwang sie sich ... und sagte lächelnd: »Hast du das noch nicht gewußt, Balthasar? Langsam werden wir beide alte Leute.«

Nur in Romanen und Erzählungen können wir Gedanken »lesen« und bedenken, wie die Gestalten damit umgehen, was sie aussprechen und was nicht, wenn sie es nie geübt haben. Und vielleicht können auch wir für uns selbst dabei etwas lernen?

21. Mitmenschlichkeit, Freundschaft, Liebe oder: Wer liest, kann lieben lernen

Warum haben wir in der Schule und später auch meine Schüler so gern *Die drei dunklen Könige* und *Schischyphusch* von Wolfgang Borchert, *Der Brötchenclou* und *Jenö war mein Freund* von Wolfdietrich Schnurre, *Die Wölfe kommen zurück* von Hans Bender, *Die Nacht im Hotel* und die Geschichten aus *So zärtlich war Suleyken* von Siegfried Lenz gehört und gelesen? Weil sie so unmittelbar menschlich sind und die Menschen in diesen Geschichten so mitmenschlich miteinander umgehen.

In der Kurzgeschichte *Die Nacht im Hotel (1949)* muß Herr Schwamm ein Hotelzimmer mit einem Behinderten teilen und erzählt im Dunkeln von seinem Sohn, der auf dem Schulweg an einer Schranke immer vergeblich einem Zug zuwinkt. Und *wenn er nach Hause kommt, ist er verstört und benommen, und manchmal heult er auch.* Deshalb will Schwamm mit diesem Zug fahren und unerkannt zurückwinken. Der andere haßt Kinder und findet diesen Plan *einen glatten Betrug,* was Schwamm empört. Am Morgen aber ist Schwamm allein und hat verschlafen.

Am Nachmittag [...] kam er niedergeschlagen und enttäuscht zu Hause an. Sein Junge öffnete ihm die Tür, glücklich, außer sich vor Freude. Er warf sich ihm entgegen und hämmerte mit den Fäusten gegen seinen Schenkel und rief: »Einer hat gewinkt, einer hat ganz lange gewinkt.«

»Mit einer Krücke?« fragte Schwamm.

»Ja, mit einem Stock. Und zuletzt hat er sein Taschentuch an den Stock gebunden und es so lange aus dem Fenster gehalten, bis ich es nicht mehr sehen konnte.«

In Thomas Hürlimanns Geschichte von Onkel Egon führt die Gewalttätigkeit eines Vaters zu weiteren Gewalttaten. Hier aber bewirkt die liebevolle Idee des Vaters eine Sinneswandlung bei dem Mann mit der Krücke, der den Vater am Morgen schlafen läßt, um selber dem Jungen eine große Freude zu machen.

Der nächtliche Dialog zwischen den beiden ist allerdings alles andere als liebevoll gewesen, danach jedoch denkt der Behinderte um. So beginnt die Mitmenschlichkeit in Gedanken und will sich dann in Worten und Taten äußern.

Martin Buber (1878 – 1965), der große jüdische Philosoph, hat ein grundlegendes Buch über das Gespräch geschrieben, das heute noch wichtiger ist als 1923: *Ich und Du (1923/1954).* Der Mensch hat, so Martin Buber, zwei *Grundworte:* Ich-Du und Ich-Es. Ich-Es spreche der Mensch zur Welt, Ich-Du sei die Antwort auf sein *Beziehungsstreben,* also sein Kommunikationsbedürfnis, und nehme beide Menschen als Personen ernst: *Der Mensch wird am Du zum Ich.*

Die Gefahr sei jedoch immer gegeben, daß *vieles gesagte Du im Grund ein Es ... meint* und so ein echter Dialog, ein echtes Gespräch nicht zustande kommt.

Bei einem echten Gespräch komme es darauf an, daß es aufrichtig ist und daß beide auf jeden *Gedanken an die eigene Wirkung als Sprecher* verzichten.

Diese Erkenntnis von Martin Buber, die der des Aristoteles entspricht, daß der Mensch ein dialogisches Lebewesen ist, erweist sich als der beste Schlüssel zu den drei Hauptmöglichkeiten des Liebens: der Nächstenliebe (griechisch: agápe, lateinisch: caritas), der Freundschaft (philía, amicitia) und der (erotischen) Liebe (eros, amor).

Das Wort Nächstenliebe klingt leider (ähnlich wie »charity« und »charité«) ein wenig altmodisch, betulich und nach moralischer Pflicht. In Wirklichkeit ist das »Gebot« der Nächstenliebe, also der Freundlichkeit und Mitmenschlichkeit, auch ein »Angebot«, eine Empfehlung für ein glückliches Leben.

Marc Aurel sagt es im 6. Buch seiner *Selbstbetrachtungen* so: *Paß dich den Situationen an, denen du durch das Los zugewiesen wurdest, und liebe die Menschen, die dir vom Schicksal zugeteilt sind, aber aufrichtig.*

Diese Maxime Marc Aurels, unter dessen Herrschaft Christen verfolgt wurden, empfiehlt nichts wesentlich anderes als das christliche Liebesgebot. Denn wer sind die Menschen, die uns vom Schicksal per Los zugeteilt wurden? Es sind unsere nächsten Mitmenschen: die Eltern, Geschwister, Mitschüler, Lehrer, Kolleginnen und Kollegen, dann die eigenen Kinder; außerdem die Menschen, denen wir zufällig begegnen. Wenn wir mit den uns nahestehenden Menschen gut auskommen, weil wir zu ihnen und sie zu uns freundlich sind – was können wir uns Besseres wünschen?

Noch kürzer als Marc Aurel hat Antigone in der Tragödie von Sophokles, uraufgeführt 442 v. Christus, den Vorrang der Liebe ausgesprochen: *Nicht mitzuhassen, mitzulieben bin ich da. (V. 523)* Dies ist eine Ermunterung zur Liebe gemeinsam mit anderen und eine Warnung vor den Kollektiven der Haßerfüllten, die es so oft in der Geschichte gab und überall weiterhin gibt. Haß ist ansteckend, Liebe sollte es auch sein.

Fast 2000 Jahre später schreibt Bertrand Russell (1872 – 1970) in seinem Buch *Warum ich kein Christ bin (1957/1968)* im Kapitel *Was ich glaube* folgendes: *Ich kann nicht beweisen, daß meine Ansicht vom guten Leben richtig ist; ich kann nur ... hoffen, daß möglichst viele zustimmen werden. Meine Ansicht lautet:*

Das gute Leben ist von Liebe beseelt und vom Wissen geleitet. The good life is one inspired by love and guided by knowledge.

Mit Liebe meint Russell sowohl das *reine Wohlgefallen,* zum Beispiel an der Kunst, als auch das *reine Wohlwollen,* den *Wunsch nach dem Wohlergehen eines anderen.*

Dieser Wunsch aber äußert sich, wenn er mehr sein soll als ein Wunsch, in Worten und Taten. Diese sind nicht immer einfach, und in der Literatur werden öfter mißlingende Begegnungen gezeigt als gelingende. Aber auch erstere sind lehrreich.

Die meisten Menschen, mit denen wir täglich zu tun haben, sind uns vom Schicksal »zugelost« oder, wenn man so will, per Zufall zugefallen (so wie wir uns auch selbst als Kinder des Schicksals oder des Zufalls betrachten können).

Unsere Freundinnen und Freunde sowie die Menschen, die wir mehr als »nur« freundschaftlich lieben, können wir jedoch wählen, auch wenn die Bekanntschaften meistens zufällig zustande kommen. Hier ist zunächst kein »Gebot« nötig, weil wir ganz freiwillig und gern lieben. Trotzdem gelingen Freundschaften und Liebesbeziehungen keineswegs automatisch.

Über die Freundschaft haben in der Antike vor allem Aristoteles und Cicero nachgedacht. In der *Nikomachischen Ethik* widmet Aristoteles ein ganzes Kapitel der Frage, wie viele Freunde man haben könne und solle, und kommt zu dem Ergebnis:

So ist es doch wohl das Richtige, nicht so viel Freunde wie nur irgend möglich zu wollen, sondern nur so viele, als für das gemeinsame Leben ausreichen. ... Menschen, die einen ganzen Schwarm von Freunden um sich haben und mit allen auf vertrautem Fuße stehen, sind erfahrungsgemäß niemandem Freund.

Freundschaften sind in vielen Romanen eine zentrales Thema, so in Hölderlins *Hyperion,* in *Tom Sawyer,* in *Der große Kamerad (Le grand Meaulnes)* von Alain Fournier, in Karl Mays *Winnetou,* in *Arnes Nachlaß (1999)* von Siegfried Lenz oder in *Cowboysommer (2010)* von Hansjörg Schertenleib, vor allem aber in Jugendbüchern wie der Fünf-Freunde-Serie von Enid Blyton und den Narnia-Büchern von C.S. Lewis bis hin zu Harry Potter mit seinen Schulfreunden Ron und Hermine.

Heute sind enge Freundschaften von zwei Seiten bedroht: durch die frühe Sexualisierung, die Jungen-Freundschaften und Mädchen-Freundschaften weniger interessant und zweitrangig erscheinen läßt und zudem bessere Geschäfte ermöglicht (sex sells, Freundschaft und Liebe nicht), und durch die profitabel organisierten freundschaftsähnlichen Beziehungen im Internet.

Diesen Online Beziehungen widmet Sherry Turkle ihr Buch *Verloren unter 100 Freunden (2012)* und schildert *Kinder, die ihre Eltern auffordern, beim Mittagessen das Handy wegzulegen, ... Teenager, die sich nur online ›unterhalten‹ wollen, die persönlichen Gesprächen konsequent aus dem Weg gehen,* Studenten, die über Facebook sagen: *Man spielt eine Rolle* sowie *Ehepaare, die ... sich gegenseitig SMS oder E-Mails schicken, während sie im Bett liegen.* Solchen Online-Beziehungen fehlt also meistens genau das, was echte Freundschaften ausmacht: Intimität und Diskretion, Aufrichtigkeit (die hier oft gar nicht möglich ist) und Verzicht auf Selbstdarstellung.

Daß echte Freundschaften zu den Freuden des Lebens gehören, die gratis sind, d. h. freiwillig, kostenlos und mit Dankbarkeit verbunden, sei hier noch erwähnt. Nur deshalb konnte
Simon Dach (1605 – 59) mitten im 30jährigen Krieg dichten:

Lied der Freundschaft (1640)

Der Mensch hat nichts so eigen,
So wohl steht ihm nichts an,
Als daß er Treu erzeigen
Und Freundschaft halten kann;
Wann er mit seinesgleichen
Soll treten in ein Band,
Verspricht sich, nicht zu weichen
Mit Herzen, Mund und Hand.

Die Red‹ ist uns gegeben,
Damit wir nicht allein
Für uns nur sollen leben
Und fern von Leuten sein;
Wir sollen uns befragen
Und sehn auf guten Rat,
Das Leid einander klagen,
So uns betreten hat. ...

Schließlich muß hier als wichtigstes Thema der Literatur die
erotische Liebe erwähnt werden, obwohl viel Berufenere darüber geschrieben haben, ich nenne nur Peter von Matts Buch
Liebesverrat – Die Treulosen in der Literatur (1989), das mich
beim Lesen an das griechische Adjektiv »glykýpikros« erinner-
te, mit dem die Dichterin Sappho die »bittersüßen« Schmerzen
der Liebe charakterisiert hat: *Gliederlösender Eros treibt wieder
mich um, süßbitter, unzähmbar, ein wildes Tier. (Ü: Max Treu)*
Während Sappho als erste uns bekannte Dichterin um 600 v.
Chr. ihre Gedichte schrieb, entstanden in Israel die Liebeslie-
der des *Hohenliedes,* das nur deshalb in die christliche Bibel auf-
genommen werden konnte, weil es sich als Bild der mystischen
Hochzeit zwischen Christus und der Kirche interpretieren ließ.

Der schönste Beitrag der Griechen zum Thema Liebe ist wohl Platons *Symposion,* das Albert von Schirnding 2012 neu übersetzt hat. Bei diesem Trinkgelage werden Lobreden auf Eros gehalten. So erzählt der Komödiendichter Aristophanes (gest. um 380 v. Chr.), daß die Menschen früher Kugelwesen waren und sich mit vier Beinen und Händen rollend fortbewegten.

> Ihre gewaltige Körperstärke stieg ihnen zu Kopf, und sie planten einen Angriff gegen die Götter ... Zeus und die anderen Götter berieten, was zu tun sei – ohne Ergebnis. ... Endlich kommt Zeus dann doch noch auf einen Gedanken und spricht so: ... Ich werde ... jeden einzelnen in zwei Teile schneiden ... Und sie sollen aufrecht auf zwei Beinen gehen. Wenn sie dann immer noch übermütig sind und keine Ruhe geben wollen, werde ich sie eben noch einmal teilen, daß sie sich nur noch hüpfend auf einem Bein fortbewegen können wie die Sackhüpfer. So sprach er und schnitt die Menschen entzwei, wie man Birnen zum Einmachen zerschneidet oder Eier mit einem Haar teilt.
> ... Nach der Teilung sehnte sich jeweils die Hälfte nach Wiedervereinigung mit der ihr zugehörigen, und so umarmten und umschlangen sie einander im Verlangen zusammenzuwachsen ... Es ist also seit dieser Zeit der Eros zueinander den Menschen eingepflanzt. Er ist es, der sie zusammenführt und ihre ursprüngliche Natur wiederherstellt.

Das erinnert an die Paradiesgeschichte der Bibel, wo Eva aus Adams Rippe gebildet und von ihm als *Fleisch von meinem Fleisch* begrüßt wird (sozusagen als »bessere Hälfte«). Und dann heißt es: *Darum wird ein Mann ... seiner Frau anhangen, und sie werden sein ein Fleisch.* Auch paßt dies zum biologischen Vorgang der »Meiose«, bei der die genetischen Informationen beim Mann und bei der Frau halbiert werden, damit sie bei der Zeugung zu einem neu kombinierten Ganzen werden können! Man könnte viele Texte über die Liebe zitieren, die nachdenklich machen wie dieser. Hier die letzte Strophe des Liebeslieds *Under der linden* von Walther von der Vogelweide mit der Wikipedia-Übersetzung und der Nachdichtung von Hubert Witt:

Dass er bei mir lag, / wüsste das jemand / (das wolle Gott nicht!),
dann würde ich mich schämen. / Was er mit mir tat, / das soll nie
jemand / erfahren, außer er und ich / und ein kleines Vöglein, /
tandaradei, / das kann wohl verschwiegen sein.

Daz er bi mir laege,	*Und was wir taten*
wessez iemen	*uns zu lieben*
(nu enwelle got!),	*wüßts wer, o gott,*
so schamt ich mich	*ich schämte mich*
Wes er mit mir pflaege,	*Wer kann erraten*
niemer niemen	*was wir trieben*
bevinde daz wan er und ich	*es sahen doch nur er und ich*
Und ein kleines vogellin,	*und ein kleines vögelein*
tandaradei	*tandaradei*
daz mac wol getriuwe sin.	*das mag wohl verschwiegen sein*

Hubert Witt findet oft neue Reime und belebt so die Gedichte
neu (Verse in Prosa zu übersetzen ist wie Schmetterlingsflügel
bürsten). Das Besondere an diesem Gedicht ist die vielfache
Verfremdung: Walther singt als Mann öffentlich ein Lied, das er
einem Mädchen in den Mund legt. Er läßt offen, ob vielleicht
Herr von der Vogelweide der Liebhaber war. Er singt laut ein
Lied über die zur Liebe gehörende Verschwiegenheit, an dessen Ende ein Vöglein Zeuge ist, das nur in der Vogelsprache
besingen kann, was auch im Mittelalter »vogelen« hieß.

Vor allem müßte hier Goethe zitiert werden, etwa *Die Nacht*
von 1768 und *Willkommen und Abschied (1771),* um zu zeigen,
wie er durch die Liebe zu Friederike Brion zu einem neuen Ton
gefunden und die sogenannte Erlebnislyrik ermöglicht hat.

Man könnte auch Romane erwähnen, bei deren Lektüre wir
uns gleich selber verlieben möchten, zum Beispiel die bitter-
süße Liebesgeschichte zwischen Botho und Lene in Fontanes
Irrungen Wirrungen (1888) oder *Zeit des Raben, Zeit der Taube
(1960)* von Gertrud Fussenegger, die zweimal verheiratet, auch
lang mit ihrem Dichterkollegen Franz Tumler liiert war, fünf
Kinder hatte und über Liebe, Ehe und Ehekatastrophen, Mut-
terliebe und Kinderleid wahrlich mehr wußte als andere.

In diesem Roman über Léon Bloy und Marie Curie, an dessen Anfang vier Seiten lang eine Geburt geschildert wird *(Das Kind war ich, Léon Bloy)* werden zwei tragische Liebesgeschichten und zwei gelingende Ehen erzählt, während die meisten Romanehen bekanntlich Katastrophen sind. Katastrophen sind ja auch spannender als das Glück. Tolstoi sagt deshalb zu Recht im ersten Satz seiner *Anna Karenina:*

Alle glücklichen Familien sind einander ähnlich; aber jede unglückliche Familie ist auf ihre besondere Art unglücklich.

Können wir auch aus solchen Büchern etwas für unser eigenes Leben lernen? Durchaus. Theodor Storm sagte das so: *Die Liebe, welch lieblicher Dunst; doch in der Ehe, da steckt die Kunst.*

Das Interessanteste, was ich zu dieser Kunst letzthin gelesen habe, waren die Bücher von Jürg Willi, dem Zürcher Paartherapeuten, der sich als Schüler von Martin Buber betrachtet.

Jürg Willis Bücher wie *Psychologie der Liebe (2002)* und *Wendepunkte im Lebenslauf (2007)* bestätigen einen Aphorismus von Marie von Ebner-Eschenbach: *Wenn zwei brave Menschen über Grundsätze streiten, haben immer beide recht.*

Laut Willi treffen etwa 90% der Vorwürfe zu, die Ehepartner einander machen: *Partner richten also offenbar aneinander nicht unsinnige, projektiv verzerrte und übertriebene Vorwürfe, sondern sie scheinen in dem, was sie einander vorwerfen, ein hohes Maß an Kompetenz aufzuweisen. Die Frage, ob das Vorgeworfene erfüllbar wäre, wird in fast 80 % bejaht.*

Warum lerne ich dann nichts aus den Vorwürfen der Partnerin, die mich in vielem besser kennt als ich mich selbst? Weil ich, statt den Vorwurf anzuhören und zu bedenken, mit Gegenvorwürfen antworte oder weil ich, aus Angst, der Verlierer zu sein, auf meinem Standpunkt beharre und so die Chance verpasse, in meiner Entwicklung weiterzukommen. Marie von Ebner-Eschenbach hat also recht: *Nichts lernen wir so spät und verlernen wir so früh, als zugeben, daß wir unrecht haben.*

Solche Erkenntnisse können wir normalerweise nur aus Büchern oder guten Artikeln gewinnen, wo jemand mit Autorität spricht und wir die Möglichkeit haben, darüber nachzudenken.

Hier können wir darüber nachdenken, daß es auch in der erotischen Liebe letztlich auf das ankommt, was in der Nächstenliebe und in der Freundschaft verwirklicht wird, nämlich das Aufeinanderhören, das aufrichtige und herzliche Gespräch, das Wohlwollen, die Bereitschaft zu helfen.

Im Lateinischen heißt Nächstenliebe »caritas«, als Verb dazu wird »diligere« gewählt. Augustinus schreibt in einer Predigt zu dem Satz *Gott ist die Liebe* aus dem 1. Johannesbrief 4, 8: *Liebe, und tu, was du willst. Dilige [nicht: ama], et quod vis fac.*

So schließt sich der Kreis: »diligere« heißt lieben und hochschätzen, nachdem man gelesen und gesammelt (legere) und unterscheidend (»dis-«) ausgewählt hat. Diese Liebe entsteht manchmal, aber keineswegs immer von allein und hat nichts mit Erotik zu tun. Deshalb ist diese Liebe auch eine »Tugend«, die uns weiterbringt, und ein Geschenk für den Mitmenschen.

An dieser Stelle sei noch einmal Wolf Biermann zitiert, der am 21. April 1994 in der Weilheimer Stadthalle den Schülern folgende Worte über die Liebe ans Herz legte:

Daß man in der Liebe glücklich ist, diese kleine Menschenliebe zu einem Exemplar meine ich, ist eine unglaublich politische Qualität. Das habe ich rausgekriegt ... Als ich nämlich in der DDR im Konflikt mit den übermächtigen Herrschenden war, was natürlich über meine Kräfte ging, konnte ich das nur aushalten, wenn ich ruhte in der Liebe zu einem Menschen. Wenn ich das nicht hatte, wenn ich rumgemacht habe mit Weibern, wenn ich rumgeflattert bin, dann war ich aus allen Angeln gehoben. Schärfer formuliert: Man muß in der Liebe ruhen, damit man die Welt bewegen kann. In diesem Sinne – es hört sich komisch an – hat man fast die politisch-moralische Pflicht, in der Liebe glücklich zu sein.

Ausgerechnet Wilhelm Busch, der sich in zahlreichen Bildergeschichten scheinbar über die Tugenden lustig gemacht und alle Bosheiten scheinbar genüßlich geschildert hat, hat im Alter, um 1900, ein ganz erstaunliches und wenig bekanntes Gedicht über die Tugend der Liebe geschrieben.

Dieses Gedicht, das die Liebe als entscheidendes Kriterium für ein geglücktes Leben bezeichnet, steht am Schluß des posthum erschienenen Gedichtbands *Schein und Sein (1909)*.

Es geht hier um das »Buch« unseres Lebens, in dem alles aufgezeichnet wird, das Böse und das Gute, der Haß und die Liebe. Am Ende wird Bilanz gezogen und zusammengerechnet, das Gute wird addiert und das Böse abgezogen bzw. *abgeschrieben.* Wenn man das liest, fragt man sich, ob alle seine boshaften Bildergeschichten nicht als Kritik an der Bosheit gemeint waren.

Wilhelm Busch (1832-1908): Buch des Lebens

Haß, als minus und vergebens
Wird vom Leben abgeschrieben.
Positiv im Buch des Lebens
Steht verzeichnet nur das Lieben.
Ob ein Minus oder Plus
Uns verblieben, zeigt der Schluß.

Für junge Leute könnte ein solches Gedicht zu altertümlich oder moralisch klingen. Daher noch eine Episode aus Johano Strassers Roman *Die schönste Zeit des Lebens (2011)* mit einem Rat, den junge Leser um so eher akzeptieren können, als er nicht von ihren Eltern kommt, sondern von einer literarischen Gestalt, dem 19jährigen Robert Markmann, erfragt wurde:

Darf ich Sie etwas fragen?
Natürlich dürfen Sie.
Wie haben Sie herausgefunden, was für Sie das Richtige ist im Leben?
Frau Sternheim zieht die Augenbrauen hoch, schweigt lange, seufzt dann und sagt: Als ich jung war, habe ich getan, was man von mir erwartete. Oder ich habe rebelliert und genau das Gegenteil getan. Das Ergebnis war, wie Sie sich denken können, ziemlich chaotisch. Erst allmählich begriff ich, dass es die Liebe ist, die uns zu uns selber führt: die Liebe zu den Menschen, zu den Dingen, zur Natur, zur Literatur ...

22. Das Lesen und das Glück

Die Hochzeitsnacht

Es war im Jahre 1870: Im Hause Bourdanin wurde Hochzeit gefeiert. Ehe die Sonne des langen glühendheißen Augusttages unterging, führte der Bräutigam, der kaiserliche und königliche Rittmeister Balthasar Bourdanin, seine jungangetraute Frau aus der Gesellschaft der Festgäste in die für ihn eingerichteten Gemächer seines Vaterhauses. Die Stuben waren still und leer. Die Fenster standen offen; durch die weißen Schleierbahnen der Vorhänge drang, in schräge Strahlen gebrochen, das schwere gelbrote Abendlicht. Der Rittmeister warf Hut und Handschuhe ab und schwang seinen Hochzeitsrock über die Sessellehne. »Und nun«, sprach er, »nun sage mir auch, Marie, wie glücklich du bist!«

In acht abwechselnd kurzen und langen Sätzen führt uns Gertrud Fussenegger am Anfang ihres Romans *Das Haus der dunklen Krüge (1951/2002)* in das Schlafzimmer, wo die Hochzeitsnacht stattfinden soll, und zugleich zum Thema des Romans: dem Machtanspruch des Mannes gegenüber der Frau.

Als wir Gertrud Fussenegger in Weilheim fragten, woher sie die Vorgeschichte der ersten Hochzeitsnacht ihres Großvaters kenne, sagte sie: Das ist doch mir passiert! In der Tat heißt es in ihren Erinnerungen *Ein Spiegelbild mit Feuersäule (1979)* bzw. *So gut ich es konnte (2007): Am Abend unseres Hochzeitstages sah E. D. Tränen in meinen Augen. Er fragte mich: Weinst du, weil du so glücklich bist? Ich sagte: Ja, weil ich so glücklich bin.*

In der Geschichte von Balthasar Bourdanin und seinen zwei Ehen (die erste Marie starb nach zehn Monaten, kurz nach der Geburt von Zwillingen, die zweite Marie hatte mit 30 schon graue Haare) können wir sehen, daß viele Beziehungen vor allem deshalb unglücklich sind, weil einer der Partner, früher fast immer der Mann, auf seiner Machtposition beharrt und so ein echtes Gespräch nicht zustande kommen kann.

Dabei ist die Liebe, wie Wilhelm Busch im *Buch des Lebens* schrieb, der Schlüssel für das Lebensglück und, in der christlichen Hoffnung, auch der Schlüssel für das »Himmelreich«.

Andere setzen den Akzent auf anderes. Seneca beginnt sein Buch *Über das glückliche Leben, De vita beata* folgendermaßen:

Ein Leben im Glück, Bruder Gallio, wünschen sich wohl alle, ebenso tappen aber auch alle im dunkeln, wenn es darum geht, sich die Voraussetzungen für ein echtes Lebensglück deutlich vor Augen zu stellen. Es ist aber auch nicht einfach, ein solches Lebensglück zu erlangen. Hat man nämlich den Weg einmal verfehlt, kann man sich sogar vom Ziel entfernen, und zwar um so weiter, je hastiger man sich ihm nähern will. Denn führt der Weg in entgegengesetzte Richtung, läßt gerade die Geschwindigkeit den Abstand immer größer werden. So muß man sich zuerst das Ziel seines Strebens klarmachen und sich dann nach Möglichkeiten umsehen, es recht rasch zu erreichen. ... In unserem Fall führt gerade der beliebteste und am meisten empfohlene Weg am ehesten in die Irre.

Was aber ist nun Senecas Empfehlung? Unter Berufung auf die Lehre der Stoiker schreibt er im 3. Kapitel:

Demgemäß ist ein Leben dann glücklich zu nennen, wenn es sich im Einklang mit der eigenen Natur befindet. Das kann nur verwirklicht werden, wenn unser Geist gesund ist und immer gesund bleibt, wenn er ... sich den Zeitumständen anpassen kann, nicht ängstlich besorgt ist um den Körper und seine Ansprüche, wenn er dann noch eine Vorliebe hat für alle möglichen Dinge, die das Leben angenehm machen, freilich ohne eines dieser Dinge anzubeten, wenn er die Gaben des Glücks nutzt, aber nicht von ihnen abhängig ist.

Seneca hat oft über das Glück nachgedacht, auch weil er sehr reich war. Dazu noch zwei Zitate aus seinen *Briefen an Lucilius:*

Ich will dir den Besitz von Vermögen nicht verbieten, aber ich möchte erreichen, daß du nicht um dein Geld zitterst. Das kannst du aber nur erreichen, wenn du dir vollständig darüber klar wirst, daß du auch ohne Vermögen glücklich leben könntest. (18. Brief)

Alle Dinge sind von der Einbildung abhängig. Ein jeder ist so unglücklich, wie er es zu sein glaubt. (78. Brief)

Und Marc Aurel sagt im 7. Buch seiner *Selbstbetrachtungen: Denke nicht so oft an das, was dir fehlt, als an das, was du hast.*

Schließlich noch ein Aphorismus von Marie von Ebner-Eschenbach: *Man sollte nicht sprechen von der Kunst, glücklich zu sein, sondern von der Kunst, sich glücklich zu fühlen.*

Unser Problem ist freilich, daß der Kapitalismus an zufriedenen und glücklichen Menschen weniger interessiert ist. Wer mit dem zufrieden ist, was er hat, ist ein schlechter Kunde. Wo käme die Firma Apple hin, wenn die Menschen ihre Handys, wie früher die Telefone, sagen wir, 25 Jahre lang behielten?

Auch Leser sind dreifach schlechte Kunden: Lesen kostet wenig oder nichts. Wenn wir lesen, werden wir von keiner Werbung erreicht. Und womöglich lesen wir Seneca, Marc Aurel oder Kunze und denken an das, *was man alles – nicht braucht.*

Nun ist das Glück nicht nur ein Zustand, zu dem wir nach dem lateinischen Sprichwort, daß jeder seines Glückes (und Unglücks) Schmied sei, selbst einiges beitragen. Es gibt auch ein Glück des Zufalls: Aus dem »Fallen« (lat. cadere, »cadentia«) der Würfel beim Glücksspiel ergeben sich »Chancen«.

In vielen Märchen ist von solchen Glücksgeschenken die Rede, weshalb Kinder sie auch so gern hören wollen.

Hier aber sei an zwei Novellen erinnert, die mit glücklichen Zufällen beginnen, über die man nachdenken kann. Als erstes die Novelle *Kleider machen Leute (1874)* von Gottfried Keller (1819 – 1890), die viele von uns in der Schule gelesen haben:

An einem unfreundlichen Novembertage wanderte ein armes Schneiderlein auf der Landstraße nach Goldach, einer kleinen reichen Stadt, die nur wenige Stunden von Seldwyla entfernt ist. Der Schneider trug in seiner Tasche nichts als einen Fingerhut … Er hatte noch nichts gefrühstückt als einige Schneeflocken, die ihm in den Mund geflogen … über seinem schwarzen Sonntagskleide, welches sein einziges war, [trug er] einen weiten dunkelgrauen Radmantel, mit schwarzem Samt ausgeschlagen, der seinem Träger ein edles und romantisches Aussehen verlieh … Als er bekümmert und geschwächt eine Anhöhe hinaufging, stieß er auf einen neuen und bequemen Reisewagen, welchen ein herrschaftlicher Kutscher in Basel abgeholt hatte und seinem Herren überbrachte, einem fremden Grafen ... Der Kutscher ging wegen des steilen Weges neben den Pferden, und als er, oben angekommen, den Bock wieder bestieg, fragte er den Schneider, ob er sich nicht in den leeren Wagen setzen wolle. Denn es fing eben an zu regnen und er hatte mit einem Blicke gesehen, daß der Fußgänger sich matt und kümmerlich durch die Welt schlug.

Derselbe nahm das Anerbieten dankbar und bescheiden an, worauf der Wagen rasch mit ihm von dannen rollte und in einer kleinen Stunde stattlich und donnernd durch den Torbogen von Goldach fuhr. Vor dem ersten Gasthofe, zur Waage genannt, hielt das vornehme Fuhrwerk plötzlich, und alsogleich zog der Hausknecht so heftig an der Glocke, daß der Draht beinahe entzwei ging. Da stürzten Wirt und Leute herunter und rissen den Schlag auf; Kinder und Nachbaren umringten schon den prächtigen Wagen, neugierig, welch ein Kern sich aus so unerhörter Schale enthülsen werde, und als der verdutzte Schneider endlich hervorsprang in seinem Mantel, blaß und schön und schwermütig zur Erde blickend, schien er ihnen wenigstens ein geheimnisvoller Prinz oder Grafensohn zu sein.

Wie ist dieser Aufstieg eines Schneiders zum vermeintlichen Grafen möglich? Die erste Antwort findet sich im ersten Satz: Das *arme Schneiderlein* ist eine Märchenfigur, dem wir alle gönnen, daß er in *Goldach* reich werden möge.

Nun aber ist Keller Realist, es muß also einigermaßen glaubwürdig zugehen. Deshalb braucht es den scheinbar hochstaplerischen Radmantel, dann den Zufall mit der Kutsche, vor allem aber braucht es den Kutscher, der *mit einem Blick* die Bedürftigkeit des Schneiders erkennt. Seine Menschenfreundlichkeit ist so die Voraussetzung für das Glück, das dem armen Schneiderlein am Ende nicht unverdient zufällt.

Wie aber steht es mit dem Glück in Joseph von Eichendorffs Novelle *Aus dem Leben eines Taugenichts (1826)?*

Das Rad an meines Vaters Mühle brauste und rauschte schon wieder recht lustig, der Schnee tröpfelte emsig vom Dache, die Sperlinge zwitscherten und tummelten sich dazwischen; ich saß auf der Türschwelle und wischte mir den Schlaf aus den Augen; mir war so recht wohl in dem warmen Sonnenscheine. Da trat der Vater aus dem Hause; er hatte schon seit Tagesanbruch in der Mühle rumort und die Schlafmütze schief auf dem Kopfe, der sagte zu mir: »Du Taugenichts! da sonnst du dich schon wieder und dehnst und reckst dir die Knochen müde, und läßt mich alle Arbeit allein tun. Ich kann dich hier nicht länger füttern. Der Frühling ist vor der Tür, geh auch einmal hinaus in die Welt und erwirb dir selber dein Brot.« – »Nun«, sagte ich, »wenn ich ein Taugenichts bin, so ist's gut, so will ich in die Welt gehen und mein Glück machen.«

Wie viele junge Menschen seit 1826 haben diese Sätze gelesen und gehört und sich gefreut zu erfahren, ob der »Taugenichts« sein Glück machen wird. Von Anfang an hält der Dichter zu ihm und leiht ihm seine Stimme, um höchst poetisch zu schildern, was dieser spürt: *Das Rad an seines Vaters Mühle* (viermal A) *braust und rauscht* (nochmal A, dann s und sch): das Mühlen- und das Glücksrad drehen sich *recht lustig,* das hören und sehen wir, dann das *emsige* Tröpfeln des Schnees (wieder Wasser), schließlich der Höhepunkt der Lautmalerei: *die Sperlinge zwitscherten und tummelten sich dazwischen.* Kaum tritt jedoch der Vater auf, klingen die Sätze direkt wie in manchen Märchen: *Da trat der Vater ...; er hatte ... und die Schlafmütze ..., der sagte ...*

Wie das alles klingt, wenn man es laut liest und hört! Kein Wunder, daß der Müllerssohn mit der Geige in die Welt geht:

Und als ich endlich ins freie Feld hinauskam, da nahm ich meine liebe Geige vor, und spielte und sang, auf der Landstraße fortgehend:

> ... Den lieben Gott laß ich nur walten;
> Der Bächlein, Lerchen, Wald und Feld
> Und Erd und Himmel will erhalten,
> Hat auch mein' Sach' aufs best' bestellt!

Indem, wie ich mich so umsehe, kömmt ein köstlicher Reisewagen ganz nahe an mich heran, der mochte wohl schon einige Zeit hinter mir dreingefahren sein, ohne daß ich es merkte, weil mein Herz so voller Klang war, denn es ging ganz langsam, und zwei vornehme Damen steckten die Köpfe aus dem Wagen und hörten mir zu. Die eine war besonders schön und jünger als die andere, aber eigentlich gefielen sie mir alle beide. Als ich nun aufhörte zu singen, ließ die ältere still halten und redete mich holdselig an: »Ei, lustiger Gesell, Er weiß ja recht hübsche Lieder zu singen.« Ich nicht zu faul dagegen: »Ew. Gnaden aufzuwarten, wüßt' ich noch viel schönere.« Darauf fragte sie mich wieder: »Wohin wandert Er denn schon so am frühen Morgen?« Da schämte ich mich, daß ich das selber nicht wußte, und sagte dreist: »Nach Wien«; nun sprachen beide miteinander in einer fremden Sprache, die ich nicht verstand. Die jüngere schüttelte einigemal mit dem Kopfe, die andere lachte aber in einem fort und rief mir endlich zu: »Spring Er nur hinten mit auf, wir fahren auch nach Wien.« Wer war froher als ich! Ich machte eine Reverenz und war mit einem Sprunge hinter dem Wagen, der Kutscher knallte und wir flogen über die glänzende Straße fort, daß mir der Wind am Hute pfiff.

Hinter mir gingen nun Dorf, Gärten und Kirchtürme unter, vor mir neue Dörfer, Schlösser und Berge auf; unter mir Saaten, Büsche und Wiesen bunt vorüberfliegend, über mir unzählige Lerchen in der klaren blauen Luft – ich schämte mich, laut zu schreien, aber innerlichst jauchzte ich und strampelte und tanzte auf dem Wagentritt herum, daß ich bald meine Geige verloren hätte, die ich unterm Arme hielt. [Dann schläft er ein.]

... Als ich die Augen aufschlug, stand der Wagen still unter hohen Lindenbäumen, hinter denen eine breite Treppe zwischen Säulen in ein prächtiges Schloß führte.

Das alles ist märchenhaft. Doch es gibt drei Gründe, die das Glück des Taugenichts begünstigen: Er ist gar kein Taugenichts: Er kann Geige spielen und singen und ist, auch ohne Französisch zu können, sprachgewandt: »*Ew. Gnaden aufzuwarten, wüßt' ich noch viel schönere.«* Er hat ein erfreuliches Selbstvertrauen und packt die Gelegenheit beim Schopf. Schließlich hat er ein herzliches Gottvertrauen, das bis zum letzten Satz der Novelle spürbar ist: *Und es war alles, alles gut!*

Wie ist das nun, wenn wir diese Novelle lesen? Überträgt sich dann nicht ein Teil der Freude und des Glücks des Taugenichts auch auf uns? Freuen wir uns nicht mit ihm und mit seinem Autor über sein Glück? Und freuen wir uns nicht auch, wenn wir so wohlklingende Sätze mit W und F hören wie: *Wir fahren auch nach Wien. Wer war froher als ich!*

Und was ist, wenn wir bei der Lektüre dieser beiden Novellenanfänge plötzlich einen Zusammenhang entdecken?

Hat Gottfried Keller vielleicht beim Schreiben seiner Novelle an den Müllerssohn von Eichendorff gedacht? Denn auch für den Schneider ist die Kutsche das Transportmittel zum Glück. Kellers Novelle wäre dann ein halb realistisches »Remake« der Eichendorff-Novelle, transponiert in eine frühkapitalistische Umgebung. Immerhin läßt Keller seinem Helden *ein romantisches Aussehen.* Und vielleicht freute er sich beim Schreiben darauf, daß wir beim Lesen seiner Novelle seine Reverenz vor dem größten romantischen Dichter entdecken können?

Solche Glücksmomente können wir beim Lesen oft erfahren. Deshalb ist es auch nicht erstaunlich, was die wenigen Umfragen zum Thema Lesen und Glück ergeben haben.

Im nächsten Kapitel werden im Zusammenhang mit PISA Untersuchungen zitiert, die eine Auswirkung der Lesekompetenz von Schülern auf das spätere *Wohlbefinden* feststellen.

Aber es gibt auch direkte Untersuchungen über die Bedeutung des Lesens für unser Lebensglück. Elisabeth Noelle-Neumann sprach 1974 zur Eröffnung der Frankfurter Buchmesse.

In dieser Rede mit dem Titel *Über die Bemerkung von Proust: „Aber Céleste, man muß lesen!"* betonte die Soziologin zunächst, *daß das Druckmedium in der Unterhaltungsqualität dem Fernsehen unterlegen ist.* Denn das Fernsehen spreche die Sinne unmittelbar an, während die Inhalte in Büchern und Zeitungen erst *vom Leser entschlüsselt werden* müßten. Weiter sagte sie:

Offenbar ist Lesen nicht bequem, anstrengender als Hören und Sehen. Aber in jeder Altersgruppe, jeder Bildungsgruppe, jeder Gruppe, die wir untersuchten, finden wir diejenigen, die Bücher lesen, heiterer als diejenigen, die keine Bücher lesen. Die unter 30jährigen Bücherleser zum Beispiel wirken zu 46% heiter, die Nichtbücherleser nur zu 23%. Unfroh wirken von den Bücherlesern 27%, von den Nichtlesern 50%. ... Wir können nicht zweifeln: Bücherlesen bewirkt etwas, was Menschen wohltut.

Und was für das Lesen von Literatur gilt, gilt natürlich auch für das Hören: Vicco von Bülow hielt am 12. Juni 1999 als Dank für den ihm von Weilheimer Schülern zuerkannten Weilheimer Literaturpreis eine *Rede an die Jugend* und sagte darin über die liebste Freizeitbeschäftigung der damaligen Jugend u.a. folgendes:

Vor allem sollte immer genügend Zeit zum Fernsehen bleiben. Die Schule neigt dazu, durch überreichliche Hausaufgaben das geregelte Fernsehen zu erschweren. Ihr aber solltet nicht nachlassen, vor allem die Werbung intensiv zu verfolgen, die ja leider alle paar Minuten durch unverständliche Spielfilmteile unterbrochen wird. Dann wißt Ihr, was unser Leben so glücklich macht: nicht Bildung, nicht Kunst und Kultur ... neinnein ... der echte Kokos-Riegel mit Knusperkruste, die sanfte Farbspülung für den Kuschelpullover und der Mittelklassewagen für die ganze glückliche Familie mit Urlaubsgepäck und Platz für ein Nilpferd.

Was war die Reaktion der Jugendlichen unter den mehr als 1200 Zuhörerinnen und Zuhörern in der Weilheimer Hochlandhalle? Sie lachten Tränen und jubelten vor Freude.

Spätestens als sie diese Rede im 48. *Weilheimer Heft* lasen, dürften sie gemerkt haben, daß Loriot wie alle Satiriker und Humoristen das getan hat, was schon Horaz in der ersten seiner Satiren für sich in Anspruch nimmt, nämlich *lachend die Wahrheit zu sagen, ridens dicere verum.*

Um eine weitere Wahrheit soll es auch im nächsten Teil gehen, wenn wir uns fragen, warum immer weniger gelesen wird.

23. Zweites Fazit mit PISA und Günter Kunert

Warum interessiert sich die »Organisation für wirtschaftliche Zusammenarbeit und Entwicklung«, die OECD in Paris, für das Lesen? Alle drei Jahre testet sie in vielen Ländern der Erde die Leistungsfähigkeit Hunderttausender von Schülern 9. Klassen im Lesen, in Mathematik und Naturwissenschaften.

Dieses »Programme for International Student Assessment« [Schülerbewertung], kurz PISA, ist der Schrecken der Schulpolitiker in Deutschland, dem »Volk der Dichter und Denker«, in Österreich und der Schweiz. Denn die Schüler in diesen Ländern schneiden ausgerechnet im Lesen erstaunlich schlecht ab – übrigens auch in den Grundschulen, wo laut der internationalen Vergleichstudie PIRLS bzw. IGLU Deutschland und Österreich 2012 sogar schlechter waren als 2006 (so die *Süddeutsche, Die Presse* und *Der Standard* am 12.12.12). Das alles hat Folgen. Dazu drei Zitate aus dem Bericht zu PISA 2009:

Das PISA-Konzept der Lesekompetenz soll dem gesamten Spektrum der Situationen, in denen Menschen lesen, ... Rechnung tragen ... Forschungsarbeiten zeigen, dass diese Arten der Lesekompetenz verlässlichere Prädiktoren [= vorhersagende Faktoren, F.D.] des wirtschaftlichen und sozialen Wohlbefindens sind als die Anzahl der in der Schule ... verbrachten Jahre. So der erste Absatz der »Zusammenfassung« der PISA-Ergebnisse. Sodann:

Gute Leistungen bei der Lesekompetenz bilden die Grundlage guter Ergebnisse in anderen Fächern ... Schließlich: *Der in Kanada beobachtete Zusammenhang zwischen den PISA-Ergebnissen im Bereich Lesekompetenz und dem Erfolg im späteren Leben ist auch im OECD-Bericht ›Pathways to Success: How Knowledge and Skills at Age 15 Shape Future Lives‹... dokumentiert.*

Kurz: Wer in der Schule gut lesen kann, ist in allen Fächern besser und wird auch später erfolgreicher sein. Merkwürdigerweise wurde diese Tatsache in der Berichterstattung über die PISA-Studien kaum beachtet. 2001 ging es um das schlechte Abschneiden der deutschen Schüler, um den »PISA-Schock«.

Und 2010 wurde im PISA-Abschlußbericht vor allem die Tatsache betont, daß überall die Mädchen viel besser lesen können als die Jungen, selbst in Finnland und Shanghai:

Die betreffenden Länder sollten versuchen herauszufinden, welche Faktoren Jungen daran hindern, ein hohes Lesekompetenzniveau zu erreichen. Als Gründe für diese Differenz werden gern Lehrpläne genannt, die den Interessen der Mädchen angeblich eher entgegenkommen, und die vielen Lehrerinnen, die Jungen angeblich nicht so gut fördern können. Aber vielleicht liegt das Problem gar nicht in der Schule, sondern in der Freizeit? Darüber mehr im nächsten Kapitel.

Wichtiger ist hier die Tatsache, daß das Lesenkönnen den späteren Lebenserfolg und auch das »Wohlbefinden« positiv beeinflußt. Warum das so ist, haben wir in 22 Kapiteln untersucht. Ergebnis war, daß das Lesen immer unsere geistigen Fähigkeiten, unser Wissen und unsere Erkenntnisse fördert und uns immer wieder Freude macht.

Deshalb können wir uns und allen Jugendlichen sagen: Wer sich etwas Gutes tun will, sollte lesen. Lesen wäre dann eine im besten Sinn egoistische Tätigkeit. Kurz: Wer Egoist ist, liest!

Das sagt uns auch Günter Kunerts pädagogisches Gedicht über das Bücherlesen, erschienen 1976 in dem längst vergriffenen Kinderbuch *Jeder Wunsch ein Treffer.* Dieses Gedicht sollte in allen Lesebüchern stehen. Denn es enthält die beiden wichtigsten Aussagen über das Lesen: Wer liest, lernt. Und: Wer liest, wird klüger. Und weil beides so wichtig ist, soll man sich die Zeit nehmen und *nicht erst morgen, sondern heute* lesen!

Man könnte mit den Kindern hier auch über den Unterschied von Tier und Mensch sprechen und erzählen, daß das Wort Biest von »bestia« kommt, was im Lateinischen und Französischen (bête) Tier heißt und im Französischen außerdem »dumm«, weil die Menschen früher dachten, daß die Tiere dumm sind, was aber, wie die Kinder wissen, nicht stimmt, auch wenn Tiere nicht lesen können. Tiere lernen nur durch Erfahrung, der Mensch aber kann auch sehr vieles durch Lesen lernen.

Günter Kunert: Bücherlesen

Bücherlesen ist vonnöten,
soll euch nicht die Dummheit töten:
Wer nicht gerne Bücher liest,
ist für mich ein blödes Biest!

Bücherlesen, liebe Leute,
nicht erst morgen, sondern heute!
Heute gilt's, den Kopf zu füllen,
daß nicht laut vor Lachen brüllen

alle Affen hier im Zoo
über euren Kopf voll Stroh:
Stroh soll raus und Wissen rein,
das gilt nicht für euch allein,

sondern klar für jedermann,
der das Alphabet schon kann.
Ohne Bücher seid ihr Tröpfe,
sogar Holz- und Wasserköpfe!

Nur durch Bücher wissen wir:
Warum gibt es Menschen hier?
Denn kein Schaf gibt euch Bescheid,
keine Katze ist bereit,

Menschenkinder zu belehren,
die nicht auf die Bücher hören.
Hühner, Enten, Spatzen, Spechte
wissen leider nicht das Rechte,

was für Menschen wichtig wär.
Also: Nehmt die Bücher her,
lest und werdet sacht gescheit,
daß ihr einst die Klügren seid.

Die 2. Frage: Warum wird heute weniger gelesen?

Drei heute gewöhnliche Szenen

Im Lesesaal der Zürcher Zentralbibliothek sind fast alle Plätze von jungen Leuten besetzt. Zum Glück finde ich ein Plätzchen, um das alte, nicht ausleihbare Buch zu lesen. Bevor ich beginne, sehe ich mich um: Ich bin der einzige ohne Computer und einer der wenigen, die ein Buch lesen. Was ist da los?

Ein Physik-Student berichtet mir, daß in den Vorlesungen alle Studenten, auch er, an ihren Laptops sitzen und von Zeit zu Zeit etwas schreiben. Schreiben sie mit? Manchmal. Bisweilen checken sie auch ihre E-Mails, sind auf Facebook, schauen vielleicht einen Videoclip an. Das können sie sich um so eher erlauben, wenn sie die Vorlesung auch als PDF zugemailt bekommen.

Der dreijährige Sohn eines britischen Freundes kommt jeden Morgen um 6 ans Bett seines Vaters und ruft: »Daddy! iPad!«

Nun noch einmal die Frage, die schon am Anfang dieses Buchs gestellt wurde: Wie konnte es dazu kommen, daß die visuellen Medien – das Fernsehen, die Computerspiele, das Internet und das inzwischen alleskönnende und fast allmächtige Handy – das Mitschreiben bei Vorträgen und Vorlesungen und vor allem das Lesen von Büchern, Zeitschriften und Zeitungen so massiv zurückdrängt haben?

Diese Frage ist dreifach wichtig: Je positiver das Lesen für unser Leben ist, desto wichtiger ist es, zu erkennen, was uns vom Lesen abhält. Die Antwort auf diese Frage ist aber auch bedeutsam für anderes, was durch die Beschäftigung mit den visuellen Medien ungetan bleibt. Eine möglichst genaue Antwort ist schließlich die Voraussetzung für eine wünschenswerte und durchaus mögliche Neuorientierung.

24. Die Wünsche der Empfänger (Teil 1)

Medium heißt bekanntlich die Mitte, das Mittlere, das in der Mitte Stehende. Wir haben also bei allen Medien auf der einen Seite die Empfänger, unter ihnen die Kinder und Jugendlichen, denen die Zukunft gehört, in der Mitte das Fernsehen oder den inzwischen mobilen Computer mit seinen Angeboten, und auf der anderen Seite? Wer steht auf der anderen Seite des Mediums? Ist das der Fernsehmoderator oder die Freundin, die uns Botschaften schickt? Ja, auch.

Aber das eigentliche Gegenüber sind nicht Einzelpersonen, sondern alle, die daran interessiert sind, daß wir möglichst lang fernsehen, am Computer sitzen oder unser Handy bedienen. Denn nur davon hängt ihr Gewinn ab.

Man muß also zunächst überlegen, was die Interessen und Wünsche der Menschen sind, dann geht es um die Medien und ihre spezifischen Angebote, schließlich um die Interessen der Anbieter. Zuletzt sollte man noch berücksichtigen, was die nicht unmittelbar beteiligten Autoritäten, die Wissenschaftler, die Pädagogen, die Vertreter der Kirchen und die Politiker, die diese Entwicklung weg von den Printmedien hin zu den visuellen Medien beobachten konnten, gesagt und getan haben – oder auch nicht.

Dann erst sollte man sich fragen, was man tun könnte, um, schon aus Egoismus, das Lesen als klügste Freizeitbeschäftigung im Rennen zu halten. Das wird nicht einfach sein, aber in Fragen der Gesundheit, der Ernährung, der Energieversorgung und der Umwelt sind wir auch dabei, umzudenken. Warum soll das nicht auch bei den Freizeitbeschäftigungen möglich sein?

Zunächst jedoch eine erste und naheliegende Antwort auf die Frage, warum seit Jahrzehnten immer weniger gelesen wird.

Die erste Antwort: keine Zeit für das Lesen

Warum immer weniger gelesen wird? Die Antwort ist ganz einfach: Weil der Tag nur 24 Stunden hat, die meisten Menschen etwa sieben Stunden lang schlafen oder zu schlafen versuchen und weil sie von den 17 Stunden ihres täglichen wachen Lebens heute fast ein Drittel mit visuellen Medien verbringen und deshalb ganz einfach für vieles andere keine Zeit mehr haben, zum Beispiel für das Lesen von Büchern und Zeitungen.

Was die Menschen in ihrer Freizeit tun, wird jedes Jahr von den verschiedensten Institutionen und Firmen genauestens untersucht. Warum? Weil die Wirtschaft, vor allem die Werbewirtschaft, genau wissen möchte, wieviel Zeit (und Geld) wir zur Verfügung haben und wieviel wir davon wofür verwenden.

Es gibt Beschäftigungen, die der Wirtschaft kein Geld einbringen, zum Beispiel Spazierengehen, die Natur bewundern, mit Freunden reden oder ein Buch aus dem Bücherregal lesen.

Und es gibt Beschäftigungen, die für die Wirtschaft lukrativ sind, zum Beispiel Fernsehen oder im Internet Surfen. Erstens kosten die Apparate viel Geld, auch brauchen wir immer wieder neue. Und zweitens finanzieren sich alle visuellen Medien fast ausschließlich durch Werbung. Je länger wir also vor einem visuellen Medium sitzen, desto höher sind die Werbeeinnahmen.

Dazu ein wenig Statistik aus dem hochinteresssanten Buch von Nicholas Carr: *Wer bin ich, wenn ich online bin ... und was macht mein Gehirn solange? Wie das Internet unser Denken verändert (2010).* Die Zahlen betreffen die Amerikaner, die uns Europäern in der Mediennutzung immer »voraus« sind:

Eine internationale Erhebung mit 27 500 Erwachsenen zwischen 18 und 55 aus dem Jahre 2008 ergab, dass die Menschen rund 30 Prozent ihrer freien Zeit online verbringen. ... Diese Zahlen erfassen nicht die Zeit, in der die Menschen über Handys und andere tragbare Computer Textbotschaften austauschen, was ebenfalls weiterhin rapide zunimmt. ... Der durchschnittliche amerikanische Teenager brachte es auf sage und schreibe 2272 SMS im Monat [d.h. 70 pro Tag, F.D.]. ... Oft wird unterstellt, dass die Zeit, die wir dem Internet widmen, lediglich Zeit wäre, die wir ansonsten vor dem Fernseher verbringen würden. Statistiken belegen jedoch etwas anderes. ... Eine Langzeitstudie der Nielsen Company zeigt, dass der Fernsehkonsum der Amerikaner während des gesamten Internetzeitalters stetig zugenommen hat. ...

Einer ... 2009 durchgeführten, umfassenden Studie zufolge verbringen die meisten Amerikaner, gleich welchen Alters, mindestens achteinhalb Stunden täglich damit, auf einen Fernseher, einen Computermonitor oder die Anzeige ihres Mobiltelefons zu starren. ...

Was mit der wachsenden Internetnutzung hingegen abzunehmen scheint, ist die Zeit, die wir mit dem Lesen gedruckter Publikationen verbringen. Dies betrifft insbesondere Zeitungen und Zeitschriften, aber auch Bücher. ... Junge Erwachsene zwischen 25 und 34, die zu den aktivsten Internetnutzern zählen, lasen 2008 gerade einmal 42 Minuten pro Woche, also 29 Prozent weniger als 2004.

Diese Zahlen sind kaum zu glauben. Wenn *die meisten Amerikaner,* offenbar in *ihrer freien Zeit, mindestens achteinhalb Stunden täglich* vor Bildschirmmedien verbringen, dann ist das, wenn sie täglich sieben Stunden schlafen und 17 Stunden wach sind, die Hälfte ihres wachen Lebens.

Die mittlere Lebenserwartung in den USA lag 2010 bei 78,24 Jahren. Die Amerikanische Akademie der Kinderärzte (American Academy of Pediatrics) hat 1999 dazu geraten, Babys unter zwei Jahren nicht fernsehen zu lassen, rechnen wir also, daß die Amerikaner 76 Jahre lang fernsehen. In diesen 76 Fernsehjahren verbringen die meisten Amerikaner also rund 38 Jahre lang ihre wache Lebenszeit freiwillig vor Bildschirmen. Und bei uns in Europa sind es, bei etwa fünf Stunden Bildschirmmediennutzung pro Tag in der Freizeit, etwa 22 Jahre.

Woran liegt diese atemberaubende und unser Leben verändernde Faszination der Bildschirmmedien?

Unsere Neugier und Wißbegierde

Der Mensch ist von Geburt an ein neugieriges Wesen und muß es auch sein, wenn er etwas lernen will. Ohne Neugier kein Wissensdurst, und ohne Wissensdurst keine Entdeckungen.

Roland Reuß, Herausgeber kritischer Ausgaben von Kafka und Kleist, zitiert in seiner scharfsinnigen Auseinandersetzung mit der digitalen Welt *Ende der Hypnose. Vom Netz und zum Buch (2012)* den ersten Satz der *Metaphysik* des Aristoteles. Der zweite Satz ist für unsere Frage sogar noch wichtiger:

> Alle Menschen streben von Natur aus nach Wissen. Ein Beleg dafür ist ihre Liebe zu den Sinneswahrnehmungen, die sie, abgesehen vom Nutzen, um ihrer selbst willen lieben, am meisten die der Augen.

Auch deshalb wollten früher viele junge Männer auf Wanderschaft gehen wie Eichendorffs *Zwei Gesellen* und wollen auch heute fast alle immer wieder verreisen. Aber auch alle visuellen Medien, Illustrierte, Fernsehen und Internet, auch Computerspiele, kommen diesem urmenschlichen Bedürfnis entgegen, mit den Augen Neues zu erfahren und mehr wissen zu wollen.

Aber die Neugier kann auch riskant sein. Darauf hat Augustinus in seiner Kritik der *curiositas* im 10. Buch seiner *Bekenntnisse (um 400)* hingewiesen, was Thomas von Aquin in seiner *Summa theologica (um 1270)* bestätigt, wo er der negativen *curiositas* die Wißbegierde, die *studiositas,* gegenüberstellt.

Auch hier kommt es auf das rechte Maß an. Was positiv ist, kann durch Übertreibung negativ werden, so bei Faust, der mit allen Mitteln, auch mit Magie und Zauberei, erkennen will, *was die Welt im Innersten zusammenhält.* Und je mehr unsere Sinne und unsere Triebe angesprochen werden, desto eher kann das geschehen. Besonders ansprechbar sind unsere Augen, was Aristoteles und nach ihm viele andere bemerkt haben, auch Goethe in seinem Gedicht über das *Dumme Zeug (s.o. S. 21).*

Unsere Lust am Sehen und Schauen

Warum verbringen die meisten Amerikaner fast ihre ganze Freizeit vor Bildschirmen? Wir könnten uns die Antwort einfach machen und sagen, daß die »Amis« so sind wie die Römer zur Kaiserzeit, die, so der Satiriker Juvenal, nichts anderes wollten als *Brot und Spiele,* d.h. Schauspiele im Zirkus, *panem et circenses.* Genügend zu essen haben die meisten Amerikaner ja. Da fehlen ihnen nur noch die Shows in den visuellen Medien. Aber dieser Vergleich erklärt nicht die Faszination des Visuellen.

Daß wir alle gern etwas sehen und schauen wollen, ist nämlich ganz natürlich, weil fast alles, was wir sehen, mehr oder weniger sehenswert und vieles zugleich schön ist.

Davon singt der Türmer Lynkeus (der Luchsäugige, von griechisch »lynx«) im 5. Akt von Goethes *Faust II:*

> Zum Sehen geboren,
> Zum Schauen bestellt,
> Dem Turme geschworen,
> Gefällt mir die Welt.
> Ich blick' in die Ferne,
> Ich seh' in der Näh'
> Den Mond und die Sterne,
> Den Wald und das Reh.
> So seh' ich in allen
> Die ewige Zier,
> Und wie mir's gefallen,
> Gefall' ich auch mir.
> Ihr glücklichen Augen,
> Was je ihr gesehn,
> Es sei wie es wolle,
> Es war doch so schön!

Daß das Universum eine *Zier(de)* ist, geordnete Schönheit, wußten schon die Griechen und nannten es »Kosmos« (zu »kosmeîn« = schmücken, zieren, vgl. »Kosmetik«).

Ein begeisterter Leser Goethes war Gottfried Keller, der zunächst Maler war. Sein berühmtestes Gedicht ist das *Abendlied*, das Thomas Hürlimann in seiner Künstlernovelle *Dämmerschoppen (1990)*, die man mit Mörikes Novelle *Mozart auf der Reise nach Prag* vergleichen könnte, in den Mittelpunkt stellt:

> Am Vorabend seines siebzigsten Geburtstags saß hoch über dem Vierwaldstätter See der Dichter Gottfried Keller auf einer Hotelterrasse, trank eine Flasche Gumpoldskirchner und sah in die Dämmerung hinaus.

Der Dichter trinkt und schaut in die Dämmerung der Natur, aber auch seines Lebens. Hier die erste und vierte Strophe seines Gedichts über das Schauen:

Gottfried Keller (1819 – 1890): Abendlied (1879)

> Augen, meine lieben Fensterlein,
> Gebt mir schon so lange holden Schein,
> Lasset freundlich Bild um Bild herein:
> Einmal werdet ihr verdunkelt sein!
>
> ...
>
> Doch noch wandl' ich auf dem Abendfeld,
> Nur dem sinkenden Gestirn gesellt;
> Trinkt, o Augen, was die Wimper hält,
> Von dem goldnen Überfluß der Welt!

Doch das Schauen kann auch gefährlich sein. Die Äpfel im Paradies waren *lieblich anzusehen,* und Eva ließ sich verführen. David *sah vom Dach aus eine Frau sich waschen; und die Frau war von sehr schöner Gestalt,* und er ließ Bathseba zu sich holen; sie wird schwanger, und ihr Ehemann Urija wird beseitigt.

Wohl kaum jemand hat die Verlockungen des Sehens so eindrücklich beschrieben wie Augustinus in seinen *Bekenntnissen.* Im 10. Buch schreibt er über die Versuchungen der verschiedenen Sinne, im 34. Kapitel über die Lust der Augen, die »voluptas oculorum«, im 35. Kapitel dann über die Neugier der Augen, die »curiositas«, die auch Schreckliches sehen will:

Was liegt wohl für ein Vergnügen darin, an einem zerfleischten Leichname Dinge zu sehen, vor denen man sich sonst graut? Und doch laufen alle hin, wenn irgendwo einer liegt, um sich zu entsetzen ... Diese krankhafte Gier ist der Grund, daß auf den Bühnen so viele wunderliche Stücke aufgeführt werden. ...

Einen Hund, der im Zirkus einem Hasen nachläuft, sehe ich mir nicht mehr an; gehe ich aber zufällig über die Felder, so bringt mich eine solche Jagd vielleicht von einem wichtigen Gedanken ab, da die Jagd meine ganze Aufmerksamkeit auf sich zieht ... (Übersetzung: Alfred Hofmann, 1914)

Diese Überlegungen erinnern an Senecas 7. *Brief an Lucilius.* Da geht es um eine Mittagsvorstellung im Circus Maximus, bei der die Massen zuschauen, wie sich Männer gegenseitig umbringen: *Morgens wirft man den Löwen und Bären Menschen vor, mittags den Zuschauern.* Seneca versucht sich die Abgestumpftheit des Publikums so zu erklären: *Nichts ist einem guten Charakter so schädlich wie das müßige Dasitzen bei irgendeiner Vorführung. Da schleichen sich nämlich, mit Hilfe des Vergnügens, alle Laster leicht ein.*

Die visuellen Medien sind also eine Antwort auf unsere angeborene Schaulust. Auch der Theaterdirektor im *Vorspiel auf dem Theater* in Goethes *Faust* weist den Dichter darauf hin:

> Besonders aber laßt genug geschehn!
> Man kommt zu schaun, man will am liebsten sehn.
> Wird vieles vor den Augen abgesponnen,
> So daß die Menge staunend gaffen kann,
> Da habt Ihr in der Breite gleich gewonnen,
> Ihr seid ein vielgeliebter Mann.

Immerhin mußten sich die alten Römer und die Theaterbesucher der Goethezeit auf den Weg machen und etwas dafür bezahlen, wenn sie ein Schauspiel sehen wollten.

Die visuellen Medien unserer Zeit aber kommen zu uns und kosten scheinbar nichts. Und sie scheinen manchmal noch faszinierender als die Wirklichkeit. Das liegt an ihren Angeboten, die unserem Wunsch nach Unterhaltung entgegenkommen.

Unser Wunsch nach Zerstreuung und Unterhaltung

Das *Vorspiel auf dem Theater* am Anfang von Goethes Menschheitsdrama *Faust* ist auch deswegen so interessant, weil die drei Personen, die da auftreten und sich über das bevorstehende Schauspiel unterhalten – der Theaterdichter, der Theaterdirektor und die lustige Person – mit Goethe zu tun haben. Denn Goethe war alles zugleich: Er hat in Liebhaberaufführungen mitgespielt, er war 26 Jahre lang in Weimar Theaterdirektor und vor allem natürlich Dichter. Hier die Fortsetzung der soeben zitierten Verse des Theaterdirektors (Faust I, V. 95ff.):

> Die Masse könnt Ihr nur durch Masse zwingen,
> Ein jeder sucht sich endlich selbst was aus.
> Wer vieles bringt, wird manchem etwas bringen;
> Und jeder geht zufrieden aus dem Haus.
> Gebt Ihr ein Stück, so gebt es gleich in Stücken!
> Solch ein Ragout, es muß Euch glücken;
> Leicht ist es vorgelegt, so leicht als ausgedacht.
> Was hilft's, wenn Ihr ein Ganzes dargebracht,
> Das Publikum wird es Euch doch zerpflücken.

Der Dichter protestiert sofort gegen diese Vorstellung von Dichtung zur bloßen Unterhaltung des Publikums: *Ihr fühlt nicht, wie wenig das dem echten Künstler zieme!* Der Direktor aber weiß, was den Menschen gefällt: *Man kommt zu schaun, man will am liebsten sehn.* Und bitte möglichst viel und in kleinen Stücken. Ist das nicht genau das, was uns das Fernsehen und das Internet vor allem bieten? Youtube besteht nur aus Videoclips, aus Video-»Schnipseln« und verzeichnet mehr als 2.000.000.000, mehr als zwei Milliarden Aufrufe pro Tag.

Was wir da und in den meisten visuellen Medien suchen, ist Zerstreuung, Zeitvertreib und Unterhaltung. Daß die Europäer etwa 5, die Amerikaner 8,5 Stunden pro Tag mit visuellen Medien verbringen, muß aber auch an diesen Medien selbst liegen.

25. Die Faszination der visuellen Medien

Der Gasthof zur Krone in Hittisau in Vorarlberg bekam nach seiner mit höchster Handwerkskunst durchgeführten Renovierung nur drei Sterne zugesprochen: weil in den 20 renovierten Zimmern etwas ganz Wichtiges fehlt – der Fernsehapparat. Zum Glück konnte das junge Gastwirtsehepaar die fehlenden Apparate in einem Nebenraum vorweisen. Also erhielt das Hotel doch noch den hochverdienten vierten Stern. Und die meisten Gäste genießen gern einen Urlaub ohne Fernsehprogramm.

Kürzlich bewohnte ich mit unserem Sohn, der dort an einem Mountainbike-Rennen teilnahm, in einem Viersternehotel in Riva ein Zimmer mit Blick auf den Gardasee – und auf einen großen TV-Bildschirm im Zimmer. Warum ist dieser für viele attraktiver als die Aussicht auf den Ort, die Berge und den See?

Die erste und wichtigste Attraktion verrät schon der Name Fernsehen. Warum ist die Television so viel attraktiver als das Teleskop, das Fernrohr? Bei der Teleskopie fehlt der Ton und die spannende Handlung, außer im Theater, auch fehlt das Wunder der Ubiquität: Ich bin daheim und zugleich beim Tsunami.

Davon hat Adelbert von Chamisso geträumt, als er im 10. Kapitel seiner Novelle *Peter Schlemihl (1814)* diesen in Siebenmeilenstiefeln Sightseeing machen läßt:

> Ich stand auf den Höhen des Tibet, und die Sonne, die mir vor wenigen Stunden aufgegangen war, neigte sich hier schon am Abendhimmel, ich durchwanderte Asien von Osten gegen Westen, sie in ihrem Lauf einholend, und trat in Afrika ein. Ich sah mich neugierig darin um, indem ich es wiederholt in allen Richtungen durchmaß. Wie ich durch Ägypten die alten Pyramiden und Tempel angaffte, erblickte ich in der Wüste, unfern des hunderttorigen Theben, die Höhlen, wo christliche Einsiedler sonst wohnten.

Doch diese »Ubiquität« des Fernsehzuschauers reicht nicht aus, um die Faszination des Mediums zu erklären.

Besonders attraktiv bei allen visuellen Medien seit dem Kino (Kino heißt Bewegung) sind die bewegten Bilder. Denn von den vier Aufgaben des Sehens – Erkennen von Formen, Farben, Raumtiefe und Bewegungen – ist die vierte besonders wichtig.

Der Neuropsychologe Richard L. Gregory schreibt in seinem Buch *Auge und Gehirn. Psychologie des Sehens (2001)*:

Die Wahrnehmung von Bewegung ist für alle Organismen ... von großer Bedeutung. Bewegte Objekte bedeuten in der Regel entweder Gefahr, mögliche Nahrung oder einen Geschlechtspartner, und schnelles und situationsgerechtes Handeln ist erforderlich.

Die bewegten Fernsehbilder bedeuten für unser Leben nichts dergleichen, doch wir schauen auf sie fast wie auf Wirkliches. So wie Augustinus dem Hund nachblickte, der den Hasen verfolgte, so schauen wir alle gebannt auf die Bewegungen auf den Bildschirmen: Bewegungen von Menschen, Fahrzeugen, beim Sport, bei Katastrophen, bei Verfolgungsjagden usw.

Diese Bewegungen werden noch künstlich verstärkt: durch Bewegungen der Kameras und durch Schnitte. Je jünger das Publikum, desto schneller wird geschnitten, desto kürzer die Einstellungen. Das gilt bei den Zeichentrickfilmen mit ihren Verfolgungsjagden wie bei Tom und Jerry, und noch mehr bei den Musik-Videos, der Hauptattraktion der Fernsehkanäle MTV und Viva. In *Bad Romance* von Lady Gaga gibt es in fünf Minuten etwa 200 Schnitte. Da kann man kaum wegsehen und starrt mit nahezu unbewegtem Blick auf den Bildschirm.

Auch sehen wir eigentlich gar nicht selbst, sondern nur das, was die Kamera für uns »vorsieht«. Diese Passivität widerspricht dem »normalen« Sehen, das aktiver und freier ist als das Hören, Riechen, Schmecken und Spüren, aber sie ist bequem.

Zur Faszination der bewegten Bilder kommt ihr Realitätsanspruch hinzu. Wir wissen zwar, daß man alles von verschiedenen Seiten aus zeigen kann und viele Ereignisse, zum Beispiel Demonstrationen, sich verändern, sobald sie gefilmt werden. Trotzdem sind seit 50 Jahren fast alle davon überzeugt, daß das Fernsehen das bei weitem objektivste Medium sei. Denn wir sehen doch, was passiert! In Wahrheit wird es uns gezeigt.

Die Spielekonsole, der Computer und das Handy sind sogar noch faszinierender, weil sie uns noch mehr Möglichkeiten bieten. Vor allem sind wir jetzt – dank Interaktivität – nicht mehr passive, sondern aktive Zuschauer und aktive Mitspieler.

So erklärt sich der Erfolg der Spielekonsolen seit den frühen 70er Jahren und der ersten PCs wie des Commodore C 64, des Atari usw. zu Beginn der 80er Jahre mit damals noch ganz einfachen Spielen, die jedoch sofort sehr viele Jungen faszinierten.

Dann das Internet, dessen Siegeszug mit den ersten Webbrowsern begann, dem Netscape Navigator 1994 und dem Internet-Explorer 1995, mit denen wir immer schneller auf die atemberaubende Fülle des Angebots zugreifen konnten.

Schließlich das Handy, das bei weitem erfolgreichste Gerät aller Zeiten. Zu Beginn, also Mitte der 90er Jahre, war das Handy ein tragbares Telefon. Heute ist es zwar noch immer ein Telefon, ein Wecker, ein Radio und MP3-Player zum Hören. Vor allem aber ist es ein visuelles Medium geworden, ein magisches Schaufenster, zu dem der Name iPhone perfekt paßt, wenn man ihn als »Eye-Phone«, als »Augen-Ruf« versteht.

Und tatsächlich wird inzwischen viel seltener telefoniert als früher, aus Kostengründen, aber auch weil E-Mails und SMS praktischer sind oder scheinen, was Sherry Turkle in ihrem Buch *Verloren unter 100 Freunden (2012)* in einem Kapitel mit dem Titel »Telefonieren – nein danke!« ausführlich darstellt.

Als visuelles Medium ist das Handy heute Foto- und Videokamera, Fotoalbum und Video-Player; Spielekonsole; Fernseher; Mini-Computer mit Organisationsfunktionen; Webbrowser mit Zugang zum Internet, unterstützt von immer mehr Apps; Sender und Empfänger von Twitter, SMS, E-Mails, von Fotos und Videoclips; Ortungs- und Navigationsgerät; schließlich auch Geldbörse und digitaler Ausweis. Das alles findet sich in einem wunderschönen, leicht in der Hand liegenden Gerät und ist mit den Fingern zauberhaft leicht zu erreichen.

Kein Wunder, daß niemand auf sein Handy verzichten mag und manche regelrecht handysüchtig sind. Ein erster Grund dafür sind die verführerischen Angebote.

26. Die Angebote der visuellen Medien

Von den fünf Sinnen des Menschen – Sehen, Hören, Riechen, Schmecken und Tasten – werden in unserer Zeit drei wenig gefordert und zwei maßlos überfordert. Es könnte sogar sein, daß wir weniger zu schmecken und zu tasten und, wenn wir nicht an einer Autostraße oder in einem Raucherhaushalt leben, auch weniger zu riechen haben als unsere Vorfahren. Aber das Hörbare hat sich millionenfach und das Sichtbare milliardenfach vermehrt. Genauer gesagt: Beides wurde durch den technischen Fortschritt und zudem künstlich vermehrt: das eine durch Lärm und durch Musikaufnahmen, mit denen 100 Jahre lang gute Geschäfte gemacht wurden, das andere durch eine unendliche und unermeßliche Flut von Fotos und Filmen, die ebenfalls kommerziell genutzt werden.

Wenn die Menschen in früheren Zeiten nach Hause kamen, war da wenig zu sehen und wenig zu hören außer den Mitbewohnern, den Eltern, Geschwistern, Kindern usw. Alles war an seinem Platz, wenig bewegte sich.

Auch im Freien gab es weniger zu sehen: die Natur, Mitmenschen, manche Tiere, die von Menschen gebauten Häuser und Straßen, einige Fahrzeuge. Sensationelles gab es selten zu sehen. Das wäre auch heute noch so. Auch heute hat kaum jemand von uns, außer natürlich den Medizinern und Pflegern, mehr als einen oder zwei Menschen sterben sehen, zum Glück hat auch fast niemand ein Verbrechen »live« miterlebt.

Und wenn man vor 60 Jahren Männer gefragt hätte, wie viele Frauen sie schon nackt gesehen haben, dann hätten vermutlich viele gesagt: keine, oder: nur eine.

Das war sozusagen der Normalzustand, das Natürliche und Naturgemäße, das, wie oben (S. 169) erwähnt, für Seneca, Marc Aurel und andere Stoiker der Schlüssel zum Lebensglück ist.

Davon sind wir heute meilenweit, ja sternenweit entfernt. Denn die Angebote der visuellen Medien sind unermeßlich und außerordentlich faszinierend.

Menge, Faszination und Verfügbarkeit der Angebote

Am 23. April 1954 gab es im Deutschen Fernsehen dies zu sehen:

16.30: Kinderstunde »Wer spielt mit?« Latschi und Lumpi
17.05: Das Frankfurter Nachmittagsstudio.
Unterhaltendes und Aktuelles.
17.45 – 18.00: Dia mit Musik [dann zwei Stunden Pause!]
20.00: Abendschau. Anschließend Wetterkarte
20.15: Bitte, in 10 Minuten zu Tisch. Kochkunst
für eilige Feinschmecker mit Clemens Wilmenrod
20.30: Die Auster und die Perle. Fernseh-Spiel von W. Saroyan
21.20 (bis 22.00): Schaufenster der deutschen Wirtschaft
[zur Deutschen Industriemesse in Hannover]

Insgesamt waren das keine vier Stunden Fernsehen. Neun Jahre später, 1963, begann das ARD-Fernsehen um 16 Uhr, das ZDF um 18.30 Uhr, um 23 Uhr war Sendeschluß, dann kamen die dritten Programme und 1984 die privaten Fernsehsender, die Anfang der 90er Jahre als erste die sog. »Nachtlücke« schlossen. Heute gibt es rund um die Uhr auf 100 oder mehr Sendern, per Kabel oder im Internet, 200mal mehr Fernsehen als 1963.

Das Mehr an Programmen kann den vermehrten Konsum aber nicht erklären. Es gibt auch immer mehr Bücher, trotzdem wird immer weniger gelesen. Bei den visuellen Medien kommt neben der fundamentalen Faszination der bewegten Bilder ihr Inhalt hinzu. Hier gilt nicht selten: Je flacher und niedriger das Niveau, desto höher die Sehbeteiligung. Die 90er Jahre begannen mit »Tutti frutti« (Striptease als »ideale« Antwort auf die Schaulust der Männer), dann kamen die Daily Soaps (»Dallas« und »Denver« gab es in den 80er Jahren nur einmal pro Woche). 1999 sagte mir eine Abiturientin: *Was ich in meinem Leben am meisten bedaure: daß ich die ersten 300 Folgen von »Verbotene Liebe« nicht gesehen habe!* (Inzwischen sind es mehr als 4000). Dann gab es die täglichen Talkshows mit Arabella Kiesbauer und Bärbel Schäfer, deren erste Sendung im September 1995

»Ich stehe auf One-Night-Stands« hieß, das Reality-TV »Notruf« (1992 bis 2006) und ab Beginn des neuen Jahrtausends die exhibitionistische Dauersendung »Big Brother«.

Warum ist dieses »Sendeformat« seither in fast 70 Ländern so erfolgreich, daß die Firma Endemol zum zweitgrößten Fernsehproduzenten der Welt wurde? Weil »Big Brother« wie später das »Dschungelcamp« die schreckliche Vision aus Orwells Roman *1984* zu einem Geschäft verdreht, in extremer Form unsere Neugier anspricht und uns zu Voyeuren macht.

Etwa gleichzeitig begann der Siegeszug des Internets, das unsere Sehgewohnheiten auf den Kopf stellte. Im Fernsehen ist alles inhaltlich und zeitlich »programmiert«. »Pro-gramm« heißt griechisch »Vor-schrift«. Wir können zwar wählen, aber nur im Rahmen dieser Programme. Im Internet aber bestimmen meistens wir, was wir uns ansehen.

Vor allem ist das Angebot im Internet millionenfach größer als im Fernsehen. Und es gibt alles, was wir wollen: sehr viel Informationen in Text und Bild, Millionen Blogs mit Ratschlägen für alle Lebensfragen und Hundertausende von digitalisierten Büchern. Wie weit man die im Internet lesen kann und liest, wird bei der dritten Frage zu überlegen sein.

Sicher ist, daß andere Angebote im Internet viel interessanter sind als schwer lesbare digitalisierte Bücher. Denn vor allem gibt es im Internet Unterhaltendes, alle möglichen Glücksspiele, unzählige Musikstücke zum Hören und auch zum Sehen, Milliarden von Fotos und Hunderte von Millionen Videoclips.

Und all dies ist dank Tablet-Computer und vor allem dank Handy fast überall auf der Welt und jederzeit verfügbar: 24 Stunden pro Tag, 365 Tage im Jahr. Diese totale Verfügbarkeit bedeutet zugleich ein immenses Verführungspotential. Überall und immer werden wir sozusagen »angemacht«.

Das erfolgreichste Angebot im Internet aber war von Anfang an Sex und Pornographie. Hier läßt sich exemplarisch die Übermacht der Bilder gegenüber Texten zeigen und so der Übergang von einer hörenden und lesenden zu einer zuschauenden Gesellschaft illustrieren.

Von der Pornographie zur Pornovision

Die neuen Medien verdanken überhaupt nur der Pornografie ihre Expansion. Ohne dieses lukrative Pornogeschäft hätten sich Video, DVD und Internet gar nicht in dieser rasenden Geschwindigkeit entwickeln und verbreiten können. So Alice Schwarzer, die seit Jahrzehnten gegen die frauenverachtende Pornographie kämpft, in ihrem Aufsatz *Pornografie ist geil (Emma 10/2007).*

Die Pornographie im Internet ist jedoch ein Tabu. Jahrelang wurde so getan, als koste sie viel und als könne man sie durch Filter vermeiden. Auch schien der »schnelle Zugang« ins Internet ein Bedürfnis der Wißbegierigen, vor allem aber ging es um die Datenmengen, die man herunterladen wollte. Und die »Musiktauschbörsen« waren bald auch Porno-Tauschbörsen.

Der Siegeszug der Pornographie hat damit zu tun, daß es nicht mehr um Pornographie geht, sondern um »Pornovision«. Pornographie, »Huren-Literatur und -Graphik«, war seit jeher teuer und nur sehr wenigen zugänglich und betraf nur diese. Als in den 1960er Jahren die Abschaffung der Zensur gefordert wurde, ging es zunächst auch nur um Bücher wie *Fanny Hill* oder *Lady Chatterley,* Romane mit fiktiven Sex-Heldinnen.

Zugleich rauschte eine fotografische Sexflut durch Illustrierte und Filme. Um 1970 begann dank Video die Pornovisions-Industrie zu boomen. Heute ist das Internet der größte Sexshop der Weltgeschichte, ein scheinbar diskretes, gigantisches virtuelles Gratis-Bordell, durch das männliche Jugendliche überall und jederzeit vom Lernen und vom Lesen abgelenkt werden.

Der Sexualwissenschaftler Volkmar Sigusch, der 1970 noch für die »Freigabe« der Pornographie plädiert hatte, sagte am 23.5.1986, längst vor der Ausbreitung des Internets, der F.A.Z.:

Der Prozeß der sogenannten Liberalisierung, den wir in den 60er und 70er Jahren durchmachen mußten, war von verheerender und ängstigender Wirkung. Wir leben in Leistungszwängen, Beunruhigungen und Riskierungen, die uns das Zusammenleben in der Partnerschaft noch schwieriger gemacht haben. Nur privilegierten

Menschen gelingt es, sich über diese Riskierungen hinwegzusetzen und der allgemeinen Reizung von außen mit Anstand und Sitte – ich wähle bewußt diese altertümlich erscheinenden Ausdrücke – hinwegzusetzen. Wie kann das gelingen?

Könnte Gyges ein Vorbild sein, Leibwächter des lydischen Königs Kandaules? Dieser preist seine Frau bei Gyges *über alle Maßen.* Das erzählt uns der griechische Historiker Herodot (ca. 485 – 425 v. Chr.) im 1. Buch seiner *Historien.* Gyges aber reagiert zurückhaltend, weshalb Kandaules sagt:

> »Ich habe den Eindruck, Gyges, du glaubst mir nicht, wenn ich über das Aussehen meiner Frau spreche – es sind ja die Ohren der Menschen weniger leicht zu überzeugen als die Augen – also sorge dafür, dass du meine Frau nackt erblickst.«

Das Gehörte ist also unglaubwürdiger *(a-pistótera,* zu *pistis,* s. o. S. 150) als das Gesehene (daher auch die Macht der visuellen Medien). Gyges ist entsetzt, doch Kandaules drängt ihn:

> »Auf folgende Weise will ich . . . dafür sorgen, dass sie gar nicht bemerkt, wenn sie von dir gesehen wird: Ich werde dich in unserem Schlafzimmer hinter die geöffnete Türe stellen. Wenn ich das Schlafzimmer betreten habe, wird sich nach mir auch meine Frau einfinden, um sich zur Ruhe zu begeben. Nahe der Eingangstüre steht ein Sessel. Auf diesen wird sie nach und nach beim Ausziehen jedes Kleidungsstück hinlegen und dir so Gelegenheit bieten, sie in aller Ruhe zu betrachten.«

So wird Gyges widerwillig Voyeur des wohl ersten Striptease der Weltliteratur. Doch die Königin bemerkt ihn, ohne es sich merken zu lassen, und stellt ihn am nächsten Tag vor die Wahl:

> »Töte Kandaules, nimm mich zur Frau und übernimm die Königsherrschaft über die Lyder – oder du musst sterben . . . Sicherlich muss entweder er sterben, der diesen Plan ausgeheckt hat, oder du, der du mich nackt gesehen und Ungebührliches getan hast.«

Kurzum: Gyges wehrt sich gegen den Voyeurismus, hat Glück und wird am Ende sogar König.

26. Die Wünsche der Empfänger (Teil 2)

Unser Bedürfnis nach Kommunikation

In den bisherigen Kapiteln wurde der Reiz der visuellen Medien vor allem mit der Faszination des Visuellen erklärt. Der Mensch will aber nicht nur schauen, er ist, laut Aristoteles, auch und vor allem ein dialogisches Lebewesen. Auf dieses urmenschliche Bedürfnis nach Kommunikation antworten auch die visuellen Medien, das Hörmedium Radio ohnehin, wo wir uns beim Zuhören immer angesprochen fühlen. Das Fernsehen ist noch nicht so perfekt wie bei Ray Bradbury. In seinem Zukunftsroman *Fahrenheit 451 (1953)* sitzt die Frau des Helden ständig in ihrem Wohnzimmer mit drei Fernsehwänden und einem Zusatzgerät, weshalb sie von den Moderatoren immer persönlich begrüßt wird: Guten Abend, Mrs. Montag!

Unsere Großeltern fühlten sich damals von Rudi Carrell, Peter Frankenfeld und Joachim Kulenkampff angesprochen, später und heute sprachen und sprechen uns Alfred Biolek und Frank Elstner an, Thomas Gottschalk, Didi Hallervorden, Günther Jauch, Hape Kerkeling, Stefan Raab und Harald Schmidt, und vielleicht noch mehr Senta Berger, Sabine Christiansen, Thea Dorn, Petra Gerster, Anke Engelke, Elke Heidenreich, Maybrit Illner, Sandra Maischberger und Anne Will.

Auch die Jugendlichen fühlen sich bei *Verbotene Liebe* oder *Gute Zeiten, schlechte Zeiten* angesprochen oder bei Talkshows, wenn Stefan Raab in die Kamera grinst – was nur er darf. Die Gäste dürfen nie in die Kamera schauen. Denn wir alle sollen in unseren Wohnzimmern vergessen, daß alles, was wir sehen, nur deshalb stattfindet, damit wir zuschauen.

Freilich bleiben wir beim Fernsehen immer passive Zuschauer. Beim Internet, erst recht beim Handy ist das ganz anders, was den Erfolg dieser Medien beflügelt hat, aber auch die Suchtgefahr. Dazu heißt es im Lehrbuch *Gesundheit und neue Medien (2009)* von B.U. Stetina und I. Krypin-Exner: *Forschungen zur Internet-*

*abhängigkeit konzentrieren sich meist auf jüngere Altersgruppen,
da diese ... eher anfällig für eine Internetabhängigkeit und mehr
im Internet vertreten sind. ... Young (1996) stellte ... fest, dass ...
abhängige User vor allem Kommunikationsangebote nutzten. ...*

*Das Internet bietet die Befriedigung des Bedürfnisses nach sozi-
alem Kontakt ... Daraus resultiert die Sehnsucht, Online-Freunde
in der virtuellen sozialen Welt erneut aufzusuchen.*

Auch deshalb nutzen die Jugendlichen die kommunikativen
Möglichkeiten des Internets, den E-Mail-Verkehr, das Instant
Messaging und den Austausch in Chatrooms. Schließlich können sich beim Skypen sogar die Gesprächspartner sehen. Wo
ist da noch der Unterschied zu einem Gespräch unter vier Augen? So bieten das Internet und noch mehr das Smartphone
eine nie für denkbar gehaltene Steigerung der Möglichkeit für
die Menschen, sich als dialogische Lebewesen zu verwirklichen.

Trotzdem gelingt die Kommunikation der Menschen untereinander im Zeitalter von Handy und Internet nicht besser, sondern eher weniger gut als früher, was nicht nur Sherry Turkle
beklagt. Kontakten in Chatrooms fehlt das Wesentliche echter
Gespräche, nämlich die Aufrichtigkeit, auch ist das sprachliche
Niveau fast immer niedrig. Das Niveau der Kurzbotschaften
mit Instant Messaging, SMS und Twitter ist kaum höher, auch
sind Smileys kein Ersatz für ein wirkliches Lächeln. Die Kommunikation per E-Mail schließlich vollzieht sich, wie schon
erwähnt, viel schneller und deshalb auch nachlässiger als der
früher übliche Briefwechsel. Aber ist nicht die Geschwindigkeit
der Kommunikation ein Vorteil? Wenn es um praktische Dinge
wie Verabredungen geht, selbstverständlich!

Das gilt aber nicht für echte Gespräche. Bei einem Gespräch
braucht es manchmal mehrere Stunden, bis wir über das reden
können, was uns wirklich bewegt. Echte Gespräche müssen
vor allem ungestört sein. Dies aber wird durch das Handy eher
verhindert. Denn sobald das Handy einen Pieps von sich gibt,
unterbricht fast jeder das Gespräch und wendet sich seinem
Handy zu. Warum tun wir das? Weil wir uns, was ganz menschlich ist, Anerkennung und Erfolge wünschen.

Unser Wunsch nach Anerkennung und Erfolg

Wenn man 13jährige fragt, warum Computerspiele, ob mit der Konsole, im Internet oder mit dem Handy, so schnell süchtig machen, wissen sie die wichtigste Antwort: weil man so schnell Erfolge hat, viel schneller als im wirklichen Leben.

Vor allem möchte jeder und erst recht jeder Jugendliche gern in der Kommunikation mit anderen gut dastehen. Das Internet hilft uns dabei. Alle diese Kontaktmöglichkeiten verdanken ihren Erfolg auch der Anerkennung, die sie bieten.

Und wenn mich jemand fragt, ob ich sein Freund sein will, haben wir beide etwas davon, wenn ich zustimme, weil wir beide dann mehr Freunde, zumindest mehr Kontakte haben.

Außerdem kann ich mich auf Facebook oder auf der eigenen Webseite so präsentieren, wie ich es bisher nie konnte: mit den schönsten Urlaubsfotos, meinen neuen Plänen, meinen Erfolgen. Das ist alles sehr verlockend und steigert das Selbstgefühl.

Das gilt auch und am meisten für das Handy, heute das im doppelten Sinn teuerste Eigentum der meisten Jugendlichen.

Dazu paßt der Name des erfolgreichsten Handys, des iPhones. Das »i« im Computernamen iMac erklärte Steve Jobs 1998 bei der »First iMac Introduction«, die auf Youtube zu sehen ist, so: *internet, individual, instruct, inform* und *inspire.* Dann aber müßte das Gerät »InMac« und das Handy »InPhone« heißen. Auch denkt wohl kein Amerikaner oder Brite bei dem Vokal »i« an »instruct« oder »inform«, sondern zu allererst an »I« = Ich.

Kein Wunder, daß die Zürcher *Sonntagszeitung* am 29. April 2012 über eine Umfrage in der Schweiz meldete:

40 000 Jugendliche sind handysüchtig. So sehr, *dass sie ihr Handy bis unter die Dusche mitnehmen!*

Das Handy erfüllt sozusagen sichtbar unseren Wunsch nach Kontakten und nach Anerkennung. Und wenn ich eine Botschaft auf dem Handy erhalte, dann ist dies eine Anerkennung und scheinbar noch bedeutsamer als das Gespräch mit dem Menschen neben mir, der ja ohnehin da ist.

Unser Wunsch nach Macht und Freiheit

Was heißt Macht? »Macht« kommt von »mögen«, »vermögen«, d. h. können. Mächtig ist, wer viel kann.

Die visuellen Medien sind mächtig, aber sie geben auch uns das Gefühl von Macht und Freiheit. Als es in Deutschland nur ein Fernsehprogramm gab, konnten sich die Zuschauer nur als Empfänger empfinden. 1963 kam das ZDF hinzu. Jetzt konnten wir wählen und hatten mehr Macht. Diese Macht wurde seit Mitte der 70er Jahre mit der Fernbedienung buchstäblich greifbar: Auf englisch heißt das »remote control«. »Fernbedienung« klingt anders: Wer bedient wen, wenn wir zappen?

Mit jeder Neuerung nahm die scheinbare oder wirkliche Macht der Zuschauer zu: Dank Videorecorder wurden wir seit den 70er Jahren von den Programmzeiten unabhängiger und freier.

Schließlich das Internet, das unsere Möglichkeiten und unsere Freiheiten ins fast Unermeßliche erweitert. Hatte ich bisher 10 DVDs oder 100 CDs zu Hause, kann ich im Internet wohl mehr als 100 000 Musikstücke hören sowie Tausende von Filmen und Millionen Videoclips anschauen. Hatte ich bisher nur ein Konversationslexikon, kann ich jetzt zu allem, was im Lexikon steht, unendlich viele Texte und vor allem Bilder im Internet anschauen. Auch kann ich im Internet jederzeit auf 1000 und mehr verschiedenen Webseiten nachsehen, was gerade in der Welt vor sich geht. Das ist doch eine gewaltige Vermehrung meiner Freiheiten und Möglichkeiten und damit meiner Macht!

Und erst das Handy! Es ist, wie schon erwähnt, so leicht, sieht gut aus und liegt glatt in der Hand. Und der Touchscreen läßt sich mit dem Finger kinderleicht bedienen. Es ist ein technisches Wunder, reine Magie, Zauberei. Und wir können diese Wunder wirken und zaubern und auch mit dem Handy alles im Internet erreichen. Ist das nicht eine fabelhafte Entwicklung?

28. Die Interessen der Anbieter

Vorhin war von der Einführung der Fernbedienung in den 70er Jahren die Rede. Dieses Gerät, das heute aussieht wie ein Zauberstab, gab uns die Möglichkeit, jederzeit das Programm zu wechseln. Das Merkwürdige war aber, daß die Fernbedienung zwar den Senderwechsel begünstigt, nicht aber das Abschalten. Das Zappen war deshalb manchmal eher ein Zappeln im Netz der Programme.

Dieses Paradox, daß die Vermehrung der Freiheit zum Gegenteil führen kann, war auch bei der Einführung des Videorecorders spürbar. Wir wurden von den Programmzeiten unabhängig und schauten am Ende noch mehr an als zuvor.

Und wie war das bei den Sendungen, bei denen die Zuschauer mitwirken dürfen? Bei *Big Brother* durften sie von Anfang an bestimmen, welche Kandidaten alle zwei Wochen »rausfliegen« und wer am Ende gewinnt. Das gab den Zuschauern mehr Macht. Aber dafür mußten sie noch länger zuschauen.

Das Problem dieser Macht- und Freiheitsvermehrung ist ein doppeltes. Jede Macht und jede Freiheit kann mißbraucht werden. Vor allem aber sind nicht wir die wahren Machthaber, sondern die Betreiber der visuellen Medien, die mit uns Geschäfte machen wollen.

Johano Strasser schreibt in seinen Erinnerungen *Als wir noch Götter waren im Mai (2007)*:

> Zu den Wundern meiner Kindheit und Jugend gehört, daß wir trotz der anhaltenden materiellen Probleme, die uns Kinder früh zur Mitarbeit zwangen, so unendlich viel Zeit und Gelegenheit zum Spiel hatten. Vielleicht hängt dies damit zusammen, daß uns die heute so verbreiteten und zeitraubenden Möglichkeiten der Mediennutzung und die Vielfalt der zerstreuenden Unterhaltung nicht zur Verfügung standen.

So ist es. Wir hatten kein Geld, wurden deshalb in Ruhe gelassen und hatten so viel mehr Zeit, auch zum Lesen.

Das änderte sich gründlich nach der Zulassung des Privatfernsehens in den 80er Jahren. Am 15.10.1990 wurde Helmut Thoma im *Spiegel* gefragt, was er von Sendungen wie der Striptease-Sendung »Tutti frutti« halte, mit denen er RTL zum erfolgreichsten TV-Sender Europas gemacht hatte. Seine Antwort:

Der Zuschauer darf seine Regierung wählen, also auch sein Fernsehprogramm. Ich wundere mich auch hin und wieder über die Wahl, aber der Wurm muß dem Fisch schmecken und nicht dem Angler.

Diese Sätze sind noch heute (am 20.12.2012) das Motto auf seiner Webseite. Wie soll man sie verstehen?

Die Köder beim Fischfang sind Würmer, künstliche Fliegen, »Blinker«, die wie Fischlein, »Nymphen«, die wie Fliegenlarven aussehen. Es sind immer visuelle Reize, die sich oft noch bewegen: ganz wie die bewegten Bilder in den visuellen Medien. Und wenn der Fisch endlich zubeißt, bleibt er hängen. So soll es auch uns gehen, wenn wir uns auf bestimmte Angebote der visuellen Medien einlassen, mit denen wir geködert werden.

Aber anders als die Fischer, die es auf die großen Fische abgesehen haben, haben die Medien-Angler und -Fischer bei den Menschen die Kleinen im Visier, denn die Kinder sind die Lieblingskunden der visuellen Medien. Warum? Weil sie am ehesten zu Stammkunden werden.

Paula Bleckmann berichtet in ihrem eindringlichen Buch *Medienmündig (2012)* von einem »Lernsitz« für Neugeborene, der sich »Magic Moments Learning Seat« nennt und den *viele tausend amerikanische Mütter kaufen.* Darin *steuert das Baby durch Bewegung seiner Ärmchen die Bild- und Geräuschfolge des oberhalb in seinem Gesichtsfeld angebrachten Computermonitors ... dann erscheint etwa ein Bild von einem Affen und eine Stimme sagt dazu ›Affen mögen Bananen‹ ... ›Dieses spaßige Lerncenter verspricht Stunden voller Abenteuer‹, so der Werbetext.*

So können die Babys Hunderte und Tausende von Stunden wie gebannt auf den Bildschirm starren, aber lernen können sie kaum etwas dabei. Denn Kleinkinder lernen das Sprechen und das Denken nur im direkten Kontakt mit Erwachsenen. Das gilt auch für Kindersendungen im Fernsehen: *Because it is something to be watched, it lacks the direct interactive properties of language used for face-to-face communication.* So Eve V. Clark in ihrem Grundlagenwerk *First Language Acquisition (2009).*

Noch ausführlicher hat sich Susanne Gaschke, langjährige Redakteurin der *ZEIT,* mit der Umerziehung von Kindern zu Kunden befaßt und dazu ein spannendes Buch vorgelegt: *Die verkaufte Kindheit (2011).* Sie zeigt an vielen Beispielen den Zynismus der Marketing-Strategen, die offen sagen:

Kinder lernen ihr Konsumverhalten von zwei Parteien: den Eltern und den Werbeleuten. Eltern haben immer weniger Zeit, Werbeleute ein viel intensiveres Interesse an den Kindern.

Hier noch ein »klassisches« Beispiel für das visuelle Angebot, das dazu beiträgt, daß unsere Jugend viel weniger frei ist, als sie sein könnte, und vom Lesen und Lernen abgehalten wird. Ich meine die Fernsehserie *Teletubbies,* die ein Meilenstein auf dem Weg zum Kleinkinder-Fernsehen war und bei uns im »Kinderkanal« lief, dem Sender »ganz ohne Werbung«. Doch die »Tele-Dickerchen« waren pure Werbung: für etwa 4000 verschiedene Teletubbie-Produkte weltweit und für das Fernsehen selbst.

In dieser von einer britischen »Pädagogin« entwickelten Sendung wurden alle Tricks der Kinderpsychologie angewendet, um die kleinen Zuschauer zu fesseln. Sie sollen selbst zu Fernsehdickerchen werden: mit einer Antenne im Kopf – immer ans Fernsehen denken! – und einem Bildschirm im Bauch: Fernsehen ist Nahrung! Als ich diese Sendung einmal im Unterricht erwähnte, sprangen blitzartig fünf Schüler auf, wackelten, winkten und schrien verzückt – ganz die Teletubbies. Solche Wirkungen hat der Lehrstoff nie.

Und was ist mit dem Internet, dem »worldwide web«? Netze sind zum Fangen von Fischen da. Und »web« heißt u.a. Spinnennetz. Wer sind da die Spinnen, wer die Fliegen?

Axel Dammler, der Chef von »iconkids & youth«, Institut für »Markt- und Meinungsforschung bei jungen Zielgruppen«, schreibt in seinem Buch *Verloren im Netz (2009):*

Meine Kollegen und ich sind Konsumforscher, und unsere tägliche Arbeit besteht darin, mit Kindern und Jugendlichen zu sprechen, um deren Bedürfnisse zu verstehen. ... Dahinter steckt die Einsicht, dass der Köder dem Fisch schmecken muss und nicht dem Angler ... Man kann unsere Arbeit natürlich verwerflich finden, weil es ja meistens ›nur‹ um den Konsum von Produkten geht, und — wenn man so will — durchaus auch um die Manipulation von Kindern und Jugendlichen.

Worüber soll man sich hier mehr wundern: über die Behauptung, daß es um die »Bedürfnisse« von Kindern gehe, wenn man ihnen Snacks, Drinks, Modeaccessoires oder Computerspiele schmackhaft macht, oder über das Bekenntnis, daß die Kinder geködert und manipuliert werden? Denn Kinder und Jugendliche sind bei weitem die beste »Zielgruppe«.

Immerhin verfügen die 6- bis 19jährigen in Deutschland pro Jahr über 20,5 Milliarden Euro und geben sogar 22,9 Mrd. Euro aus (Zahlen für 2009, laut »ikonkids & youth«). Auch bestimmen die Kinder oft bei den Einkäufen der Eltern mit.

Deshalb ist es nicht verwunderlich, daß Apple die Kinder mit aller Macht umwirbt. Gab man bei Google am 15. Mai 2012 um 14.10 Uhr die Begriffe »iPad« und »kids« ein, erhielt man 976 Millionen Treffer, dazu 911 Millionen Fotos, am 23. Juni waren es 2,42 Milliarden, am 9. Oktober 3,09 Milliarden Fotos.

Und doch hat man, wenn man im Netz »surft«, das Gefühl totaler Freiheit, auch deshalb, weil die Startseite von Google werbefrei ist, worauf Roland Reuß in seinem Buch *Ende der Hypnose* aufmerksam macht. Dabei lebt Google fast nur von Werbeeinnahmen. Ihr Anteil am Umsatz beträgt, so Constanze Kurz und Frank Rieger, *weit über neunzig Prozent,* auch weil seit Ende 2009 die Ergebnisse jeder Google-Recherche personalisiert, also auf den potentiellen Kunden und Konsumenten zugeschnitten sind, was Eli Pariser in seinem Buch *Filter Bubble. Wie wir im Internet entmündigt werden (2011)* analysiert hat.

Wie kann man die Kinder vor solchen Raffinessen schützen?

Leider scheinen manche Wissenschaftler und Politiker bei dieser Frage eher den Anglern zu helfen.

29. Die Rolle der Autoritäten

Im vorigen Kapitel ging es um Firmen und Konzerne, auch um Menschen, die davon profitieren, wenn wir uns möglichst lang mit visuellen Medien beschäftigen und deshalb immer weniger Zeit für das Lesen haben. Deshalb lernen auch viele Kinder das Lesen nicht mehr richtig oder nicht mehr so gut und bleiben dann hinter ihren Möglichkeiten zurück.

Was sagen dazu die nicht direkt beteiligten Autoritäten? Was sagen die Wissenschaftler, die Kirchen und die Politiker sowie die Schriftsteller zum Thema Lesen und visuelle Medien?

Die Beiträge der Wissenschaften und der Kirchen

Unter den zahllosen Büchern zum Thema Lesen lassen sich historische, philologische, philosophische, soziologische, pädagogische, psychologische und theologische Bücher unterscheiden.

Die historischen Bücher können so interessant sein wie die *Geschichte des deutschen Buchhandels (1991)* von Reinhard Wittmann oder *Eine Geschichte des Lesens (1998)* von Alberto Manguel.

Gute philologische Bücher über Autoren und ihre Werke sind Einladungen zur Lektüre, ich nenne hier dankbar die Gelehrten, die uns und unsere Schüler in Weilheim zum Lesen ermuntert haben: Dieter Borchmeyer, Ulrich Dittmann, Heinz Friedrich, Wolfgang Frühwald, Joachim Kaiser, Hans Maier, Norbert Miller, Peter Horst Neumann, Hans Pörnbacher, Harald Weinrich und Reinhard Wittmann.

Philosophische Texte über das Lesen sind selten, aber dann bisweilen so lesenswert wie das Buch *Was ist Literatur?* von Jean-Paul Sartre oder die Aufsätze von Hans-Georg Gadamer.

Soziologische Bücher zu unserem Thema sind Legion. Darin wurde seit etwa 1980 immer wieder festgestellt, daß immer weniger gelesen wird. Über die Gründe wurde wenig geschrieben. Trotzdem waren z. B. die Arbeiten der Zürcher Medienforscher Heinz Bonfadelli, Ulrich Saxer und Christian Doelker immer erhellend, desgleichen die von Bodo Franzmann und Heinrich Kreibich für die Stiftung Lesen herausgegebenen Werke. Die Stiftung Lesen hat auch den kompetentesten amerikanischen Medienkritiker nach Deutschland eingeladen: Neil Postman.

In den USA gab es auch die meisten Hinweise auf die fatalen Folgen des übermäßigen Fernsehens bei Kindern: So in dem von Carolyn N. Hedley u.a. herausgegebenen Buch über *Thinking and Literacy (1995)*. Schon damals schauten die zwei- bis elfjährigen Kinder in den USA fast 30 Stunden pro Woche fern. Und heute bestätigen die Bücher von Nicholas Carr (s.o.), Marc Bauerlein *(The Dumbest Generation: How the Digital Age Stupefies Young Americans and Jeopardizes Our Future, 2008)* und anderen wissenschaftlich, was Mary Winn, Jerry Mander und Neil Postman schon in den 80er Jahren vorausgesagt haben: daß der frühe Fernsehkonsum für die Kinder nachteilig ist.

Aber die Pädagogen müßten doch sehen, was passiert? Sie wußten von Anfang an, daß das Fernsehen im Unterricht wenig bringt. Das andere Medium, auf das wir einige Hoffnungen gesetzt hatten, das Sprachlabor, ist inzwischen aus den Schulen verschwunden, weil die Stimme vom Tonband nie die Stimme eines wirklichen Gesprächspartners ersetzen kann.

Allerdings glauben die Pädagogen, wie schon oben (S. 109) erwähnt, noch immer, daß Schulbücher bunt sein müssen wie Bilderbücher, damit die Schüler »motiviert« sind. Bei Biologie- und Geographiebüchern ist das verständlich. Aber bei Lese- und Sprachbüchern ist das ein Irrtum: Je mehr Bilder da sind, desto mehr schaut man und desto weniger liest und lernt man.

Aber der Computer und das Internet! Es gibt zahllose Bücher über den »Medieneinsatz« in der Schule, auch im Kindergarten. Eines der ersten international erfolgreichen war *Kinder und neue Medien (1987)* von Patricia Marks Greenfield. Darin vertrat die amerikanische Entwicklungspsychologin die These, *daß Print-Medien, erzieherisch gesehen, nicht a priori höherwertige, überlegene Medien sind. ... Sinnvoll in Dialog und Diskussion eingebettet, kann das Fernsehen die Rolle übernehmen, die traditionell dem Text eingeräumt wird.*

Dieser Optimismus wird, trotz kritischer Bücher von Computer-Spezialisten wie Joseph Weizenbaum oder Clifford Stoll, bis heute propagiert, auch weil immer mehr elektronische Geräte entwickelt werden, die das Lehren und Lernen vereinfachen sollen. Man denke nur an PowerPoint und die »digitalen Whiteboards«. Das Endziel ist ein Hightech-Klassenzimmer, in dem alle an ihren Laptops sitzen. Ob die Schüler dann dem Unterricht noch folgen wollen, ist eine andere Frage. Es könnte auch sein, daß sie, nicht anders als manche heutigen Studenten, auch im Unterricht am liebsten im Internet surfen ...

Aber es gibt auch pädagogische Bücher, in denen die Bedeutung des Computers und des Lesens anders gewichtet werden. Im Kapitel über Gebote und Verbote (s.o. S. 148) wurden schon einige Autoren genannt, hier noch Bruno Bettelheim und Karen Zelan: *Kinder brauchen Bücher (1982)* und Kurt Reumann: *Lesefreuden und Lebenswelten (1992)*.

Natürlich haben auch die Psychologen interessante Bücher über das Lesen vorgelegt, u.a. über die Bedeutung der Augenbewegungen und das Verstehen von verschieden schwierigen Texten. Der Zusammenhang von Lesen und Denken ist selten ein Thema, das unterschiedliche Lernen mit visuellen oder gedruckten Medien fast nie. Was passiert denn mit all den Bildern aus den visuellen Medien in unseren Köpfen? Wie werden sie gespeichert oder »entsorgt«?

Neuerdings erscheinen immer mehr psychologische Bücher über »nicht stoffgebundene« Süchte, zum Beispiel: Kay Uwe Petersen/Rainer Thomasius: *Beratungs- und Behandlungsangebote zum pathologischen Internetgebrauch in Deutschland (2010)*.

Darin sind 87 internationale Studien ausgewertet. Ergebnis: Vor allem männliche Jugendliche *gelten bislang als Hochrisikogruppe für die Entwicklung von pathologischem Internetgebrauch.* Unter tschechischen Studenten sind es 6 %, unter Schülern in Taiwan sogar 17,9 %. Besonders gefährdet sind Online-Rollenspieler mit *frühen PC-Erfahrungen.* Die Gruppe der Onlinesexsüchtigen *besteht ausschließlich aus Männern.* Bei den Chatsüchtigen *finden sich überwiegend Mädchen und Frauen.*

Mit den Internet-Süchtigen gibt es freilich zwei gravierende Probleme, auf die der koreanische Psychologe Jung-Hye Kwon in seinem Beitrag zu dem von Kimberly S. Young herausgegebenen Band über *Internet Addiction. A Handbook and Guide to Evaluation and Treatment (2011)* aufmerksam macht:

Süchtige neigen dazu, ihre Probleme zu bestreiten; ein befreundeter Jugendpsychologe behauptet, Süchtige gäben etwa 10 bis 20 Prozent zu. Und Internet-Süchte sind besonders schwer zu behandeln und mit einer hohen Rückfallrate verbunden, weil das Internet uns überall und jederzeit umgibt.

Schließlich die Kirchen, die früher in fast allen Bereichen eine hohe Autorität beanspruchten und hatten – welchen Rat geben sie den Eltern und Erziehern zur Medienerziehung der Kinder?

Merkwürdigerweise hat sich die Theologie in den letzten Jahrzehnten nur wenig mit dem Lesen beschäftigt, obwohl die Religion, wie im 19. Kapitel dargestellt, von der Abkehr vom Hören und Lesen direkt betroffen ist. Auch scheinen die Kirchen beim Thema Medien seltsam naiv.

Dafür nur ein Beispiel. 2011 erschien eine Nummer der katholischen Zeitschrift *Communio* zum Thema »Virtuelle Welten«. Die Herausgeberin dieses Hefts schrieb im »Editorial«:

Die meisten der teils dramatischen Gefahren, die der cyberspace birgt (Datenmissbrauch, digitale Sucht, Cyber-Mobbing und -Stalking, Gewaltdarstellungen), sind verhaltensbasiert. Der entscheidende Risikofaktor nicht nur der technischen, sondern auch der virtuellen Welt ist der Mensch, der sich in ihr bewegt. Er ist aber auch der entscheidende Faktor, wenn es darum geht, die vielfältigen Möglichkeiten der cyberworld, ihre sozialen und kommunikativen Chancen in guter Weise zu nutzen ... Wer also in der virtuellen Welt versackt, ist selber schuld! Das hören die »Netzfischer« gern. Um wie viel klüger waren die Bücher und Aufsätze von Ludwig Muth, zum Beispiel *Glauben durch Lesen? Für eine christliche Lesekultur (1990)* und: *Glück, das sich entziffern läßt. Vom Urmedium des Glaubens (1992).*

Was aber sagen die Politiker zu diesen Problemen?

Die Rolle der Politiker

Politiker wollen gewählt werden und sind deshalb auf die Medien angewiesen. Deshalb kann man kaum von ihnen erwarten, daß sie die Medien kritisieren. Eher tun sie das Gegenteil.

Sehr folgenreich war zum Beispiel die Gründung des Vereins *Schulen ans Netz* im April 1996 durch das Bundesbildungsministerium und die Deutsche Telekom, um *die Schulen in Deutschland mit kostenlosem Internetzugang auszustatten.* Warum? Weil seit Mitte der 90er Jahre behauptet wurde, es gebe einen »digital gap«, eine Kluft zwischen den wenigen Glücklichen mit Internet-Zugang und den vielen Rückständigen.

Der Hauptgrund aber war kommerziell. Die Deutsche Telekom war bis zu ihrem Börsengang Ende 1996 Staatseigentum. Nicht nur ihr damaliger Chef Ron Sommer sah in den Schulen den riesigen Markt für Computer und Computernetze und Millionen künftiger Kunden: die Schüler. Die Rechnung ging auf. 2001 waren alle deutschen Schulen am Netz und – im Netz, was Petra Gerster und Christian Nürnberger in ihrem Buch *Der Erziehungsnotstand (2001)* genauestens analysiert haben:

Nicht um Aufklärung, Politik und sachliche Information geht's im Netz, sondern um Verkauf und Anmache.

Das Internet löst ein Problem, das wir gar nicht haben, nämlich Informationsmangel, und schafft ein Problem, das wir ohne Internet nicht hätten, nämlich Informationsüberflutung.

Im selben Jahr 2001 publizierte das damalige Bundesministerium für Wirtschaft und Technologie die Broschüre *Im Internet geht's weiter.* Auf dem Titelfoto war ein etwa Zehnjähriger zu sehen, der versucht, auf einer Leiter über eine Mauer zu schauen. Denn das eigentliche Leben ist drüben: im Internet!

Ein drittes Beispiel: Im Vorwort zur großformatigen Eltern-Broschüre *Ein Netz für Kinder (2010)* singt Familienministerin Dr. Christina Schröder das Lob des Internets:

Das Internet hat für Kinder einen großen Reiz. Kinder können sich dort treffen, kommunizieren, miteinander spielen und lernen.

Von Generation zu Generation wird es selbstverständlicher, sich im Internet zu bewegen. Drei Ungenauigkeiten in drei Sätzen: Das Internet hat für Kinder erst dann einen Reiz, wenn man ihnen zeigt, was es da an Reizen gibt. Daß man sich im Internet *treffen, kommunizieren … und lernen* kann, hat mit dem Reiz des Internets wenig zu tun. Denn das Genannte kann in der Wirklichkeit viel einfacher stattfinden als im Internet – und gratis dazu. Und der dritte Satz ist eine vage Zukunftsvision. Denn das Internet gibt es erst seit etwa einer halben Generation.

Nach diesen drei Propaganda-Sätzen nennt die Ministerin auch die Gefahren des Internets, die hier numeriert seien:

Zu einem sicheren Umgang mit dem Internet gehört aber auch, die Gefahren [a] zu kennen. Surfen geht nicht ohne Risiken [b]. Kinder können auf Inhalte stoßen, die ihnen Angst machen [1] und sie überfordern [2]. Die Anonymität des Internets ermöglicht Belästigungen [3] und Übergriffe [4]. Rücksichtslose [5] Anbieter nutzen die Leichtgläubigkeit von Kindern aus [6], verführen [7] sie zu ungewollten Ausgaben [8] oder fragen zu viele Daten ab [9]. Kinder nutzen die Mitmachmöglichkeiten oft leichtfertig [10] und geben zu viel Persönliches preis [11]. Mit dem interaktiven Web 2.0, internetfähigen Handys und mobilen Spielekonsolen wird es für Eltern schwieriger [c], den Medienkonsum ihrer Kinder zu beaufsichtigen und zu begrenzen.

Bei so vielen Gefahren müßte jeder Erzieher sagen: Finger weg! Die Kinder können doch auch miteinander spielen, Sport treiben, musizieren, lesen oder nichts tun – völlig gefahrlos.

Doch die Jugendministerin wirbt wenig später für ihre *gemeinsame Initiative ›Ein Netz für Kinder‹ … einen sicheren Surfraum … das kinderfreundliche Netz.*

Ist es die Aufgabe eines Jugendministeriums, die Netzwirtschaft mit Millionen zu unterstützen, vor allem aber mit wirkungsvoller, weil staatlicher Propaganda? Diese wird nunmehr von vier Experten fortgesetzt, die den Eltern in drei Kapiteln empfehlen, die Kinder möglichst früh ins Netz zu schicken.

Höhepunkt: ein ganzseitiges Interview mit dem Medienpädagogen Professor Stefan Aufenanger. Hier seine Botschaft:

Wir sollten also unseren Kindern den Zugang zum Internet schon in jungen Jahren ermöglichen. Das wirkt sich positiv auf ihre Entwicklung aus, weil sie sich in die komplexe Welt der neuen Medien hineinversetzen können. Dadurch wird ihr Denken angeregt und ihre kognitive Entwicklung gefördert. Das Gegenteil ist der Fall: das Denken wird erschwert, die Entwicklung gebremst.

Können Kinder durch zu viel Internet abhängig werden?

– Ich glaube nicht, dass man durch das Internet süchtig werden kann. ...

Wie soll man diese Behauptung nennen, die mit dieser Broschüre hunderttausendfach verbreitet wird? Prof. Aufenanger kennt natürlich die inzwischen zahlreichen Bücher zu den durch das Internet ermöglichten »nicht stoffgebundenen« Süchten:

Computerspielsucht, Glücksspielsucht, Sex- und Porno-Sucht, Kommunikationssucht (E-Mail, Facebook etc.), Chat-Sucht, Kaufsucht (e-bay usw.). Auch die Fernsehsucht kann im Internet gefördert werden, außerdem alle anderen Süchte durch spezielle Internet-Foren, z.B. zur Magersucht.

Immerhin werden im zweiten Teil der Broschüre auf 13 Seiten mehr als 200 Warnungen zu den Risiken und Gefahren des Internets ausgesprochen – nur von der schlimmsten, der Suchtgefahr ist nicht mehr die Rede. Hier nur ein Zitat:

Über Messenger, in Chats und Communitys kommt es leider immer wieder zu Beleidigungen und Übergriffen auf Minderjährige. ... Pädokriminelle suchen z. B. über die Profile nach potenziellen Opfern ... Ihre teilweise aggressiven Anfragen nach Cybersex können Kinder überfordern und verstören. ... Ungeeignete oder verbotene Inhalte können über die Netzwerke weitergegeben werden, z. B. pornografische Bilder oder rechtsextreme Propaganda. Manche Diskussionsgruppen fördern Magersucht, Drogenkonsum oder Suizid. Mobbing und CyberBullying von Kindern und Jugendlichen untereinander laufen über soziale Netzwerke. Kinder und Jugendliche können dort verspottet, bloßgestellt oder auch bedroht werden. ... z. B. über das Einstellen oder Kommentieren von Fotos oder über das Verbreiten falscher Informationen und Beleidigungen.

Wer das liest und dann sein Kind ins Internet schickt, ist wie einer, der seinen Freund zum Bergsteigen schickt und sagt: Die Chance, daß du abstürzt, ist beträchtlich, aber du schaffst es! Oder ihm empfiehlt, gegen die Klitschko-Brüder zu boxen ...

Dieses Nebeneinander von intensiver Warnung vor zahlreichen Gefahren und Werbung für einen frühen Zugang findet sich in zahlreichen Broschüren dieser Art. So hieß es im Mai 2012 auf der Webseite der Suchtpräventions-Stelle des Kantons Zürich zum *Suchtverhalten Internet nutzen [sic]:*

Ausgehend von einer in der Schweiz durchgeführten Studie geht eine Schätzung davon aus, dass hierzulande ungefähr 70 000 Personen onlinesüchtig und 110 000 gefährdet sind. Onlinesüchtige verbringen durchschnittlich 35 Stunden pro Woche ausserberuflich auf [sic] dem Netz. 180 000 Online-Süchtige und Suchtgefährdete? Das wäre die siebtgrößte Stadt der Schweiz und mehr als 3 Prozent der Bevölkerung zwischen 10 und 60 Jahren.

Was aber empfiehlt dieselbe Suchtstelle in ihrem Flyer *Handy, Fernseher, Computer – Abhängigkeit vermeiden. Tipps für Eltern von 5- bis 12-Jährigen* aus dem Jahr 2011?

Umgang früh lernen: ... Je früher Kinder lernen, Medien sinnvoll zu nutzen, desto besser, denn einmal gelernte Verhaltensweisen lassen sich später nur schwer korrigieren.

Dazu Bert te Wildt, Arzt und Spezialist für Internetabhängigkeit, in seinem Buch *Medialisation. Von der Medienabhängigkeit des Menschen (2012): Wir haben es bei der Medienabhängigkeit in ganz besonderem Maße mit Heranwachsenden zu tun. Wir wissen, je eher Kinder mit einem Suchtmittel in Kontakt kommen, desto größer ist die Gefahr, von diesem abhängig zu werden.*

Und je mehr Zeit Kinder mit visuellen Medien verbringen, desto weniger werden sie lesen lernen und lesen, und desto eher ergeht es ihnen wie dem Gesellen bei Eichendorff (s.o. S. 76), der Jahre seines Lebens an *verlockende Sirenen* verliert: *Und wie er auftaucht vom Schlunde, da war er müde und alt.*

Das hätte man längst bedenken können. Denn unser Zeitalter der Süchte wurde von klugen Philosophen und Dichtern früh vorhergesehen.

Frühe Warnungen wurden überhört

Hätte der atemberaubende Erfolg der visuellen Medien in den letzten Jahren verlangsamt werden können? Das ist in Anbetracht der Faszination der Medien und der Geschäftstüchtigkeit der Medienkonzerne kaum denkbar. Eher könnte es jetzt, da die Auswirkungen eines exzessiven Medienkonsums sichtbar werden, zu einem Umdenken kommen. Dabei könnte uns die Erinnerung an die Philosophen und Dichter helfen, die früh vor einer Überbetonung des Visuellen gewarnt haben.

Als erster sei Platon genannt (ca. 427 – 347 v. Chr.), Schüler des Sokrates (469 – 399) und Lehrer des Aristoteles (384 – 322). Platons berühmtestes Werk *Der Staat (Politeia)* beginnt so:

> Ich ging gestern mit Glaukon, Aristons Sohn *[und Platons Bruder]*, nach dem Piräus. Der Göttin wollte ich mein Gebet verrichten und dem Festzug zuschauen.

Der hier spricht, nämlich Sokrates, wird für seine Schaulust prompt »bestraft«. Einige junge Männer sehen ihn und nötigen ihn, obwohl er heim will, zu bleiben. Zuerst wollen sie noch den *Fackellauf zu Pferde* anschauen und *ein Nachtfest, das sehenswert ist,* und sich dann mit ihm *über philosophische Dinge unterhalten.*

Dabei geht es auch um die Erziehung zum rechten Sehen. Am Anfang des 7. Buchs erzählt Sokrates das Höhlengleichnis:

> ›Und jetzt will ich dir ein Gleichnis für uns Menschen sagen, wenn wir wahrhaft erzogen sind und wenn wir es nicht sind. Denke dir, es lebten Menschen in einer Art unterirdischer Höhle, und längs der ganzen Höhle zöge sich eine breite Öffnung hin, die zum Licht hinaufführt. In dieser Höhle wären sie von Kindheit an gewesen und hätten Fesseln an den Schenkeln und am Halse, so daß sie sich nicht von der Stelle rühren könnten und beständig geradeaus schauen müßten. Oben in der Ferne sei ein Feuer, und das gäbe ihnen von hinten Licht. Zwischen dem Feuer aber und diesen Gefesselten führe oben

ein Weg entlang. Denke dir, dieser Weg hätte an seiner Seite eine Mauer, ähnlich wie ein Gerüst, das die Gaukler vor sich, den Zuschauern gegenüber, zu errichten pflegen, um darauf ihre Kunststücke [thaumata = Wunder] vorzuführen.‹

›Ja, ich denke es mir so.‹

›Weiter denke dir, es trügen Leute an dieser Mauer vorüber, aber so, daß es über sie hinwegragt, allerhand Geräte, auch Bildsäulen von Menschen und Tieren aus Stein und aus Holz und überhaupt Erzeugnisse menschlicher Arbeit. Einige dieser Leute werden sich dabei vermutlich unterhalten, andere werden nichts sagen.‹

›Welch seltsames Gleichnis! Welch seltsame Gefangene!‹

›Sie gleichen uns!‹

Sokrates möchte Glaukon und uns mit diesem Gleichnis deutlich machen, daß das, was wir normalerweise sehen, nicht das Eigentliche ist. Das Eigentliche sind die Ideen, die Idee des Guten, des Wahren, des Schönen usw. Die Ideenlehre Platons ist rätselhaft und schwer zu verstehen.

Aber das Höhlengleichnis paßt genau zu der Situation, in der sich heute Millionen von Kindern befinden. Vor jedem Bildschirm sind die Kinder an Kopf und Füßen wie gefesselt und starren auf die »tháumata«, die Wunder, die es zu bestaunen gibt. So versäumen sie die Begegnung mit der wirklichen Welt.

Und dann erzählt Sokrates noch, was passiert, wenn man einen losmacht, ihn nach oben ins Freie führt und ihm erklärt,

› . . . jetzt sei er der Wahrheit viel näher und sähe besser . . . Er . . . würde glauben, was er bis dahin gesehen, hätte mehr Wirklichkeit, als was man ihm jetzt zeigt.‹

Kurzum: Wer aus der Höhle geholt wird, bekommt Entzugserscheinungen. Alles tut ihm weh. Er will wieder zurück in die Scheinwelt in der Höhle. Ähnliche Phänomene gab und gibt es bei täglichen Fernseh-Serien, die für manche Zuschauer realer sind als die Wirklichkeit, vor allem aber in den virtuellen Welten der Computerspiele und des Internets.

Als 2300 Jahre nach Platon der Siegeszug der visuellen Medien tatsächlich begann, gab es sogleich prophetische Stimmen.

Der deutsch-jüdische Philosoph und Dichter Günther Anders (1902 – 92) vertritt in seinem Buch *Die Antiquiertheit des Menschen (1956),* daß der Mensch den immer perfekteren Maschinen, die er baue, nicht gewachsen sei. Das zeigt er an der Atombombe und am Fernsehen,

Motto seiner *Philosophischen Betrachtungen über Rundfunk und Fernsehen* ist ein Gleichnis zum Problem des Fortschritts:

> Da es dem König aber wenig gefiel, daß sein Sohn, die kontrollierten Straßen verlassend, sich querfeldein herumtrieb, um sich selbst ein Urteil über die Welt zu bilden, schenkte er ihm Wagen und Pferd. »Nun brauchst du nicht mehr zu Fuß zu gehen«, waren seine Worte. »Nun darfst du es nicht mehr«, war deren Sinn. »Nun kannst du es nicht mehr«, deren Wirkung.

In § 1 *(Kein Mittel ist nur ein Mittel),* betont er, daß es nicht darum gehe, *was wir aus diesen Einrichtungen »machen«,* sondern: *Die Einrichtungen ... sind Fakten ..., die uns prägen.*

In § 2 schreibt er, daß das Fernsehen *die Chance* habe, *außer der zu konsumierenden Ware auch noch die für den Konsum erforderlichen Geräte als Waren abzusetzen.*

In § 3 sieht er die Wirkungen auf die Familien voraus:

> Die Möglichkeit, ... miteinander zu sprechen (wenn man das überhaupt noch will und kann), [besteht] nur noch durch Zufall. Nicht mehr zusammen sind sie, sondern nur noch beieinander, nein nebeneinander, bloße Zuschauer.

Und in § 13 schreibt er zur Faszination der Medien:

> Fernsehsendungen ... kommen der Gier und der Erschöpfung gleichzeitig entgegen; Spannung und Entspannung, Tempo und Nichtstun, Gängelung und Muße – alles servieren sie zusammen; ja, sie ersparen es uns sogar, uns auf diese Zerstreuung zu stürzen, da diese uns ja entgegenstürzt – kurz: So vielfacher Versuchung zu widerstehen, ist nicht möglich.

Ähnlich prophetische Texte finden wir in den drei wohl berühmtesten utopischen Romanen des 20. Jahrhunderts.

Zunächst ein Ausflug in die *Schöne Neue Welt (1932)* von Aldous Huxley, in der Kinder künstlich erzeugt und staatlich aufgezogen werden. Das zweite Kapitel des Romans spielt im *»Normungssaal«* einer *»Brutzentrale«* in London im Jahr 2540. Der Chefarzt läßt sechs Pflegerinnen Schalen mit Rosen und Bilderbücher mit Fischen und Vögeln auf den Boden stellen und dann 24 acht Monate alte Babys hereinholen.

Sie krabbeln mit *freudigem Zwitschern* auf die Rosen und Bilderbücher zu. Als sie dann *seelenvergnügt beschäftigt* sind, drückt die Oberpflegerin auf Befehl des Direktors zwei Hebel.

Der eine löst einen ohrenbetäubenden Lärm aus, der andere schickt Stromstöße durch den Fußboden, so daß die Babys sich vor Schmerzen winden. Warum? Die Kinder, so der Chefarzt, sollen lernen, daß Blumen und Bücher abscheulich sind:

> So wachsen sie mit einem, wie die Psychologen zu sagen pflegten, ›instinktiven‹ Haß gegen Bücher und Blumen auf. Wir normen ihnen unausrottbare Reflexe ein. Ihr ganzes Leben lang sind sie gegen Druckerschwärze und Wiesengrün gefeit.

Warum aber sollen sie dazu erzogen werden, die Natur langweilig zu finden? Weil Blumen und Landschaften *einen großen Fehler hätten: sie seien gratis* und brächten nichts ein! Um Geschäfte zu ermöglichen, werden jedoch alle *Freiluftsport*arten gefördert *(all country sports),* für die man *komplizierte Geräte (elaborate apparatus)* und außerdem Transportmittel benötige.

Die heutigen Kinder brauchen keine Elektroschocks, bei ihnen reichen diverse elektronische Geräte, um die Liebe zu den Büchern und zur Natur zu verhindern oder zu vermindern.

Lesen kann übrigens im ganzen Roman nur John, der »Wilde«. Seine Mutter Linda, die ihm das Lesen beigebracht hat, stirbt in einer Sterbeklinik, in der an jedem Bett das Fernsehen Tag und Nacht läuft. Und John bringt sich am Ende um, weil er tagelang heimlich gefilmt wurde. Heute sind heimliche Filmaufnahmen mit dem Handy keine Ausnahme mehr.

Auch in George Orwells Roman *1984 (1949)* spielen das Fernsehen und die Literatur eine bedeutende Rolle. Der »Televisor«, der *»telescreen«,* ist freilich nicht zur Unterhaltung, sondern zur Kontrolle da: *Big Brother is watching you* (eine ähnliche Kontrolle ist heute im Internet Realität). Und in der staatlichen Literatur-Abteilung wird heimlich Pornographie produziert, um die Arbeiterklasse ruhig zu stellen. Für 2050, *aber vermutlich schon früher,* ist geplant: *Die gesamte Literatur der Vergangenheit wird vernichtet worden sein.*

Diese Voraussage könnte sich auf paradoxe Weise bewahrheiten, wenn alle Literatur digitalisiert ist, aber kaum mehr gelesen wird und dann alle Bücher überflüssig scheinen.

Ray Bradbury schließlich macht in *Fahrenheit 451 (1953)* das Schicksal der Menschheit vom Schicksal der Bücher abhängig.

Guy Montag ist ein Feuerwehrmann, der sich nicht daran gewöhnt hat, daß die Feuerwehr nur dazu da ist, um mit Flammenwerfern die noch vorhandenen Bücher zu verbrennen: Papier brennt bei 451 Grad Fahrenheit, das sind 233 Grad Celsius.

Eines Abends lernt er die 17jährige Clarisse kennen, die sich als *»crazy«* bezeichnet, weil sie am liebsten zu Fuß geht. Sie bedauert, daß die Autofahrer so wenig sehen: *Manchmal glaube ich, die Autofahrer wissen überhaupt nicht, was das ist, Gras, oder Blumen, weil sie nie langsam daran vorbeikommen. ...*

Zuhause liegt seine Frau wie jede Nacht schlaflos auf dem Bett mit Radiostöpseln im Ohr. Sonst sitzt sie im Wohnzimmer mit drei Fernsehwänden und schaut pausenlos fern.

Auch Montags Chef Captain Beatty preist in einer Rede eine Welt ohne Bücher und voller Unterhaltung:

> »Dann im 20. Jahrhundert wird die Zeit gerafft. Bücher werden gekürzt. Abriss, Überblick, Zusammenfassung, das Beste in Bildern. [...] Mehr Sport für jedermann, Jubel, Trubel und Gemeinschaftsgefühl, und man braucht nicht mehr zu denken, wie? Veranstalte und veranstalte und überveranstalte immer mehr sportliche Großveranstaltungen. Immer mehr Cartoons in Buchform, immer mehr Filme. Der Geist nimmt immer weniger auf. ...

Her mit den Clubs und Festen, den Akrobaten und Zauber-
künstlern, den Rennwagen und Hubschraubern, her mit Sex und
Drogen, mit allem, was automatische Reflexe auslöst. Wenn das
Theaterstück schlecht ist, der Film schwach, das Hörspiel nichts-
sagend, dreh die Lautstärke höher. Ich bilde mir dann ein, ich hätte was von dem Stück, wo ich doch bloß vom Schall erschüttert
bin. Mir ist es egal, ich will einfach nur unterhalten werden.«

Mit diesen Worten endet Beattys Vortrag. Trotzdem wird Montag noch skeptischer, vor allem als er den ehemaligen Literatur-
professor Faber kennenlernt und ihm zuhört:

»Aber wir haben doch eine Menge Freizeit.«
»Freizeit, ja. Aber Zeit, um nachzudenken? Wenn man nicht mit
hundertfünfzig an Klippen entlangrast und man an nichts als an
die Lebensgefahr zu denken vermag, dann treibt man irgendei-
nen Sport oder sitzt in seinen vier Fernsehwänden, mit denen
sich schlecht streiten lässt. Warum? Das Fernsehen ist ›Wirklichkeit‹, es drängt sich auf, es hat Dimensionen. Es bleut einem
ein, was man zu denken hat. ...«
»Meine Frau behauptet, Bücher hätten keine Wirklichkeit.«
»Gott sei Dank, man kann sie zumachen, kann sagen ›wart einen
Augenblick‹. Man gebietet unumschränkt über sie. Wer hingegen hat sich je vom Fernsehzimmer losreißen können, wenn er
einmal in seine Umklammerung geraten ist? Es macht aus einem, was ihm gefällt. ...«

Wie kann es sein, daß dieser Roman 50 Jahre lang als Roman
gegen die Zensur der McCarthy-Ära gelesen wurde? Immerhin
betonte Ray Bradbury in einem Interview mit den *Los Angeles
Weekly News* noch am 30. Mai 2007: *Fahrenheit 451 ist nicht
eine Geschichte über staatliche Zensur. ... Es ist vielmehr eine Geschichte darüber, wie das Fernsehen das Interesse am Lesen von
Literatur zerstört (how television destroys interest in reading litera-
ture).* Wenn uns das Lesen am Herzen liegt, sollten wir uns aus
purem Egoismus gegen diese Gefährdung wehren.

Wie aber soll das möglich sein? Was können wir tun?

30. Was tun?

Im zweiten Abschnitt des zweiten Hauptstücks des zweiten Teils seiner *Kritik der reinen Vernunft* schreibt Immanuel Kant: *Alles Interesse meiner Vernunft ... vereinigt sich in folgenden drei Fragen: 1. Was kann ich wissen? 2. Was soll ich tun? 3. Was darf ich hoffen?* Für uns Nicht-Philosophen ist die zweite Frage die wichtigste und heute schwieriger zu beantworten als zur Zeit Kants, der in den 80 Jahren seines Lebens Königsberg fast nie und Ostpreußen nie verlassen hat. Wir aber sind weltweit unterwegs und können dank Fernsehen und erst recht dank Internet millionenmal mehr sehen und virtuell miterleben als alle Menschen vor 1950.

Da wir aber auch nur zwei Augen haben und unsere Zeit nicht vermehren können, müssen wir unter den unzähligen Möglichkeiten klug auswählen: für uns, aber auch für unsere Kinder.

Wie aber können wir erreichen, daß die Kinder gut lesen lernen und gern lesen, wenn die visuellen Medien und ihre Programme so faszinierend sind und die Anbieter alles tun *(Der Wurm muß dem Fisch schmecken und nicht dem Angler!)*, um vor allem junge Menschen an die Geräte zu holen und zu fesseln?

Wir haben drei Möglichkeiten:

Die erste wird, wie schon erwähnt, von vielen Medienpädagogen empfohlen: Man solle den Kindern möglichst früh »Medienkompetenz« vermitteln: was auch Alex Dammler, Chef von iconkids & youth, als Fazit seines Buchs *Verloren im Netz* rät:

Führen wir sie [die Kinder] so früh wie möglich an dieses Medium [Internet] heran, vergessen wir dabei aber auch nicht, dass sie noch Kinder sind. Dabei *muss den Jugendlichen beigebracht werden, mit dem Internet und seinen Gefahren sinnvoll umzugehen.*

Wenn die Jugendlichen erfahren, dass das wirkliche Leben seinen eigenen, viel stärkeren Reiz hat, werden sie sich vom Web auch nicht einkerkern lassen – wir müssen also nur dafür sorgen, dass sie das erfahren können.

Wie das gehen soll, wenn die Kinder *so früh wie möglich* ins verführerische Netz *geführt* werden, sagt er nicht.

Andere empfehlen das Gegenteil, freilich nicht so radikal wie Jesus, der in der Bergpredigt fordert, das Auge auszureißen, wenn es zum Bösen verführt (s.o. S. 146). Sie empfehlen nur, die Kinder möglichst lang oder überhaupt ohne visuelle Medien aufwachsen zu lassen. Susanne Gaschke zum Beispiel schreibt in *Klick. Strategien gegen die digitale Verdummung (2009)*:

Für Kinder gilt: Sie brauchen viel, viel Zuwendung von Erwachsenen. Und es ist unglaublich wichtig, dass sie souverän lesen und Geschichten lieben lernen. Wenn sie das können, darf man anfangen, mit Fernsehen und digitalen Medien zu experimentieren ... Wer sagt, es gehe umgekehrt, macht sich etwas vor.

Und Manfred Spitzer rät in dem Buch *Digitale Demenz (2012)* nachdrücklich dazu, *Kinder so lange wie möglich von digitalen Medien fern[zu]halten.* Dies empfiehlt auch Paula Bleckmann in ihrem Buch *Medienmündig (2012)* und betont, daß man auch mit dem Autofahren bis 18 warten müsse. Nur macht das Autofahren selten süchtig, weshalb ein Vergleich zwischen manchen visuellen Lockmitteln und dem Alkohol passender erscheint.

Warum aber ist es für Kinder besser, wenn sie möglichst ohne visuelle Medien aufwachsen? Weil die Kinder dann viel mehr Zeit haben, um in der Wirklichkeit und indirekt auch in Büchern die Welt selbst zu erkunden statt sich durch visuelle Medien in eine Scheinwelt entführen zu lassen.

In dieser Scheinwelt gehört Madonna zu den größten Stars:

Sie empfängt kein Fernsehen, auch Zeitungen und Magazine kommen ihr nicht ins Haus. ›Das ist eine Hygienemaßnahme. Ich will nicht, dass Lourdes und Rocco von dem Medienmüll vergiftet werden. Was sie über die Welt wissen müssen, lernen sie in der Schule oder wir sagen es ihnen.‹ (Süddeutsche Zeitung, 17.11.2005)

Damals waren Lourdes 9 und Rocco 5 Jahre alt.

Und Günther Jauch? *Mein Kind sieht nicht fern (ZeitMagazin, 1.1.1993).* Und Anke Engelke sagt: *Für Kinder und Jugendliche ist das Fernsehen Müll (Die Zeit, 25.3.2004).*

Freilich ist diese Methode schwer zu realisieren, weil Computer und Handy nahezu unvermeidlich sind und nur wenige auf den Fernseher verzichten mögen. Also ein Mittelweg!?

Gute Empfehlungen dazu gibt Christoph Koch in seinem Buch *ich bin dann mal offline, ein selbstversuch, leben ohne internet und handy (2010).* Er empfiehlt, zu Hause das Internet *zum Beispiel … zwischen acht Uhr abends und acht Uhr morgens* abzuschalten und einen *komplett internetfreien und – falls möglich – handylosen Tag pro Woche einzulegen.* Das erinnert an das freilich vergebliche *Plädoyer für einen fernsehfreien Tag* von Bundeskanzler Helmut Schmidt in der *ZEIT* vom 26. Mai 1978.

Auch rät Koch zu einem *technikfreien Schlafzimmer.* Das sollte vor allem für Kinderzimmer gelten. Denn Kinder können sich dem Sog der visuellen Medien kaum entziehen.

Die Sucht ist auch ein Thema in Nina Pauers Buch *LG;-) Wie wir vor lauter Kommunizieren unser Leben verpassen (2012).* Sie sagte in einem Interview mit dem *Migros-Magazin* am 1.10.12:

Die körperliche Abhängigkeit von Geräten oder auch Facebook ist bewiesen. Es gibt Studien, die gezeigt haben, daß Facebook und Twitter süchtiger machen als Alkohol. Jugendliche wurden auch gefragt, ob sie eher auf Sex oder auf ihr Smartphone verzichten würden. 70 Prozent würden lieber auf Sex verzichten.

Beispiele dafür finden wir bei Sherry Turkle. Eine etwa 16jährige sagte ihr: ›*Facebook hat mein Leben an sich gerissen.*‹ … *Eine andere sagt, sie könne ihr Telefon gar nicht aus der Hand legen, weil sie Angst habe,* ›*etwas zu verpassen*‹. … *Eine Dritte fasst alles zusammen … :* ›*Die Technik ist etwas Schlechtes, weil die Leute nicht so stark sind wie die Anziehungskraft, die sie ausübt.*‹

Ähnliche Wirkungen haben auch Computerspiele. Dazu noch einmal Swisscom-Chef Carsten Schloter in der *Weltwoche 33 (2012): … in Bezug auf meine Kinder – das gebe ich offen zu – bereue ich, was ich gemacht habe. … Wenn ich die Games rückwirkend zurücknehmen könnte, würde ich es tun.*

Zum Glück gibt es Gegenbewegungen. In seinem Buch *Payback. Warum wir im Informationszeitalter gezwungen sind zu tun, was wir nicht tun wollen, und wie wir die Kontrolle über unser Denken zurückgewinnen (2009)* schreibt Frank Schirrmacher:

Die einzigen Revolutionäre auf unserem Planeten sind offenbar kleine Kinder. Sie begehren systematisch gegen die Technik-Fixiert-

heit ihrer Eltern auf ... Sie spüren, dass die Computer die Aufmerk-
samkeit ihrer Eltern fressen und nichts mehr für sie übrig bleibt.
... Fünfjährige verstecken Blackberrys oder spülen sie die Toilette
hinunter, damit ihre Eltern mit ihnen reden. Sie verordnen E-Mail-
freie Zonen und ertappen ihre Eltern dabei, wie sie unter dem Tisch
heimlich E-Mails abschicken.

Wenn es aber so ist, daß manche technischen Geräte und die
von ihnen angebotenen Programme schnell und intensiv süchtig
machen können, dann müssen Eltern und Erzieher genau überlegen, wann sie ihren Kindern Geräte schenken, die nur scheinbar handlich sind. In Wirklichkeit sind es, könnte man sagen,
trojanische Pferde. Sobald man sie öffnet, bekommt man es mit
einem Heer von professionellen Kinderbeglückern zu tun.

Das erste Handy bekommen die Kinder von ihren Eltern geschenkt. Muß das schon mit 10 sein, wenn das Handy sehr leicht
zur elektronischen Handfessel wird? Darf man Kindern Game-
boys schenken, wenn man die Suchtgefahr kennt? Ist es nötig,
11jährige Schüler ins Internet zu schicken, um über griechische
Götter zu »recherchieren«? Können sie das Wesentliche nicht
viel schneller und einfacher aus dem Geschichtsbuch lernen?

Was also tun?

Wenn wir das Lesen als die beste Möglichkeit erkannt haben,
geistige und sprachliche Fähigkeiten zu üben und zu erweitern,
Wissen und Erkenntnisse zu vermehren und in der persönlichen
Entwicklung weiterzukommen, dann werden wir vor allem im
Interesse unserer Kinder und Jugendlichen das uns Mögliche
tun, damit sie für das Lesen von Büchern, aber auch von Zeitungen und Zeitschriften die nötige Zeit und Muße finden.

Lateinisch könnte man den Rat vielleicht so zusammenfassen:
Lege, elige, dilige, intellege! Lies, wähle aus, liebe das Ausge-
wählte und werde klug! Wo aber und wann können wir und können die Kinder und Jugendlichen heute am besten lesen?

Doch zuvor noch ein wenig bekannter, doch besonders glaubwürdiger, kluger und herzerfrischender Appell für das Lesen
aus dem 4. Kapitel der Kindheitserinnerungen *Das entschwundene Land (1977)* von Astrid Lindgren (1907 – 2002).

Astrid Lindgren: Das grenzenloseste aller Abenteuer

Heutzutage wissen ja wohl alle Eltern, daß ihre Kinder Bücher brauchen . . . oder etwa nicht? Falls es noch welche geben sollte, die das nicht wissen, dann kommt zu mir, liebe Freunde, damit wir darüber reden, denn mir liegt sehr viel daran, euch zu überzeugen. Ich weiß zwar nicht, was ihr euch für euer Kind erträumt und erhofft, aber ich weiß, daß es für alle Wechselfälle des Lebens besser gerüstet ist, wenn es lesehungrig ist.

Was eigentlich wünscht ihr euch für euer Kind . . . vielleicht zunächst einmal etwas so Banales wie, daß es in der Schule gut vorankommt? *Ja, aber dann müßt ihr ihm den Weg zum Buch weisen,* und zwar nicht nur zum Lehrbuch, sondern auch zu solchen Büchern, die seine Lesegier einzig und allein dadurch wecken, daß sie lustig und spannend sind. Ist es nicht wunderbar, daß euer Kind nur dadurch, daß es etwas tut, was ihm Spaß macht, sich um vieles besser ausdrücken und schreiben lernt und so viel mehr über die Welt erfährt, selbst über so was, das man in der Schule können muß?

Habt ihr guten Kontakt zu eurem Kind? Oder kapselt es sich in einer eigenen Welt ab, zu der ihr keinen Zutritt habt? Wünscht ihr mitunter, ihr wüßtet ein wenig mehr darüber, was in ihm vorgeht? *Ja, aber dann müßt ihr ihm den Weg zum Buch weisen!* Zusammen mit eurem Kind müßt ihr lustige oder auch traurige Bücher lesen, egal welche. Eins weiß ich, ihr werdet bald entdecken, daß diese Bücher das beste Verbindungsglied sind, das es gibt. Vertrautheit stellt sich ein, wenn ihr zusammen über ein Buch lacht oder weint. Und vieles von dem, was euer Kind innerlich beschäftigt hat, kommt zur Sprache, wenn ihr euch über das Gelesene unterhaltet.

Was erwünscht und erhofft ihr euch noch für euer Kind? Womöglich hegt ihr gar sehr hohe Erwartungen und träumt davon, daß es eines Tages zu denen gehört, die die Welt verändern und sie zu einem besseren Platz für die Menschen machen? Einige müssen ja in jeder Generation zu den Wegbereitern der Menschheit gehören, warum nicht auch euer Kind? *Ja, aber dann müßt ihr ihm den Weg zum Buch weisen!* Und das muß jetzt gleich geschehen, denn findet es den Weg nicht als Kind, dann findet es ihn nie und wird auch nie ein Weltverbesserer, glaubt mir! Ihr könnt ja einmal die Probe aufs Exempel machen. Nehmt zehn jetzt lebende Menschen, die ihr hochschätzt und von denen ihr meint, daß sie wirklich etwas für die Menschheit geleistet haben, geht zurück bis in ihre Kindheit, blättert die Jahre um, und ich bin davon überzeugt, ihr findet zehn kleine Leseratten. Vielleicht waren es nicht immer sogenannte »gute« Bücher, die sie gelesen haben, aber *gelesen* haben sie, dessen bin ich sicher. Die Bücher gaben ihrer Phantasie Nahrung, und Phantasie war genau das, was sie brauchten, als sie sich als Erwachsene anschickten, die Welt zu verändern. Denn alles, was geschieht, muß zunächst einmal in der Phantasie eines Menschen Gestalt annehmen, wie sonst sollte es entstehen?

Nun will dies natürlich nicht besagen, daß alle Leseratten und Bücherwürmer mit der Zeit zu schöpferischen Menschen und Neugestaltern heranwachsen, und vielleicht sind eure Träume für euer Kind auch gar nicht so hochfliegend. Ihr wünscht euch nur, daß es, wo immer sein Platz in dieser Welt später sein mag, einigermaßen glücklich werde. Zum Glück oder Unglück eures Kindes könnt ihr nicht allzuviel beitragen. Eins aber könnt ihr tun, ihr könnt ihm zeigen, wo Trost zu finden ist, wenn es traurig ist, und wo Freude und Schönheit zu finden sind, wenn das Leben ihm grau erscheint, und überdies könnt ihr ihm Freunde schenken, die nie enttäuschen ... *ja, ihr könnt ihm den Weg zum Buch weisen!* Aber wie gesagt, es muß gleich geschehen. Jetzt gleich, wo euer Kind sechs oder acht oder zehn oder zwölf Jahre alt ist, da muß es geschehen. Hinterher ist es zu spät. Zu spät für Schneewittchen und Doktor Dolittle, zu spät für Tom Sawyer und Robinson Crusoe, zu spät für so viel Freude und so viele aufregende Erlebnisse, endgültig zu spät. Zu spät, um den Weg zu finden, der zu dem grenzenlosesten aller Abenteuer führt.

Die 3. Frage: Wo, wann und wie können wir lesen?

In der deutschen Sprache, in die wir hineingewachsen und in der wir aufgewachsen sind, beginnen alle Fragewörter mit W.

Wir fragen nach Personen mit »wer?«, nach Sachen und Handlungen mit »was?«, und nach Grund oder Zweck: warum, weshalb, weswegen, wieso, wofür, wozu?

Drei solche Fragen haben wir bisher zu beantworten versucht. Wer soll lesen und lesen lernen? Vor allem Kinder und Jugendliche. Was sollen sie tun? Lesen! Und warum, genauer: wozu sollen sie lesen? Um weiterzukommen.

Nun fehlen uns noch die Fragen nach dem Ort, der Zeit und der Art und Weise. Hier eine erste Antwort:

> Holzzeit – so nannte man in Buchhaim die beschaulichen Stunden des Abends, den behaglichen Ausklang des buchhändlerischen und literarischen Treibens des Tages. Wenn dicke Holzbalken in die Kamine gelegt und Pfeifen entzündet wurden, wenn blutschwere Weine ihre Aromen in den dickbäuchigen Gläsern entfalteten und die Meisterleser ihre Veranstaltungen begannen: dann war Holzzeit. Dann knisterten und knackten die Scheite im Feuer, und gelber Schein erfüllte die Lesezimmer. Alte Folianten und druckfrische Erstausgaben wurden geöffnet, und die Zuhörer rückten näher, um Bewährtes oder Gewagtes, Essay oder Novelle, Romanausschnitt oder Briefwechsel, Lyrik oder Prosa vorgetragen zu bekommen. Holzzeit war die Zeit, in der sich der Körper zur Ruhe begab und der Geist erst richtig erwachte, in der die Phantome der Dichtkunst aus dem Papier stiegen und um die Köpfe der Hörer und Leser tanzten.

So beschreibt Walter Moers alias Hildegunst von Mythenmetz in seinem Roman *Die Stadt der Träumenden Bücher (2004)* die allabendlichen Lesungen in der Bücherstadt Buchhaim.

Wo aber gibt es heute noch Räume, in denen man in Ruhe lesen kann?

31. Wo können wir lesen?

Bis vor etwa zwei Jahren konnte man in der Münchner U-Bahn den Eindruck gewinnen, daß die Zahl der Buchleser, in München jedenfalls, zunimmt. Etwa jeder zehnte Fahrgast holte, kaum hatte er oder vor allem sie sich gesetzt, ein Buch aus der Tasche und begann zu lesen. Seit jedoch die Mobilnetze auch in der U-Bahn funktionieren, ist das Handy neues Leitmedium. Zuvor war die U-Bahn für manche ein Ort, an dem es wenig zu sehen gab und an dem man weitgehend ungestört lesen konnte (das »Örtchen« ist es noch immer).

Vor einiger Zeit sah ich mit meiner Frau eine Wohnung wieder, in der wir früher oft gewesen waren. Die Wohnung war dieselbe, aber nicht die gleiche. In allen drei Zimmern, in denen heute eine junge Frau mit ihren Töchtern wohnt, gibt es Bücherregale, aber ihnen gegenüber steht jeweils ein großer schwarzer Fernsehschirm. Kann man in einem Zimmer, in dem ein Fernsehapparat steht, ungestört lesen? Denkt man da nicht zwischendurch an das Programm oder die Programme, die man jetzt gerade verpaßt? Auch ein Handy kann ein Störfaktor sein, nicht nur wenn es klingelt, sondern auch weil ich immer in Versuchung kommen kann, etwas nachzusehen.

Es ist ja nicht jeder ein so begabter Leser wie Hildegunst von Mythenmetz, der in einem Café lesen kann, während ...

sich alle halbe Stunde ein anderer armer Poet auf den Tisch stellte und Gedichtetes vortrug, für das man ihn auf der Lindwurmfeste mit Teer getüncht und von den Zinnen gestürzt hätte. ...
Ein Zwerg mit unangenehm hoher Kopfstimme gab gerade ein ausuferndes Essay über seine Ablehnung von Badeschwämmen zum besten, was meine Konzentration aber kaum beeinträchtigte – ich kann unter den schwersten Bedingungen lesen, wenn die Lektüre mich zu fesseln vermag.

Doch wenn wir endlich einen geeigneten Ort für die Lektüre gefunden haben, wo finden wir die dafür nötige Zeit?

32. Wann können wir lesen?

Der *Roman eines Schicksallosen (1975)* von Imre Kertész, aus dem oben eine Szene zitiert wurde, hat 287 Seiten. Ich habe ihn immer wieder jungen Leuten empfohlen: als Geschichtsbuch, als Abenteuerroman und sozusagen als Jugendbuch. Was der 14jährige jüdische Junge aus Budapest in Auschwitz und Buchenwald erlebt und durchlebt, ist absolut schrecklich, aber so erzählt, daß das Schreckliche lesbar und lesenswert wird.

Von fünf oder sechs Jugendlichen weiß ich, daß sie den Roman dann auch gelesen haben: mit Ergriffenheit und Bewunderung zugleich. Bei anderen ist es wohl beim Vorsatz geblieben. Warum? Weil die meisten Jugendlichen sogar für ein Buch, das man in etwa neun Stunden lesen kann, keine Zeit mehr haben.

Tagsüber gehen das Radio, der iPod und der Computer vor, abends das Fernsehprogramm und immer das Handy. Wann ist da noch eine Stunde Zeit, um ein Kapitel des Meisterwerks von Imre Kertész zu lesen? Als ich kürzlich mit einem Freund darüber sprach, zitierte er einen angeblichen Spruch des außerirdischen Fernsehstars ALF: »Es gibt viele Dinge, die wichtiger sind als Essen und Fernsehen. Aber die können warten.«

Wie kann es uns da gelingen, die für das Lesen nötige Zeit zu finden? Wir sollten es machen wie die Sportler mit ihren täglichen Trainingszeiten und die Programmdirektoren beim Fernsehen: Wir brauchen Riten, regelmäßige Zeiten für regelmäßige Handlungen.

Am Morgen also die Lektüre der Tageszeitung, 20 Minuten oder besser etwas länger: geistiges Jogging, zum Beispiel mit dem *Streiflicht* der *Süddeutschen,* dem Leitartikel der *F.A.Z.* oder dem der *Welt,* auch als Vorbereitung auf die Gespräche mit Kollegen. Dabei verweilen wir kurz in unseren Lieblingsgebieten, in denen wir so unsere Kenntnisse erweitern und vertiefen, mit dem Vorsatz, den einen oder anderen Artikel später noch genauer zu lesen oder auch auszuschneiden und im Privatarchiv aufzuheben.

Tagsüber wäre am Wochenende und im Urlaub genug Zeit zur Lektüre. Man muß es nur wollen. Und man braucht wahrhaftig kein schlechtes Gewissen zu haben, wenn man pro Woche, sagen wir, dreimal zwei Stunden, also sechs Stunden im Sessel sitzt und liest und dabei geistig weiterkommt.

Am besten wäre natürlich, man würde noch etwas vor dem Einschlafen lesen. Einerseits schläft man beim Lesen gut ein, weil man aufhört, wenn man sich nicht mehr konzentrieren kann (visuelle Medien hingegen fesseln die meisten von uns, auch wenn wir müde sind). Andererseits könnte man so den Tag beenden, wie man ihn begonnen hat, mit einer geistigen und damit zutiefst menschlichen Übung.

Dazu sagt uns Goethe bzw. Theaterdirektor Serlo am Anfang des 5. Buchs des Bildungs- und Entwicklungsromans *Wilhelm Meisters Lehrjahre (1795):*

»Man sollte«, sagte er, »alle Tage wenigstens ein kleines Lied hören, ein gutes Gedicht lesen, ein treffliches Gemälde sehen und, wenn es möglich zu machen wäre, einige vernünftige Worte sprechen.«

Wären das nicht schöne und kluge tägliche Trainingseinheiten? Jeden Tag eine Seite in einer Gedichtanthologie, ein Lied von der CD oder am Klavier, ein Bild in einem Kunstbuch, ein Bibelvers oder eine Maxime wie die eben zitierte?

Wenn man übrigens am 26. Juni 2012 mittags, auf der Suche nach dieser Maxime bei Google folgendes eingab: *man sollte jeden tag ein gedicht goethe,* dann erhielt man fünf Treffer mit fünf unterschiedlichen »Zitaten«, u.a. mit folgenden Fehlern: *Man* soll *alle Tage, Man* soll jeden Tag, *wenn es möglich zu machen* ist, ein vernünftiges Wort *sprechen.*

Nur ein Zitat war richtig, und das fehlerhafteste (mit 3 Fehlern) tauchte zweimal auf. So muß man alles, was man im Internet findet und guten Gewissens zitieren will, anschließend in einem Buch überprüfen. Was bedeutet dies für unsere nächste Frage, wie wir am besten lesen können: in Büchern, im Internet, mit dem iPad oder einem Lesegerät wie dem Kindle?

33. Wie können wir lesen?

An dieser Stelle des Buches, reichlich spät, frage ich mich, ob ich voreingenommen bin? Bin ich altmodisch, nostalgisch? Habe ich etwas gegen den technischen Fortschritt?

Ich hatte unter mehr als 100 Kolleginnen und Kollegen am Gymnasium Weilheim als erster einen Kopierer und ein Fax, auch früh eine elektrische Schreibmaschine, mit der ich 1978 einen *Versuch einer Pressekritik (1978)* schrieb. Mein zweites Buch, *Die Zensur der Nachgeborenen,* schrieb ich 1993 bis 1995 auf einem Atari-Computer, den ich seit 1985 hatte. Zum Glück gab es noch kein Internet, sonst hätte ich die 480 Seiten dieses zornigen Buchs kaum zuwege gebracht. Bei unserem Widerstand gegen die Rechtschreibreform konnte ich das Fax gut gebrauchen, desgleichen das Handy, das ich damals gekauft habe, und später das E-Mail. Nein – ich bin nicht technikfeindlich, sondern ein dankbarer Benutzer aller hilfreichen Geräte.

Wie ist das nun beim Lesen von Büchern, Zeitschriften und Zeitungen, die wir bis etwa 1995 ausschließlich auf Papier gelesen haben? Können wir heute und sollen wir in Zukunft auch oder besser an Bildschirmen lesen?

Lesen am Bildschirm oder auf Papier?

Wir unterscheiden auch diesmal, wie im vorigen Teil, auf der einen Seite die Leserinnen und Leser, in der Mitte die Medien und die Art des Lesens, schließlich die Betreiber der Medien.

Wer liest Bücher digital, wer Zeitungen im Internet, auf dem Tablet-Computer oder dem Handy? Wer liest wissenschaftliche Zeitschriftenartikel digital? Wenn man sie genau lesen will, muß man sie ohnehin ausdrucken.

Zeitungen und Nachrichtenmagazine werden heute von vielen Reisenden und fast allen jungen Menschen nur noch digital gelesen, aber fast immer kürzer und oberflächlicher, was in zahlreichen Büchern und Aufsätzen festgestellt wurde.

Und Bücher? Die vom Projekt Gutenberg, von zeno.org, von Bibliotheken oder Google Books digitalisierten Bücher sind u.a. für Wissenschaftler gedacht, die in Texten recherchieren. Und auf dem Kindle und verschiedenen Tablet-Computern werden literarische Werke zu günstigen Preisen angeboten (die Apparate freilich muß man teuer bezahlen). Wie wirken sich nun die einzelnen Medien auf die Lektüre aus?

Das Lesen am Bildschirm hat drei Vorteile und sechs oder sieben Nachteile gegenüber dem klassischen Lesen.

Günstig ist, daß man die Texte vergrößern kann. Das ist ein Pluspunkt bei älteren Menschen. Auch haben digitalisierte Texte kein Gewicht und brauchen keinen Platz. Schließlich kann man die meisten Texte, die man liest, gleich herunterladen.

Die Nachteile aber sind beträchtlich. Der erste springt ins Auge: Die Schrift auf dem Bildschirm ist viel schwerer lesbar als in einem Buch oder einer Zeitung. Buchstaben auf Papier haben eine wesentlich höhere Auflösung (etwa 600 dpi) als auf den besten Computerbildschirmen (etwa 100 dpi).

Der zweite Nachteil: die deutlich schwierigere Orientierung. In einem Buch und erst recht einer Zeitung steht, was wir lesen, an einer bestimmten Stelle. Im Internet sind die Texte im Fluß. Sie werden wie antike Schriftrollen, die auf englisch »scroll« heißen, von oben nach unten »gescrollt«, manchmal auch von links nach rechts verschoben – und dabei immer ortloser.

Drittens sind digitalisierte Texte »irreal«. Dazu Sven Birkerts in den *Gutenberg-Elegien (1997): Das gedruckte Wort auf dem Papier ist zwar nahezu gewichtslos, hat aber nichtsdestoweniger Dingcharakter. Die Konfiguration von Impulsen auf der Mattscheibe hat ihn nicht ... Das gedruckte Wort hält eine Raumstelle dauerhaft besetzt ... und kann dort jederzeit nachgeprüft werden. Das elektronische Schriftbild besitzt keine dem vergleichbare Existenz, sobald es von der Anzeige des Ausgabegeräts verschwunden ist ...*

Auch deshalb können wir digitale Texte schlechter behalten.

Das vierte Manko: die geringe Zuverlässigkeit digitalisierter Texte. Viele wurden eingescannt, da schleichen sich immer wieder Fehler ein und breiten sich dann aus.

Das fünfte Manko betrifft etwas weniger die einfachen Lesegeräte (aber auch die bieten diverse Links an), um so mehr alle Geräte mit Internetanschluß. Fast jede Seite bietet eine Vielzahl von Ablenkungen. Die wichtigste und fundamentale Ablenkung ist jedoch das Wissen des Benutzers, was alles nur einen Mausklick entfernt ist – und wäre es nur der E-Mail-Account.

Sechstens hat jedes Buch eine eigene Ausstrahlung. Ich nehme das Buch in die Hand und kann mit dem Autor oder der Autorin ins Gespräch kommen. Im Computer, auch im Kindle, verschwindet das einzelne Buch, ich schaue auf einen Bildschirm, in dem ein Text aufscheint und verschwindet, ohne daß ich eine Beziehung zu ihm aufbauen könnte.

Und siebtens kostet das Lesegerät nicht wenig (der erste Kindle kostete 399 Dollar, der neueste 159 Euro, die Buchtexte sind auch nicht umsonst), während ich Tausende von Büchern aus Bücherregalen und aus Bibliotheken gratis lesen kann.

Aus all diesen Gründen fällt uns das Lesen am Bildschirm schwerer. Auch lesen wir am Bildschirm deutlich sprunghafter, nachlässiger und oberflächlicher als in Büchern und in Zeitungen auf Papier und fast nie längere Texte. Dies wurde, wie schon erwähnt, in zahlreichen Untersuchungen festgestellt.

Mark Bauerlein, Anglist in Atlanta, zitiert in seinem Buch *The Dumbest Generation: How the Digital Age Stupefies Young Americans (2008) [Die dämlichste Generation. Wie das digitale Zeitalter die amerikanische Jugend verblödet]* Untersuchungen der Nielsen Norman Group, die im Auftrag der großen Konzerne mit allen kognitionspsychologischen Methoden untersucht, was potentielle Kunden im Internet lesen und anschauen. Hier das wichtigste Ergebnis, ins Deutsche übersetzt:

1997 gab sie [die Nielsen Gruppe] eine Untersuchung mit dem Titel »Wie die Benutzer im Web lesen« heraus. Der erste Satz lautete: »Sie tun es nicht« [›They don't‹].

Die Zeitungen auf Papier lesen wir auch sprunghaft, aber oft mit höchster Konzentration und auf der Suche nach Artikeln, die uns interessieren könnten. Das ist auf einer Zeitungsseite viel eher möglich als auf einem kleinen Bildschirm.

Aber wir haben noch gar nicht überlegt, woran die »Gegenseite« interessiert ist, wenn wir an Bildschirmen »lesen«. Die Hersteller der Geräte, die Netzbetreiber und die Anbieter von Inhalten haben natürlich ganz bestimmte Ziele, die sie mit ausgeklügelten Methoden zu erreichen versuchen. Vor allem haben sie drei aus ihrer Sicht verständliche Interessen:

Sie wollen, daß wir ihre Lesegeräte kaufen.

Sie wollen, daß wir nicht zuviel lesen.

Sie wollen, daß wir möglichst lang im Netz bleiben.

In der Tat haben die Gerätehersteller und Provider kein besonderes Interesse daran, daß wir viel lesen, selbst wenn wir es könnten. Warum nicht? Weil sie kaum etwas verdienen, wenn wir einen Text lesen statt Werbung anzuklicken. Zugleich aber sind sie natürlich daran interessiert, daß wir wegen der Werbeeinnahmen möglichst lange im Netz bleiben. Im übrigen wissen sie genau, daß man im Netz ohnehin kaum liest.

Das wußte auch Steve Jobs, der genauso wie Bill Gates eine Autobiographie geschrieben hat und natürlich in einem Buch und nicht online gelesen werden wollte:

Für Steve Jobs ... war der Kindle zuerst ein Relikt untergehender Kultur, dann immerhin Steigbügel. ›Es ist nicht wichtig, wie gut oder schlecht das Produkt ist‹, meinte Jobs noch, als der Kindle in den USA herauskam. ›Fakt ist, dass die Leute nicht mehr lesen.‹

So Thomas Zaugg in seinem Essay über *Buch unter Druck. Das grosse Zittern um die Zukunft des Lesens im Zeitalter des iPad* im Magazin des *Zürcher Tagesanzeigers* vom 9.7.2010.

Aber der Kindle von Amazon fördert doch das Lesen! Als erstes fördert er sich selbst. In einem Dossier der *ZEIT* zum Thema *Wie wollen wir lesen?* vom 15.11.2012 vermutete Helge Malchow, Leiter des Kiepenheuer-Verlags, daß wir künftig für bestimmte Texte ein Lesegerät benützen werden. Doch *ein Buch, das mir wichtig ist, kaufe ich vielleicht lieber auf Papier.*

Er erwähnte in demselben Gespräch auch die Möglichkeit, *den Text durch Filmmaterial [zu] ergänzen,* was seine Gesprächspartner Michael Krüger und Juli Zeh spontan ablehnten.

Was aber sagt Jeff Bezos selbst zur Zukunft des Lesens?

In einem Fernsehinterview mit Charlie Rose am 19.11.2007, dem ersten Verkaufstag des ersten Kindle (inzwischen gibt es den vierten!) beschrieb der Amazon-Chef das Kindle als *ein Gerät, in dem das Buch verschwindet (a device in which the book itself would disappear)!*

Und als er gefragt wurde: *Why the name Kindle?* sagte er nach kurzem Zögern: *Kindle? – To start a fire.*

Im Zusammenhang mit Büchern vom Feuer zu sprechen, ist etwa so zynisch wie der Wahlspruch von Helmut Thoma, daß der Wurm nicht dem Angler schmecken muß. Jeff Bezos aber will, daß wir mit dem »Kindle Fire« (so heißt das neueste Modell, das am 1. November 2012 bei Google 195 Milllionen Treffer und 689 Millionen Bilder ergab) reale Bücher durch digitale Texte ersetzen und überflüssig machen. Dann können wir sie wegwerfen, das ist nicht viel besser als sie zu verbrennen.

Was die einfachen Lesegeräte betrifft, so werden sie schon heute von den Tablets zurückgedrängt, wie die Presse Mitte Dezember 2012 berichtete.

Doch wir brauchen weder die einen noch die anderen Lesegeräte, wir können die Bücher auch ohne Apparate lesen. Und wir haben in unseren Bücherregalen, in den Buchhandlungen und Bibliotheken genügend Bücher zur Auswahl. Dieser erfreulichen Möglichkeit wollen wir uns im letzten Teil unseres Buches zuwenden.

Doch zuvor noch ein Seitenblick auf Methoden des Lesens, die neuerdings den Deutschunterricht bedrohen, und als drittes Fazit ein philosophisches Gedicht über die Buchstabenschrift, das die beiden Verse von Friedrich Schiller über das *redende Blatt* (s.o. S. 70) und die Betrachtung von Marie von Ebner-Eschenbach über das *große Wunder des Lesens* (s. o. S. 103) aufs schönste ergänzt.

Wie sollen Abiturienten lesen?

Am 18. Oktober 2012 beschloß die deutsche Kultusminister-konferenz die »Bildungsstandards im Fach Deutsch für die Allgemeine Hochschulreife«. Die 19. von 264 Seiten ist dem Lesen gewidmet. Hier die Einleitung und die ersten vier sowie die letzte von zwölf »Kompetenzen«, die deutsche Schülerinnen und Schüler in Zukunft bis zum Abitur erworben haben sollen:

Die Schülerinnen und Schüler sind in der Lage, selbstständig Strategien und Techniken zur Erschließung von linearen und nicht-linearen Texten unterschiedlicher medialer Form anzuwenden und zu reflektieren. Lesend erweitern sie ihr kulturhistorisches und domänenspezifisches Orientierungswissen und bewältigen dabei umfangreiche und komplexe Texte.

Die Schülerinnen und Schüler können
– den komplexen Zusammenhang zwischen Teilaspekten und dem Textganzen erschließen
– aus anspruchsvollen Aufgabenstellungen angemessene Leseziele ableiten und diese für die Textrezeption nutzen
– im Leseprozess ihre auf unterschiedlichen Interpretations- und Analyseverfahren beruhenden Verstehensentwürfe überprüfen
– die Einsicht in die Vorläufigkeit ihrer Verstehensentwürfe zur kontinuierlichen Überarbeitung ihrer Hypothesen nutzen [...]
– im Leseprozess ihr fachliches Wissen selbstständig zur Erschließung und Nutzung voraussetzungsreicher Texte heranziehen

In diesem Jargon geht das bis zum allerletzten Satz auf S. 264 weiter: *Die Schülerinnen und Schüler können die Stadien ihrer Schreibprozesse und Kompetenzentwicklung dokumentieren*

Ihre Schreibprozesse und [ihre?] Kompetenzentwicklung doku-mentieren? Arme Schüler, arme Lehrer. Mit solchen hochstap-lerischen und zugleich einengenden *Bildungsstandards* wird der Deutschunterricht entwertet und die Freude am Lesen zur müh-samen *Bewältigung umfangreicher und komplexer Texte.*

Doch jetzt wieder etwas Schöneres.

34. Drittes Fazit mit Hans Magnus Enzensberger

Hans Magnus Enzensberger: Altes Medium (1995)

Was Sie vor Augen haben,
meine Damen und Herren,
dieses Gewimmel,
das sind Buchstaben.
Entschuldigen Sie.
Entschuldigen Sie.
Schwer zu entziffern,
ich weiß, ich weiß.
Eine Zumutung.
Sie hätten es lieber audiovisuell,
digital und in Farbe.

Aber wem es wirklich ernst ist
mit *virtual reality,*
sagen wir mal:
Füllest wieder Busch und Tal,
oder: Einsamer nie
als im August, oder auch:
Die Nacht schwingt ihre Fahn,
der kommt mit wenig aus.

Sechsundzwanzig
dieser schwarz-weißen Tänzer,
ganz ohne Graphik-Display
und CD-ROM,
als Hardware ein Bleistiftstummel –
das ist alles.

Entschuldigen Sie.
Entschuldigen Sie bitte.
Ich wollte Ihnen nicht zu nahe treten.
Aber Sie wissen ja, wie das ist:
Manche verlernen es nie.

Hans Magnus Enzensberger war im Winter 1993/94 »Fellow« im Berliner Wissenschaftskolleg. Am 14. April 1994 präsentierte er wie vor und nach ihm die anderen »Fellows«, was er während seines Aufenthalts in Berlin geschrieben hatte, und las einige Gedichte vor, darunter auch das *Alte Medium,* das in dem Band *Kiosk. Neue Gedichte (1995)* zu finden ist.

Damals schon wurden die meisten Vorträge mit Power-Point präsentiert, Enzensberger aber verzichtete auf digitale Hilfsmittel und trug ein Gedicht über die Buchstabenschrift vor – und über das Schreiben und Lesen von Gedichten. So wie der Dichter *mit wenig auskommt,* braucht auch der Leser wenig, um sich beim Lesen eines Gedichts von Goethe, von Gottfried Benn oder Andreas Gryphius eine Mondnacht, einen Augusttag oder eine Abendstimmung vorzustellen.

Und während der Leser das tut, hört er deutlich die »Stimme« des Autors, von der Schiller in seinem Distichon gesprochen hat: Wie der Dichter mit leiser Ironie *»eine Zumutung«* sagt, vielleicht das einzige deutsche Wort mit drei Us, und dann sieben Fremdwörter ausspricht: *audiovisuell, digital, virtual reality, Graphik-Display, CD-ROM* und *Hardware.*

Freilich ist nicht alles leicht zu verstehen, etwa der letzte Vers: *Manche verlernen es nie.* Ist das eine Umkehrung des Spruchs *Manche lernen es nie?* Oder des Sprichworts *Was Hänschen nicht lernt, lernt Hans nimmermehr: Was Hänschen gelernt hat, verlernt der große Hans nie mehr?* Hans Magnus Enzensberger braucht sich jedoch nicht zu entschuldigen, wenn er den 26 *schwarzweißen Tänzern* treu bleibt: »littera« heißt ja nichts anderes als Buchstabe. Und alle Literatur besteht aus Buchstaben.

Wir sollten ihm und seinen Kolleginnen und Kollegen von der schreibenden Zunft in Vergangenheit, Gegenwart und Zukunft von Herzen dafür dankbar sein, daß sie beim *Alten Medium* bleiben und uns so die Gelegenheit geben, das von ihnen Geschriebene zu lesen, dabei nachzudenken, zu lernen und uns zu freuen und auf diese Weise weiterzukommen.

Was aber können wir lesen? Zu unserem Glück gibt es viele Bücher, die es verdienen, unsere Lieblingsbücher zu werden.

Die 4. Frage: Was können wir lesen?

Wer mehr als 1000 Bücher hat, ist bestimmt schon einmal gefragt worden: »Hast du die alle gelesen?« Und hat vielleicht geantwortet: »Ja, die meisten!« Oder: »Nein, aber ich kenne und liebe sie alle!« Was aber ist mit den etwa 130 Millionen verschiedenen Büchern, die es außerdem noch gibt? Am 5. August 2010 publizierte nämlich ein Software-Ingenieur von Google auf der Seite »booksearch.blogspot.ch« folgenden etwas hochmütigen Satz: *Books of the world, stand up and be counted! All 129,864,880 of you.*

Da hat also König Salomo im *Buch Kohelet* vor etwa 2500 Jahren vergebens geklagt: ... *des vielen Büchermachens ist kein Ende, und viel Studieren macht den Leib müde. (12,12)*

Was können wir da tun? Als erstes gilt die Erkenntnis des älteren Plinius, des Naturforschers und Zeitgenossen von Seneca, von dem sein Neffe, der jüngere Plinius, im fünften Brief des dritten Buchs seiner Briefsammlung berichtet: *Er las nämlich nichts, ohne es zu exzerpieren; er pflegte auch zu sagen, kein Buch sei so schlecht, daß es nicht in irgendeinem Bereich nütze: nullum esse librum tam malum ut non aliqua parte prodesset.*

Warum ist das so? Weil wir auch bei der Lektüre von weniger guten Büchern und Zeitungen denken und mitdenken und auch sprachlich immer etwas dazulernen. Gottfried Wilhelm Leibniz (1646 – 1716), als Erfinder des Dualsystems Vorläufer der heutigen Digitalisierung, schrieb etwa 1680 dazu:

... *ich mißbillige auch nicht völlig die unbedeutenden Bücher, die so in Mode sind und wie die Blumen des Frühlings oder wie die Früchte des Herbstes kaum ein Jahr überleben. Falls sie gut geschrieben sind, haben sie die Wirkung eines nützlichen Gesprächs, das nicht nur gefällt und den Müßigen vor Unfug bewahrt, sondern auch den Geist und die Sprache formen hilft.*

Auch wenn uns jede Lektüre geistig und sprachlich weiterbringt, wollen wir natürlich lieber gute oder sehr gute als weniger gute Texte lesen. Wie aber sollen wir die finden?

35. Soll man Jugendlichen Bücher empfehlen?

Hermann Hesse war bekanntlich von Beruf Buchhändler und sein ganzes Leben ein begeisterter Leser. Was er in dem Reclam-Heft *Eine Bibliothek der Weltliteratur (1929)* über die Wege zur Literatur schreibt, sollte man deshalb ernst nehmen:

> Er [der Leser] muß den Weg der Liebe gehen, nicht den der Pflicht. Sich zum Lesen irgendeines Meisterwerkes zu zwingen, nur weil es so berühmt ist und weil man sich schämt, es noch nicht zu kennen, wäre sehr verkehrt. Statt dessen muß jeder mit dem Lesen, Kennen und Lieben [d.h. legere, intellegere, diligere! F.D.] dort beginnen, wo es ihm natürlich ist. ... Der Wege sind tausend. Vom Schullesebuch, vom Kalender kann man ausgehen und kann bei Shakespeare, Goethe und Konfuzius enden. ... Darum soll man auch Kinder und ganz junge Menschen nie allzusehr zu einer bestimmten Lektüre ermuntern und anhalten ... Jeder knüpfe dort an, wo eine Dichtung, ein Lied, ein Bericht, eine Betrachtung ihm gefallen hat, er suche von dort aus nach Ähnlichem weiter.

Das ist alles richtig. Und doch ist dieses Reclam-Heft eine einzige Liste von Empfehlungen, warum auch nicht?

Selbst Kaiser Marc Aurel schreibt in seinen *Selbstbetrachtungen (VII, 7)*: *Schäme dich nicht, dir helfen zu lassen.*

Und Seneca beschließt sein Buch *Die Kürze des Lebens* mit der Empfehlung, die besten philosophischen Bücher zu lesen:

> Wir haben die Möglichkeit, mit Sokrates zu diskutieren, mit Karneades zu zweifeln, mit Epikur uns in ein ruhiges Leben zurückzuziehen, mit den Stoikern die menschliche Natur zu besiegen, mit den Kynikern sie hinter uns zu lassen. [...] Jeder von diesen wird Zeit haben, jeder wird den, der zu ihm kommt, glücklicher und als seinen noch besseren Freund entlassen, keiner wird einen mit leeren Händen von sich weggehen lassen; bei Nacht und bei Tag können sie von allen Sterblichen besucht werden.

Dasselbe gilt heute auch für uns und für alle Autoren zwischen Seneca, Camus, Carson McCullers und Uwe Johnson, um nur vier der Autoren zu nennen, die in der nun folgenden Liste von »Lieblingsbüchern für junge Leser« genannt sind.

Diese Liste war zunächst vor allem für die Schülerinnen und Schüler des Gymnasiums Weilheim gedacht und wurde zum 20. Jubiläum der *Weilheimer Hefte zur Literatur* im März 2000 als »Weilheimer Bibliothek für junge Leser« veröffentlicht. Von den damals 100 Beratern leben heute, am 31. Dezember 2012, 30 nicht mehr. Doch wenn wir heute lesen, was Loriot damals den jungen Leuten zur Lektüre empfohlen hat, Tolstoi, Fontane und Thomas Mann, dann begegnen wir auch ein wenig dem großen Humoristen und Moralisten Vicco von Bülow.

Denn als Lesende sind wir nicht nur im Gespräch mit dem Autor oder der Autorin, wir gehören auch zur Gemeinschaft all derer, die vor uns das gleiche Buch gelesen haben, und derer, die es nach uns noch lesen werden.

An dieser Stelle sei den inzwischen 168 prominenten Leserinnen und Lesern dreifach dafür gedankt, daß sie uns drei ihrer Lieblingsbücher genannt haben. Zum einen würden sie sicher gern mehr Bücher nennen, zum Beispiel die eigenen, denn sie haben zusammen mehr als 2500 Bücher geschrieben, von denen ich viele kenne und auch empfehlen kann; zum andern schenken sie uns und jungen Leuten mit ihren Empfehlungen viele Möglichkeiten zu erfreulichen Lesestunden, in denen ihre Lieblingsbücher vielleicht auch die unseren werden.

Schließlich habe ich jetzt kein so schlechtes Gewissen mehr, daß ich in diesem Buch längst nicht alle Bücher, auch Zeitungen und Zeitschriften nennen konnte, die ich gern empfehlen würde (zum Beispiel Regionalzeitungen wie den *Münchner Merkur,* die *Stuttgarter Zeitung* oder das *Hamburger Abendblatt),* und viele andere nicht empfehlen konnte, weil ich sie nicht kenne.

Aber Empfehlungen sind keine Befehle. Wenn mir ein empfohlenes Buch nicht gefällt, kann ich die Lektüre jederzeit abkürzen oder beenden. Das gehört zur Freiheit des Lesers. Wie stark und umfassend ist hingegen der Druck, der heute in manchen visuellen Medien auf die »Zielgruppe« der Kinder und Jugendlichen ausgeübt wird, um sie zu Stammkunden zu machen! Sie sollten aus Selbstliebe lieber auf die hören, die ihnen nichts verkaufen, nur wertvolle Empfehlungen geben wollen.

Dabei sollen sie sich von der Zahl der Bücher nicht verwirren lassen. Jedes Buch in dieser Liste bringt geistig weiter und kann auch im Leben weiterbringen. Wie bei Menschen kommt es auch bei Büchern darauf an, sich auf die zu konzentrieren, mit denen man gerade zu tun hat. Wenn man immer schon an die nächste Begegnung denkt, versäumt man die Gegenwart.

In diesem Sinn sei die Liste der »Lieblingsbücher für junge Leser« eine Einladung zur nachdenklichen, bereichernden und erfreulichen Lektüre!

P.S. I: Hier noch ein Wort zu einem schulischen Lektürekanon. Wenn alle deutschsprachigen Schüler bis zum Abitur nur neun bestimmte Bücher gelesen hätten, wäre das ein wesentlicher Beitrag zur gemeinsamen kulturellen Tradition seit der Aufklärung. Gut zu begründen wären folgende Werke: Lessing, *Nathan der Weise;* Schiller, *Kabale und Liebe;* Goethe, *Faust I;* der *Taugenichts* von Eichendorff; Büchners *Woyzeck, Die Judenbuche* der Droste (in Österreich eine Erzählung von Stifter, in der Schweiz eine Novelle von Keller) sowie *Irrungen Wirrungen* von Fontane (für Schüler interessanter als *Effi Briest).* Bei Thomas Mann habe ich mit *Tristan* beste Erfahrungen gemacht (da sind die wichtigsten Themen seines Werks schon enthalten), von Kafka gefällt *Amerika* Schülern besonders gut. Nur wenn in der Schule einige Werke von allen Schülern gelesen werden, können sie als Erwachsene darüber sprechen.

P.S. II: Und noch ein Rat an alle im besten Sinn egoistischen jungen Leute: Wer sich heute als Junge oder Mädchen dazu entschließt, Bücher zu sammeln, um einige zu lesen und sich an den anderen zu erfreuen, der wird, wenn er sein Interesse zeigt, viele geschenkt bekommen. Der materielle Wert der Bücher mag gesunken sein, doch ihr geistiger Wert ist geblieben und gegenüber dem sonstigen Angebot sogar gestiegen.

36. Rückblick und letztes Fazit mit Helmut Schmidt

Wenn man heute eine Bahnreise macht, sieht man viele Kinder und Jugendliche, die sich mit ihren Handys beschäftigen, und nur noch wenige, die am Fenster sitzen und lesen, während draußen die Landschaft vorüberfliegt. Warum diese ihre Zeit klüger verbringen als ihre Kameraden, die ihre Handys bedienen, haben wir in diesem Buch zu beantworten versucht.

Ausgangspunkt war die Erkenntnis des griechischen Philosophen Aristoteles, daß der Mensch ein dialogisches Lebewesen ist, daß er Vernunft und Sprache hat, um mit seinen Mitmenschen zu kommunizieren (Kapitel 1). Wenn das so ist, dann ist es für unser Menschsein von zentraler Bedeutung, daß wir möglichst gut denken und sprechen lernen.

In den ersten Lebensjahren sind die Eltern, vor allem die Mutter, die wichtigsten Sprachlehrer für das Kind (Kap. 1+5). Besonders wichtig ist dabei das Vorlesen (S. 64f.), weil der Vorlesende mit den Bildern und Worten des Buchs dem Kind die Welt näherbringen kann und das gemeinsame Lesen im Kind die Lust weckt, selber lesen zu wollen. Wie wichtig das ist, hat niemand schöner beschrieben als Astrid Lindgren (S. 222).

Wenn das Kind in der Schule lesen lernt, können die positiven Folgen des Lesens noch wirksamer werden. Man kann zwei Bereiche unterscheiden: die formalen Fähigkeiten, die beim Lesen geübt und gefördert werden, und die Inhalte des Gelesenen.

Da ersteres oft übergangen wird, sollte in diesem Buch zunächst gezeigt werden, wie das Lesen unsere geistigen Fähigkeiten fördert. Der Jugendliche, der im Zug liest, muß, wenn er liest, immer denken und mitdenken (Kap. 1). Wenn ich mit ihm spreche, kann er weghören; wenn er liest, hört er dem Autor zu.

Daß das Lesen ein Zuhören ist, das in ein Gespräch mit dem Autor münden kann, ist eine für unser Thema zentrale Erkenntnis (5+6). Dazu sei noch einmal Seneca zitiert, der im 67. *Brief an Lucilius* versicherte: *Am meisten unterhalte ich mich mit Büchern. Cum libellis mihi plurimus sermo est.*

Und wenn der Jugendliche liest, lernt er, ohne es zu merken, immer etwas für seine mündliche und schriftliche Ausdrucksfähigkeit hinzu, auch weil das sprachliche Niveau von Büchern und Zeitungen fast immer höher ist als das eigene (2+3).

Wir können beim Lesen aber auch einiges für unsere sinnlichen und emotionalen Fähigkeiten hinzulernen. Beschreibungen von Sinneseindrücken verfeinern unsere eigenen Wahrnehmungen (8-10), die Schilderungen von Gefühlen wecken auch Gefühle in uns. Und daß das Lesen unterhaltsam ist und Freude bereiten kann, haben wir alle schon erfahren (11+12).

Wie sehr das Lesen zur Vermehrung unseres Wissens und unserer Erkenntnis beiträgt, war den Menschen schon in der Antike bekannt. Horaz nennt die Nützlichkeit der Lektüre (prodesse) gleichberechtigt neben der Freude des Lesens (delectare, vgl. S. 102). Da seit 3000 Jahren Bücher geschrieben wurden, oft von den besten Kennern, kann man aus Büchern alles erfahren, was man erfahren will, und aus nahezu jedem Buch etwas lernen. Hier sollte vor allem gezeigt werden, wie wir beim Lesen von Büchern, aber auch Zeitungen und Zeitschriften etwas für unser Leben lernen können.

Wir können beim Lesen die Natur, die Menschen und ihre Geschichte besser kennen lernen (14-16), aber auch für unser persönliches Leben Erkenntnisse gewinnen: über Ort und Zeit, über die Tugenden und das Gute, zur Religion, zu Mitmenschlichkeit, Freundschaft und Liebe (17-21). Daß das Lesen auch zum Glück des Menschen beitragen kann, ergibt sich aus den PISA-Studien und aus soziologischen Umfragen (22).

Warum wird trotzdem immer weniger gelesen? Einerseits sind manche Vorteile des Lesens zu wenig bekannt. Andererseits sind die visuellen Medien überaus faszinierend. Unsere Neugier und Wißbegierde, unsere Lust am Schauen, schließlich unser Wunsch nach Unterhaltung sowie unser Bedürfnis nach Kommunikation und Anerkennung (24+27) werden vom Fernsehen, von den Videospielen und vor allem vom Handy und vom Internet Tag und Nacht und überall mit allen möglichen verlockenden Angeboten auf perfekte Weise bedient (25+26).

Die Angebote sind auch deshalb so perfekt, weil es um viel Geld geht und die Anbieter immer bessere Methoden entwikkelt haben, um all unsere Wünsche anzusprechen und uns für ihre Angebote zu gewinnen, ganz nach dem Motto *Der Wurm muß dem Fisch schmecken und nicht dem Angler!* (Vgl. S. 200ff.)

Besonders betroffen von diesen Angeboten sind die Kinder, die noch leichter zu Stammkunden gemacht werden können als Erwachsene (28). In dieser Situation geben viele Pädagogen und Politiker den riskanten Rat, den Kindern möglichst früh »Medienkompetenz« zu vermitteln (29+30, S. 218).

Dies empfehlen auch die Internet-Unternehmer Tanja und Johnny Haeusler in ihrem im Dezember 2012 erschienenen Taschenbuch *Netzgemüse. Aufzucht und Pflege der Generation Internet,* das hier noch kurz analysiert werden soll.

Beide sind bekennende Internet-Optimisten. Aber auch sie kommen nicht umhin, auf die Gefahren dieses Mediums einzugehen, die wir auch in zahlreichen anderen Büchern und Broschüren gefunden haben (S. 207ff.). Das bei weitem längste Kapitel (62 Seiten) trägt den Titel *Schutzräume und Schmutzträume,* seine Untertitel lauten u.a. *Mobbing* (4 S.), *Grausam(es) finden* (8 S.), *sperma gesicht, geile nackte teenies, sexkontakte, ficken bilder, nuten [!]* (16 S.) und *Taschengeld-Diebe* (7 S.).

Und bei den Videospielen, die Johnny Haeusler als ehemaliger Spiele-Tester zunächst nur lobt (u.a. als *Quasi-Meditation),* lesen wir von den ständigen Konflikten ihretwegen in der Familie und im Hort, wo *man keine Chance hatte, mit tollen Bastelangeboten gegen den Großkonzern Nintendo anzutreten.*

Inzwischen sei all dies jedoch mehr oder weniger überholt. Denn: *Jede Hoffnung auf elterliches Mediennutzungsreglement des Netzgemüses ist dahin, wenn das erste Smartphone ins Spiel kommt.* Was folgt, ist eine wortreiche Klage über das Smartphone *(Pandoras Wundertüte),* das sämtliche bisherigen gesellschaftlichen Regeln ausgehebelt habe, weil die Kontakte mit dem Handy für ein Kind oder einen Jugendlichen *auf alle Fälle dem Gespräch, das ich gerade mit dir führe, vorzuziehen* sei.

Es ist eine Pest! schreiben die beiden dazu resignierend.

Das Deutlichste zum Internet aber lesen wir im Schlußwort: *… das Verwalten und Beurteilen des Überangebots an Informationen im Netz ist problematisch und will geübt sein. Eben das ist die Crux: Das Internet ist ungeordnet und chaotisch. Nebensächliche Meinungsäußerungen finden sich mehr oder weniger gleichberechtigt neben solide recherchierten Abhandlungen, preisgekrönte Dokumentationen befinden sich nur einen Klick entfernt vom selbstgebastelten Teenager-Video, und dieses Buch hätte weit früher erscheinen können, hätten wir uns während der Arbeit daran nicht mindestens hundertmal im Netz verlaufen.*

Wenn sogar zwei Internet-Spezialisten sich ständig *im Netz verlaufen,* wie sollen dann Kinder, die kaum etwas wissen, sich im Internet zurechtfinden? Wäre es da nicht klüger, sie würden erst einmal richtig lesen lernen und sich in bewährten Büchern ein Basis-Wissen aneignen, das es ihnen dann erlaubt, das eine oder andere zusätzlich im Netz zu recherchieren?

Ganz am Ende finden sich noch *Technische Tipps für Kindersicherungen.* Dabei gilt, daß man *schnell den Überblick verliert. Zudem ist kein System hundertprozentig sicher.* Sicher scheint nur: Ohne Internet war (und ist) die Erziehung einfacher.

Auch ist anzunehmen, daß viele Kinder versuchen werden, die Kindersicherungen zu umgehen. Denn eine zentrale Faszination des Internets ist das Verbotene, von dem es da viel mehr gibt, als je vorstellbar war, vor allem sehr viel »Sex and Crime«.

So gehört »porn« zu den beliebtesten Suchwörtern, auch wenn Google es in der entsprechenden Liste (»Google Zeitgeist«) nicht mehr nennt, weil da alles Anstößige ausgeblendet ist. Bei »porn« erhielt man am 20.12.2011 im Web 331 Mio. Treffer, 684 Mio. Bilder und 29,9 Mio. Videos. Ein Jahr später, am 1.1.2013, waren es 1,36 Mrd. Treffer, 1,88 Mrd. Bilder und 659 Millionen Videos. Die Zahlen schwanken stark und sind immer zu hoch, weil fast alle Angebote bei x Anbietern auftauchen. Aber es werden immer mehr und es sind weit mehr als genug, um vielen jungen Menschen wertvolle Lebenszeit zu kosten und ihre Vorstellung von der Liebe, in der alle ihr Lebensglück zu finden hoffen, erheblich zu verwirren.

Noch folgenreicher kann der Kontakt mit dem Internet werden, wenn er zur Sucht wird (vgl. S. 210f., 220f.). Laut dem neuen Bericht der Drogenbeauftragten der Bundesregierung sind *in Deutschland ... rund 560 000 Menschen zwischen 14 und 64 Jahren internetsüchtig.* (So die *Bildzeitung* am 10.10.12 auf S. 1)

Was können wir da tun? Hier, in Ergänzung zu den Antworten im 30. Kapitel, noch einmal vier Zitate:

Als erster komme ein letztes Mal Seneca zu Wort, der bei allem, was er schrieb, auch an seine späteren Leser dachte:

Ich betreibe die Sache der Nachwelt. Für sie schreibe ich einiges auf, was nützlich sein könnte (aliqua quae possint prodesse).

Dies schreibt er im 8. *Brief an Lucilius,* und im 42. heißt es:

Wir sollten uns bei allen unseren Plänen und Handlungen ebenso verhalten, wie wir das in einem Kaufmannsladen zu tun pflegen: Wir sollten genau darauf achten, für welchen Preis verkauft wird, was wir begehren. Oft hat das einen großen Wert, für das man nichts zahlen muß. Viele andere Dinge aber könnte ich dir nennen, deren Erwerb und Besitz uns die Freiheit raubt. Wir würden uns selbst gehören, wären diese Dinge nicht unser.

Als zweites sei zitiert, was die junge Journalistin und Autorin Nina Pauer am Ende ihres Buches *LG;-) Wie wir vor lauter Kommunizieren unser Leben verpassen (2012)* schreibt:

Wie viele unserer 365 Tage im Jahr wir ohne Gerät herumlaufen und offline sind ... was wir mit unserer Lebenszeit anfangen – all das ist nur uns überlassen. [...]

Wie damals, als jeder Mensch nur eine Stimme hatte, liegt unsere Lebenslinie nach wie vor dort vor uns – wie ein einziger klarer Strich, der bis zum Horizont reicht. Wie damals schon sind wir, den Gleisen eines geradeaus fahrenden Zuges ähnlich, ununterbrochen auf ihr unterwegs. Und ... in diesem einen Zug, in dem wir sitzen, sollten wir echt voll dabei sein. Ihn sollten wir wirklich nicht verpassen. Schließlich haben wir nur diese eine Fahrt.

Bei dieser Zugfahrt des Lebens kann uns und unsere Kinder kaum etwas besser fördern als das Lesen. Wie gut die Kinder es lernen, können die Eltern beeinflussen. Sie können ihnen vorlesen und in ihnen die Liebe zum Lesen wecken. Und sie entscheiden, wann die Kinder mit den zeitfressenden elektronischen Geräten, vor allem dem Handy, in Kontakt kommen. Am Ende dieses Buches können wir sagen: Je später, desto besser.

Als dritter sei noch einmal Joseph Addison zitiert:

Reading is to the mind what exercise is to the body.
Was der Sport für den Körper ist, ist das Lesen für den Geist.

Beim Sport wissen wir genau, daß er uns gut tut. Beim Lesen aber gilt das noch mehr. Denn das Lesen ist nicht nur geistiges Training, sondern auch geistige Nahrung. Und wenn wir nichts lesen, magern wir geistig ab.

Eben dies sagte Helmut Schmidt am Ende seiner Laudatio bei der Verleihung des von Schülern vergebenen Weilheimer Literaturpreises an Siegfried Lenz im März 2001 in Hamburg:

Liebe junge Leute,
meinen Glückwunsch zu Ihrer Wahl!
Bitte bleiben Sie dran, bleiben Sie dran an der Literatur,
an der Kunst, an der Musik!
Fernsehen, Video und Internet sind zwar nützliche Sachen,
aber im Übermaß genossen, können sie einen in die Unmündigkeit und in Analphabetismus führen oder fallen lassen.
Bleiben Sie an der Literatur, an der Kunst,
bleiben Sie an der Musik!
Ob Sie später großen Erfolg haben in unserer überkompliziert technifizierten Wirtschaftsgesellschaft oder geringeren Erfolg,
ob im Glück oder im Pech, immer wird gelten:
Wer nicht liest, der schrumpft.

Positiv gesagt: Wer liest, der wächst.
So hätte dieses Buch auch heißen können.
Oder: Wer liest, gewinnt.
Und obwohl wir beim Lesen
wie beim Zugfahren still sitzen, gilt immer:
Wer liest, kommt weiter.

Lieblingsbücher für junge Leser

Im Frühjahr 2000 baten wir 100 Autorinnen und Autoren, Verleger, Kritiker, Professoren und Künstler, drei Bücher zu nennen, »von denen sie selbst besonders beeindruckt waren und die sie jungen Lesern empfehlen« möchten. Das Ergebnis der Umfrage veröffentlichten wir als »Weilheimer Bibliothek für junge Leser«. Im Winter 2012/2013 baten wir weitere passionierte Leserinnen und Leser um ihre Empfehlungen. Hier das Ergebnis mit herzlichem Dank an alle, die mitgewirkt haben!

A. Weltliteratur bis 1914

B. Deutsche Literatur bis 1945

C. Fremdsprachige Literatur seit 1914

Deutschsprachige Literatur seit 1945

Auf den folgenden Seiten sind die Namen von 168 Beraterinnen und Berater der *Lieblingsbücher für junge Leser* genannt. Die Empfehlungen der bisher 68 aus dem Jahr 2013 sind kursiv gesetzt, bei Schriftstellern ist kein Beruf angegeben. Bei den anderen Berufsangaben wird um Nachsicht gebeten, wenn unter den verschiedenen Möglichkeiten nicht die zutreffendste gefunden wurde.

Aus Anlaß einer »Matinee zum Lob des Lesens« im Münchner Literaturhaus am Sonntag, dem 21. April 2013, wird diese Liste mit Lieblingsbüchern zusammen mit einem »Appell für das Lesen zum Welttag des Buches« mit Unterstützung der S. Fischer Stiftung um weitere Empfehlungen ergänzt und als eigene Drucksache publiziert.

Die Beraterinnen und Berater der Lieblingsbücher für junge Leser

Ilse Aichinger (empfiehlt folgende Bücher): 2, 158, 327
Egon Ammann, Verleger: 251, 261, 319
Friedrich Ani: *165, 246, 270 (2013 empfohlen)*
Wolfgang Balk, Verleger (dtv): 104, 141, 185
Ulrich Baron, Literaturkritiker: 21, 225, 286
Dr. Hildegard Baumgart, Psychotherapeutin und Autorin: 45, 85, 87
Prof. Reinhard Baumgart, Autor und Kritiker (†): 136, 184, 260
Elsa Bechteler-Moses, Künstlerin: 303, 399, 415
Hans Bender: 86, 92, 243
Ann Beresford, Lyrikerin, Suffolk: 27, 36, 49
Peter Bichsel: 289, 385, 408
Wolf Biermann: 1 (»Die Bibel, die Bibel, die Bibel«), 94, 263
Prof. Dieter Borchmeyer, Germanist: 3, 198, 366
Günter de Bruyn: 82, 120, 298
Dr. Roman Bucheli, Literaturkritiker (NZZ): *100, 172, 375*
Lothar-Günther Buchheim (†): 193, 215, 282
Dr. Ulrich Dittmann, Germanist: 111, 157, 404
Tankred Dorst: 47, 169, 202
Prof. Eberhard Dünninger, Bibliothekar und Autor: 162, 360, 409
Martin Ebel, Literaturkritiker (Tagesanzeiger): *63, 139, 336*
Ursula Ehler-Dorst: 121, 164, 260
Prof. Horst Ehmke, Bundesforschungsminister a.D.: *124, 202, 327*
Frank Elstner, Fernsehmoderator: *308, 370, 387*
Hans Magnus Enzensberger: 25, 209, 355
Wolfgang Ferchl, Verleger: *376, 377, 378*
Ota Filip: 46, 184, 267
Prof. Dietrich Fischer-Dieskau (†), Bariton und Autor: 76, 110, 114
Dr. Walter Flemmer, Fernsehmoderator und Autor: 48, 125, 199
Prof. Heinz Friedrich, Verleger (†): 176, 332, 395
Prof. Maria Friedrich, Verlegerin (†): 106, 129, 311
Marianne Frisch, Übersetzerin: *19, 381, 413*
Prof. Wolfgang Frühwald, Germanist: 288, 360, 367
Prof. Horst Fuhrmann, Historiker (†): 29, 118, 174
Gertrud Fussenegger (†): 80, 175, 265
Zsuzsanna Gahse: *20, 204, 347*
Hans-Joachim Gelberg, Verleger: *241, 260, 335*
Prof. Herbert G. Göpfert, Germanist und Lektor (†): 71, 263, 297
Nora Gomringer: *10, 151, 325*
Günter Grass: 69, 161, 343
Prof. Walter Grasskamp, Kunsthistoriker: *62, 196, 224*

Quellenangaben

S. 10: **Aristoteles,** *Politik,* München (dtv) 2011, Übersetzung (= Ü)
Olof Gigon, S. 47, 49 (1253a). © Artemis & Winkler, Mannheim

12: **Seneca,** *Moralische Briefe an Lucilius,* in: *Philosophische Schriften,*
Bd. IV, Ü: Otto Apelt, Hamburg 1993, S. 20. © Felix Meiner Verlag

15: Reiner **Kunze,** *Gedichte,* Frankfurt am Main 2001, S. 23.
© S. Fischer Verlag, Frankfurt am Main

16: **Marc Aurel,** *Wege zu sich selbst,* Ü: Willy Theiler, Zürich 1951,
S. 85. © Akademie Verlag, Berlin

B. **Brecht,** *Die Gedichte,* Frankfurt 1981, S. 1012. © Suhrkamp, Berlin

19: René **Descartes,** *Abhandlung über die Methode des richtigen Ver-
nunftgebrauchs,* Stuttgart (Reclam) 1961 (Ü: Kuno Fischer), S. 18f.,
Neuübersetzung von Holger Ostwald: *Bericht über die Methode,*
französisch-deutsch, Stuttgart 2001 © Reclam Verlag

Gerhard **Polt,** *Circus Maximus. Das gesammelte Werk,* Zürich 2002,
S. 203ff. © Kein & Aber, Zürich

21: Johann Wolfgang von **Goethe,** *Dummes Zeug* ... Hier wie bei den
weiteren klassischen Texten der deutschen Literatur (von Friedrich
Schiller bis Georg Trakl) wird darauf verzichtet, eine bestimmte
Ausgabe als Quelle zu benennen, da es verschiedene gute Ausgaben
gibt und keine bevorzugt werden soll.

22: Max **Frisch,** *Tagebuch 1946 – 1949,* in: *Gesammelte Werke in zeit-
licher Folge,* Bd. 4, Frankfurt 1976, S. 446f. © Suhrkamp Verlag, Berlin

23: Joseph **Weizenbaum,** *Die Macht der Computer und die Ohmacht
der Vernunft,* Frankfurt am Main (Suhrkamp) 1977, S. 33.

26: Tankred **Dorst,** *Die Reise nach Stettin,* Frankfurt 1984, S. 53f.
© Suhrkamp Verlag, Berlin

27: Sven **Birkerts,** *Die Gutenberg Elegien,* Frankfurt 1997, S. 154.
© S. Fischer Verlag, Frankfurt am Main, für die Übersetzung

29f.: Martin **Walser,** *Ein springender Brunnen. Roman,* Frankfurt
am Main 1998, S. 405, 60f., 154. © Suhrkamp Verlag, Berlin

39: Thomas **Hürlimann,** *Der Sprung in den Papierkorb. Geschichten
aus 30 Jahren,* Zürich (Ammann) 2008, S. 7f., 44. © S. Fischer

41f.: Luisa **Weber,** *Der goldene Fisch. »Die besten Schulaufsätze« 2008,*
München (LangenMüller) 2008, S. 40ff. © Luisa Weber

48: Heinz **Buddemeier,** *Von der Keilschrift zum Cyberspace. Der Mensch
und seine Medien,* Stuttgart 2001, S. 116. © Verlag Urachhaus

51f.: Rafik **Schami,** *Eine Hand voller Sterne. Roman,* Weinheim
1987, S. 5. © Beltz Verlag, Weinheim

S. 54: Sten **Nadolny,** *Die Entdeckung der Langsamkeit. Roman,* München 1983, S. 9, 40, 355. © Piper Verlag, München

56: **Seneca,** *Von der Seelenruhe. Philosophische Schriften und Briefe,* Ü: Heinz Berthold, Frankfurt (Insel Verlag) 1983, S. 182f.

58: Sarah-Jayne **Blakemore,** Uta **Frith,** *Wie wir lernen: Was die Hirnforschung darüber weiß,* Deutsche Verlags-Anstalt (DVA), München, in der Verlagsgruppe Random House GmbH, München, 2006, S. 109f, 118. © Blackwell Publishing Ltd., Oxford/Großbritannien

Martin **Heidegger,** *Sein und Zeit,* Tübingen (Niemeyer) 1953, S. 163.

Hans-Georg **Gadamer,** *Gesammelte Werke,* Tübingen (J.C.B. Mohr/Paul Siebeck) 1993, Bd. 8, S. 272.

S. 59: Thomas **Mann,** *Bekenntnisse des Hochstaplers Felix Krull. Der Memoiren erster Teil,* Frankfurt 1954, S. 9. © S. Fischer Verlag

59ff.: Max **Frisch,** *Homo Faber. Ein Bericht,* Frankfurt 1957, S. 7. © Suhrkamp Verlag, Berlin

63: Johano **Strasser,** *Die schönste Zeit des Lebens. Roman,* München 2011, S. 6f. © Langen Müller Verlag, München

64: Charlotte **Zolotow** (Text), Maurice Sendak (Bilder): *Herr Hase und das schöne Geschenk. Aus dem Englischen von Eva Matta,* Zürich 1969, S. 6, 8, 32. © (deutschsprachige Ausgabe) Diogenes Verlag AG, Zürich

67f.: Petra **Morsbach,** *Plötzlich ist es Abend. Roman,* Frankfurt (Eichborn) 1995, München (btb) 1997, S. 10. © bei der Autorin

68: Botho **Strauß,** *Paare Passanten,* München 1981, S. 9. © Carl Hanser Verlag, München

69: Martin **Walser,** *Über den Leser,* in: *Werke in zwölf Bänden, 11. Bd.: Ansichten, Einsichten,* Frankfurt 1997, S. 564. © Suhrkamp Verlag

71: Hermann **Hesse,** *Knulp,* in: *Das erzählerische Werk, Bd. 3,* Berlin 2012, S. 207f. © Suhrkamp Verlag, Berlin

79: **Aristoteles,** *Die nikomachische Ethik,* München (dtv) 1972, Ü: Olof Gigon, S. 319 (1168a). © Artemis & Winkler, Mannheim

81: Hermann **Hesse,** *Der Zyklon,* in: *Das erzählerische Werk,* Bd. 8 (s.o. S. 71), S. 69. © Suhrkamp Verlag, Berlin

Reinhold **Messner,** *Die Freiheit, aufzubrechen, wohin ich will. Ein Bergsteigerleben,* München 1989, S. 11. © Piper Verlag, München

82: Thomas **Hürlimann,** *Der Sprung in den Papierkorb* (s.o.), S. 28f.

83: Adolf **Frey,** *Arnold Böcklin,* Stuttgart (Cotta) 1902, S. 121.

86: Franz **Kafka,** *Sämtliche Erzählungen,* Ffm (S. Fischer) 1972, S. 129.

91: Martin **Walser,** *Hölderlin auf dem Dachboden,* in: *Werke in zwölf Bänden (s.o.), 12. Bd.: Leseerfahrungen, Liebeserklärungen,* S. 179.

Christoph **Ransmayr,** *Atlas eines ängstlichen Mannes,* Frankfurt am Main 2012, S. 244. © S. Fischer Verlag, Frankfurt am Main

S. 93f.: Günter **Grass,** *Die Blechtrommel. Roman,* Neuwied (Luchter-
hand) 1959, S. 325f., 334. © Steidl Verlag, Göttingen
99ff.: Thomas **Hürlimann,** *Die Satellitenstadt. Geschichten,*
Zürich (Ammann) 1992, S. 19. © S. Fischer Verlag
104: Herbert **Rosendorfer,** *Der Ruinenbaumeister. Roman,* Zürich
1969, München 1991, S. 5. © Langen Müller Herbig, München
Mario **Adorf,** *Der Mäusetöter. Unrühmliche Geschichten,* Köln
1992, S. 55. © Kiepenheuer & Witsch Verlag
Michael **Krüger,** *Aus dem Leben eines Erfolgsschriftstellers.*
Geschichten, Zürich 1998, S. 48. © Sanssouci Verlag
112: Arnold **Stadler,** *Einmal auf der Welt und dann so. Roman,*
Frankfurt 2009, S. 11. © S. Fischer Verlag
113: Wolf **Biermann,** Alle Lieder, Köln 1991, S. 308. © Hoffmann
und Campe Verlag, Hamburg
115: *Der Koran* (Ü: Hartmut Bobzin), München 2010. © C. H. Beck
Leonhard Lehmann (Hrsg. und Ü.): *Das Erbe eines Armen. Franziskus-
Schriften,* Kevelaar 2003, S. 54. © Butzon & Bercker Verlag
117f.: Richard **Dawkins,** *Die Schöpfungslüge. Warum Darwin recht hat,*
Berlin 2010, S. 418f. © Ullstein Verlag
119: Wulf **Kirsten,** *Erdlebenbilder, gedichte aus 50 jahren,* Zürich
(Ammann) 2004, S. 130. © S. Fischer Verlag
Sarah **Kirsch,** *Rückenwind. Gedichte,* Ebenhausen 1977, auch in:
Sämtliche Gedichte, München 2005, S. 51. © DVA, München,
in der Verlagsgruppe Random House GmbH, München
120: Michael **Krüger,** *Unter freiem Himmel. Gedichte,* Frankfurt
2007, S. 24. © Suhrkamp Verlag, Berlin
Günter **Kunert,** *Berlin beizeiten. Gedichte,* München 1987,
S. 102. © Carl Hanser Verlag
122f.: Hans Joachim **Schädlich,** *Ostwestberlin,* Reinbek (Rowohlt
Verlag) 1987, S. 72. © Hans Joachim Schädlich
127: Ilse **Aichinger,** *Der Gefesselte. Erzählungen (1948 – 1952),*
Frankfurt 1991, S. 93. © S. Fischer Verlag
128: Adolf **Muschg,** *Albissers Grund. Roman,* Frankfurt 1977, S. 7.
© Suhrkamp Verlag, Berlin
132: Imre **Kertész,** *Roman eines Schicksallosen,* Berlin 1996, S. 97.
© 1975 Imre Kertész, 1996 Rowohlt Berlin Verlag
133: Daniel **Kehlmann,** *Ruhm. Roman in neun Geschichten,*
Reinbek 2009. © Rowohlt Verlag GmbH, Reinbek
133f.: Guntram **Vesper,** *Frohburg. Neue Gedichte. Mit Zeichnungen
des Autors,* Frankfurt (Fischer Tb) 1985, S. 13, 19. © beim Autor

S. 135: Reiner **Kunze,** *Die wunderbaren Jahre. Prosa,* Frankfurt 1976,
S. 31. © S. Fischer Verlag

136: Peter **Huchel,** *Chausseen Chausseen. Gedichte,* Frankfurt 1963,
S. 64. © S. Fischer Verlag

138: Elke **Heidenreich,** *Wörter aus dreißig Jahren*, Reinbek 2003,
S. 9. © Rowohlt Verlag GmbH, Reinbek

139: Reiner **Kunze,** *auf eigene hoffnung, gedichte,* Frankfurt 1988,
S. 124. © S. Fischer Verlag

140: **Seneca,** *Briefe an Lucilius,* Reinbek (Rowohlts Klasxsiker) 1965,
Ü: Ernst Glaser-Gerhard, S. 69.

141f.: **Seneca,** *De brevitate vitae. Die Kürze des Lebens,* Ü: Franz
Peter Waiblinger, München 2005, S. 21, 25, 39. © dtv

142: **Seneca,** *Moralische Briefe an Lucilius,* in: *Philosophische Schriften,*
Band IV, Ü: Otto Apelt, Hamburg (Felix Meiner Verlag), 1993, S. 1f.

144: Josef **Pieper,** *Vom Sinn der Tapferkeit,* Leipzig (Hegner) 1934, S. 14.

145: **Plutarch,** *Die Kunst zu leben. Ausgewählt und übersetzt von
Marion Giebel,* Frankfurt 2000, S. 145f. © Insel Verlag, Berlin

146: **Aristoteles,** *Nikomachische Ethik* (s.o. zu S. 79), S. 140f. (1106b).

147: **Marc Aurel,** *Selbstbetrachtungen* (VI. Buch, 48. Notiz),
Ü: F. C. Schneider, Breslau 1857, Essen 1981.

151: Jan **Roß,** *Die Verteidigung des Menschen. Warum Gott gebraucht
wird,* Berlin 2012, S. 9. © Rowohlt Berlin Verlag
Norbert **Bolz,** *Das Wissen der Religion. Betrachtungen eines
religiös Unmusikalischen,* München (Wilhelm Fink) 2008, S. 139.
Imre **Kertész,** *Galeerentagebuch,* Berlin 1993, S. 295. © Rowohlt Vlg.

152f.: **Der Koran,** aus dem Arabischen übersetzt von Hartmut
Bobzin, München 2010, S. 9, 321. © C. H. Beck Verlag

157: Gertrud **Fussenegger,** Das Haus der dunklen Krüge, Roman,
Salzburg 1951, München 2002, S. 479. © Langen Müller Verlag

158: Siegfried **Lenz,** *Die Erzählungen,* Hamburg 2006, S. 41.
© Hoffmann und Campe Verlag, Hamburg

159: Martin **Buber,** *Ich und Du,* Heidelberg 1954, S. 30, 32, 64, 280.
© Gütersloher Verlagshaus, Gütersloh, in der Verlagsgruppe
Random House GmbH, München
Marc Aurel, *Selbstbetrachtungen* (VI. Buch, 39. Notiz), *Sammlung
Tusculum.* Ü: Rainer Nickel, Berlin 2011. © Akademie Verlag.

160: Bertrand **Russell,** *Warum ich kein Christ bin,* Reinbek 1968,
S. 64ff. © Rowohlt Verlag (für die Übersetzung)

161: **Aristoteles,** *Nikomachische Ethik,* Ü: Franz Dirlmeier, Berlin
(Akademie Verlag) 1983, S. 213 (1171a) (auch bei Reclam 2003).

S. 161: Sherry **Turkle,** *Verloren unter 100 Freunden. Wie wir in der digitalen Welt seelisch verkümmern,* München 2012, S. 291, 305, 313, 345, 340. © Riemann, in der Verlagsgruppe Random House GmbH, München

163: **Platon,** *Symposion.* Neu übersetzt von Albert von Schirnding, München 2012, S. 44ff. © C. H. Beck Verlag

164: **Walther** von der Vogelweide, *Frau Welt, ich hab von dir getrunken. Gedichte,* hrsg. und übertragen von Hubert Witt, Berlin (Rütten & Loening) 1978, S. 142f. © beim Autor

165: Jürg **Willi,** *Psychologie der Liebe,* Stuttgart 2004, S. 254. © J. G. Cotta'sche Buchhandlung

167: Johano **Strasser,** *Die schönste Zeit des Lebens* (s.o. S. 63), S. 185.

168: G. **Fussenegger,** *Das Haus der dunklen Krüge* (s.o. zu S. 157), S. 11. Gertrud **Fussenegger,** *So gut ich es konnte. Erinnerungen 1912 – 1948,* München 2007, S. 308. © Langen Müller Verlag

169: **Seneca,** *Von der Seelenruhe* (s.o. S. 56), S. 81f., 85.

174f.: Elisabeth **Noelle-Neumann,** *Öffentlichkeit als Bedrohung,* Freiburg i.Br./München 1977, S. 235f., 243. © Verlag Karl Alber

175: **Loriot,** *Loriot und die Künste,* Zürich 2003, S. 194 (hier nach dem Text der Weilheimer Rede an die Jugend). © Diogenes Verlag AG

178: Günter **Kunert,** *Jeder Wunsch ein Treffer.* Ill. von Heinz Edelmann. Velber/Hannover (Middelhauve) 1976. © beim Autor

181: Nicholas **Carr,** *Wer bin ich, wenn ich online bin ... und was macht mein Gehirn solange? Wie das Internet unser Denken verändert,* München 2010, S. 140ff. © Blessing Verlag, in der Verlagsgruppe Random House GmbH, München

185: Thomas **Hürlimann,** *Dämmerschoppen. Geschichten aus 30 Jahren,* Zürich 2009, S. 7. © S. Fischer Verlag

186: **Seneca,** *Briefe an Lucilius,* Reinbek 1965, S. 15 (s.o. S. 140).

189: Richard L. **Gregory,** *Auge und Gehirn. Psychologie des Sehens,* Reinbek (Rowohlt Verlag) 2001, S. 128.

195: **Herodot,** *Historien. Erstes Buch. Griechisch/deutsch,* Ü: Christine Ley-Hutton, Stuttgart, 2002, S. 19ff. © Reclam Verlag

196f.: B. U. **Stetina,** I. **Krypin-Exner,** *Gesundheit und neue Medien. Psychologische Aspekte der Interaktion mit Informations- und Kommunikationstechnologien* Wien 2009, S. 237f. © Springer Verlag

200: Johano **Strasser,** *Als wir noch Götter waren im Mai. Erinnerungen,* München 2007, S. 42. © Pendo Verlag

201: Paula **Bleckmann,** *Medienmündig. Wie unsere Kinder selbstbestimmt mit dem Bildschirm umgehen lernen,* Stuttgart (Klett) 2012, S. 64f.

202: Eve V. **Clark:** *First language acquisition,* Cambridge 2009, S. 40.

S. 202: Susanne **Gaschke,** *Die verkaufte Kindheit. Wie Kinderwünsche vermarktet werden und was Eltern dagegen tun können,* München 2011, S. 39.
© Pantheon, in der Verlagsgruppe Random House GmbH, München
203: Axel **Dammler,** *Verloren im Netz. Macht das Internet unsere Kinder süchtig?* Gütersloh 2009, S. 164 (auch bei Gaschke, S. 151).
© Gütersloher Verlagshaus in der Verlagsgruppe Random House GmbH, München
Constanze **Kurz**/Frank **Rieger:** *Die Datenfresser,* Frankfurt am Main (S. Fischer) 2011, S. 100.
205: Patricia **Marks Greenfield,** *Kinder und neue Medien,* München (Psychologie Verlags Union) 1987, S. 71.
207: Kay Uwe **Petersen**/Rainer **Thomasius,** *Beratungs- und Behandlungsangebote zum pathologischen Internetgebrauch in Deutschland,* Lengerich (Pabst Science Publishers) 2010, S. 20, 237f., 240.
208: Petra **Gerster,** Christian **Nürnberger,** *Der Erziehungsnotstand. Wie wir die Zukunft unserer Kinder retten,* Berlin 2001, 248f. © Rowohlt
211: Bert te **Wildt,** *Medialisation. Von der Medienabhängigkeit des Menschen,* Göttingen (Vandenhoeck) 2012, S. 140.
Seneca, *Mächtiger als das Schicksal. Ein Brevier,* Ü: Wolfgang Schumacher, Wiesbaden 1949, Zürich 1999, S. 47, 122. © Aufbau Vlg., Berlin
212f.: **Platon,** *Der Staat,* dt. von August Horneffer, Einl.: Ulrike Kleemeiner, Stuttgart, 11. Auflage 2011, S. 1f, 238f. © Kröner Verlag
214: Günther **Anders,** *Die Antiquiertheit des Menschen. Über die Seele im Zeitalter der zweiten industriellen Revolution,* München 1956, S. 97, 99, 102, 106, 137. © C. H. Beck Verlag
215: Aldous **Huxley,** *Schöne Neue Welt. Ein Roman der Zukunft. Dreißig Jahre danach,* Ü: Herberth E. Herlitschka, München/Zürich 1976, S. 37f. © Piper Verlag, München
216: George **Orwell,** *1984 (1949),* Ü: Michael Walter, Frankfurt 1984, S. 51.
Ray **Bradbury,** *Fahrenheit 451,* aus dem Amerikanischen von Fritz Güttinger, Zürich 2008, S. 23, 79, 82, 87, 114f. © (deutschsprachige Ausgabe) Diogenes Verlag AG Zürich
218: Alex **Dammler,** *Verloren im Netz,* 2009 (s.o. zu S. 202), S. 197ff.
219: Susanne **Gaschke,** *Klick. Strategien gegen die digitale Verdummung,* Freiburg i.Br. 2009, S. 193. © Herder Verlag GmbH, Freiburg i.Br.
Manfred **Spitzer,** *Digitale Demenz, Wie wir uns und unsere Kinder um den Verstand bringen,* München (Droemer Knaur) 2012, S. 310.
Christoph **Koch,** *ich bin dann mal offline: ein selbstversuch: leben ohne internet und handy,* München 2010, S. 247. © blanvalet, in der Verlagsgruppe Random House GmbH, München

S. 220: Sherry **Turkle,** *Verloren unter 100 Freunden* (s.o. zu S. 161), S. 407.

Frank **Schirrmacher,** *Payback. Warum wir im Informationszeitalter gezwungen sind zu tun, was wir nicht tun wollen, und wie wir die Kontrolle über unser Denken zurückgewinnen,* München 2009, S. 221 © Blessing Verlag, in der Verlagsgruppe Random House GmbH, München

222: Astrid **Lindgren,** *Das entschwundene Land,* Hamburg 1977, S. 81f. © Friedrich Oetinger Verlag, Hamburg

224f.: Walter **Moers,** *Die Stadt der Träumenden Bücher, Roman,* München 2004, S. 109, 52ff. © Piper Verlag

230: Sven **Birkerts,** *Gutenberg-Elegien,* Frankfurt 1997, S. 209.
Mark **Bauerlein,** *The Dumbest Generation: How the Digital Age Stupefies Young Americans ...,* New York 2008, S. 143.

233: Hans Magnus **Enzensberger,** *Kiosk. Neue Gedichte,* Frankfurt 1995. S. 96. © Suhrkamp Verlag, Berlin

235: Gottfried Wilhelm **Leibniz,** zitiert von Marshall McLuhan, *Die Gutenberg-Galaxis. Das Ende des Buchzeitalters,* Düsseldorf (Econ) 1968, S. 342. (Der Originaltext von Leibniz konnte in dem umfangreichen Werk dieses Autors noch nicht aufgefunden werden.)

236: Hermann **Hesse,** *Eine Bibliothek der Weltliteratur,* Leipzig (Reclam) 1929, Stuttgart 2008, S. 7f. © Suhrkamp Verlag, Berlin
Marc Aurel, *Selbstbetrachtungen,* Zürich 1951 (s.o. zu S. 16), S. 153.
Seneca, *Die Kürze des Lebens,* München 2005 (s.o. zu S. 141), S. 57.

242f.: Tanja und Johnny **Haeusler,** *Netzgemüse. Aufzucht und Pflege der Generation Internet,* München 2012, S. 215, 237, 252, 257f., 266f., 285. © Goldmann Verlag, in der Verlagsgruppe Random House GmbH, München

244: **Seneca,** *Mächtiger als das Schicksal* (s.o. zu S. 211), S. 37, 66.
Nina **Pauer,** *LG;-) Wie wir vor lauter Kommunizieren unser Leben verpassen,* Frankfurt am Main 2012, S. 232. © S. Fischer Verlag

245: Helmut **Schmidt,** *Laudatio auf Siegfried Lenz.* Weilheimer Heft zur Literatur 52, Weilheim i.OB 2001, S. 15.

Allen Verlagen und Autoren sei für die freundliche und großzügige Erlaubnis, aus den genannten Büchern zu zitieren, herzlich gedankt.

Weiterführende Literatur

Im Text dieses Buches (S. 7 - 245) sind etwa 260 Bücher genannt, hier 40 weitere, 30 zum Thema Lesen und Sprechen, 10 zu den visuellen Medien.

Peter Bichsel, *Der Leser: Das Erzählen,* Frankfurt/Main 1982.

Hans Brügelmann, *Kinder auf dem Weg zur Schrift,* Konstanz 1983.

Wolfgang und Jürgen Butzkamm, *Wie Kinder sprechen lernen,* Tübingen 2008.

Charles Dantzig, *Wozu lesen?* Göttingen 2011.

Umberto Eco, Jean-Claude Carrière, *Die große Zukunft des Buches,* München 2010.

Bodo Franzmann u.a. (Hrsg.), *Handbuch Lesen,* München 1999.

Antonia Fraser (Ed.), *The Pleasure Of Reading,* London 1992.

Eleanor J. Gibson, H. Levin, *Die Psychologie des Lesens,* Stuttgart 1980.

Ulrich Greiners *Leseverführer,* München 2005.

Ulrich Greiners *Lyrikverführer,* München 2009.

Christiaan L. Hart Nibbrig, Warum lesen? Frankfurt am Main 1983.

Heinrich Kreibich und Bettina Mähler, *Spaß am Lesen: Leseförderung in der Mediengesellschaft.* Freiburg 2003.

Otto Kruse, *Lesen und Schreiben. Der richtige Umgang mit Texten,* Konstanz 2010.

Olof Lagercrantz, *Die Kunst des Lesens und des Schreibens,* Ffm 1988.

Katrin Müller-Walde, *Warum Jungen nicht mehr lesen und wie wir das ändern können,* Frankfurt am Main 2010.

Vladimir Nabokov, *Die Kunst des Lesens,* Frankfurt 2010.

Christine Paxmann, Johannes Thiele, *Wie man Kinder zum Lesen bringt,* München, Wien 2010.

Marcel Proust, *Tage des Lesens. Drei Essays,* Frankfurt 1982.

Fritz J. Raddatz, *ZEIT-Bibliothek der 100 Bücher,* Frankfurt 1980.

Marie Luise Rau, *Literacy. Vom ersten Bilderbuch zum Erzählen, Lesen und Schreiben,* Bern 2009.

Klaus Reichert, Lesenlernen. *Über moderne Literatur und das Menschenrecht auf Poesie,* München (Hanser) 2006.

Mildred C. Robeck, Randall R. Wallace (Ed.), *The psychology of reading: an interdisciplinary approach,* Hillsdale 1990.

Albert von Schirnding, *Autoren zu Gast bei A. v. S., vorgestellt in der Katholischen Akademie in Bayern,* München 2012.
(u.a. zu Tankred Dorst, Thomas Hürlimann, Michael Krüger, Reiner Kunze, Hans Maier, Petra Morsbach und Arnold Stadler)

W. Christian Schmitt, *Vor dem Ende der Lesekultur, 20 Jahre Buch- und Literaturmarkt aus nächster Nähe,* Kehl, Basel 1990.

Margaret J. Snowling and Charles Hulme (Ed.), *The science of reading: a handbook,* Malden, MA, 2005.

Thomas Steinfeld, *Der Sprachverführer. Die deutsche Sprache: was sie ist, was sie kann,* München 2010.

Siegfried Unseld (Hrsg.), *Erste Lese-Erlebnisse,* Frankfurt 1975.

Felix Weigner, *Ausgelesen? Das Buch im Umfeld von Kultur und Kulturindustrie,* Münsingen 1989.

Heiner Willenberg, *Lesen und Lernen: Eine Einführung in die Neuropsychologie des Textverstehens,* Heidelberg 1999.

Uwe Wittstock, *Die Büchersäufer. Streifzüge durch den Literaturbetrieb,* Springe 2007.

Alison Armstrong, Charles Casement, *The Child and the Machine: How Computers Put Our Children's Education at Risk,* Beltsville, Md. 2000.

Wolfgang Bergmann, Gerald Hüther, *Computersüchtig, Kinder im Sog der modernen Medien,* Düsseldorf 2006.

Heike-Solweig Bleuel (Hrsg.), *Generation Handy ... grenzenlos im Netz verführt,* St. Ingbert 2007.

Günter Burkart, *Handymania. Wie das Mobiltelefon unser Leben verändert hat,* Frankfurt am Main 2007.

Petra Grimm, Stefanie Rhein, *Slapping, bullying, snuffing! Zur Problematik von gewalthaltigen und pornografischen Videoclips auf Mobiltelefonen von Jugendliche,* Berlin 2007.

Edwin Hübner, *Mit Computern leben. Kinder erziehen – Zukunft gestalten,* Stuttgart 2001.

Peter Kemper, Alf Mentzer, Julika Tillmans (Hrsg.), *Wirklichkeit 2.0, Medienkultur im digitalen Zeitalter,* Stuttgart 2012.

Thomas R. Köhler, *Der programmierte Mensch. Wie uns Internet und Smartphone manipulieren,* Frankfurt am Main 2012.

Michael Millner, *Das Beta-Kind, Fernsehen und kindliche Entwicklung aus kinderpsychiatrischer Sicht,* Bern 1996.

Rainer Patzlaff, *Der gefrorene Blick. Bildschirmmedien und die Entwicklung des Kindes,* Stuttgart 2012.

Namenverzeichnis

Inhaltsverzeichnis

Nachwort

Lieber Herr Denk,

Sie können durch himmelhohe und abgrundtiefe Statistiken belegen, dass es dem LESEN bei uns schlecht geht.
Sie haben einen faszinierenden Katalog des möglichen LESE-Segens erarbeitet. Ihre Prachtliste lesend, denkt man, wenn es überhaupt noch Vernunft gibt, wird, sobald die Denksche Liste gelesen wird, alles besser.
Daran will ich nicht zweifeln. Ich selber verdanke dem Lesen, was ich bin. Trotzdem kommen Sie mir mit Ihrem Rettungsprojekt vor wie Luther dem Sächsischen Kurfürsten vorgekommen ist, als er ihn zum Reichstag nach Worms entließ:
Mönchlein, Mönchlein, Du tust einen schweren Gang, hat er offenbar zu Luther gesagt. Und wie der große Schrift- und Gottesmensch Luther sagen Sie, daß Sie nicht anders können!

Ich wünsche Ihnen, also dem Lesen, also uns, alles Gute.

Ihr Martin Walser.

Danksagung

Heute, am 10. Januar 2013, am 216. Geburtstag der Dichterin Annette von Droste-Hülshoff, denke ich in Dankbarkeit – Denken und Danken sind auch etymologisch miteinander verwandt – an die vielen Menschen, die mich beim Entstehen dieses Buchs begleitet und unterstützt haben.

Zunächst wäre dieses Buch nie möglich geworden ohne die seit 1980 am Gymnasium Weilheim mit den Weilheimer Heften und Lesungen gesammelten Erfahrungen und die immer bereichernde Zusammenarbeit mit Beatrix Aigner, Gerhard Auers (†), Helmut Fietzek, Bernhard Grießhammer, Jürgen Kossegg, Uta Lechner, Peter Lippert, Beate Rieger, Brigitte Schmieschek, Thomas Schröer, Fritz Werner, Gerhard Werthan und anderen.

Auch meinen Schülerinnen und Schülern habe ich viel zu verdanken. Denn wirklich lehrreich werden Deutschstunden erst durch die Beteiligung der Schüler. Dabei ging es immer um die Begegnung mit Büchern und ihren Autoren, denen wir mehr verdanken, als wir wissen, weshalb Eichendorff mit seinem Vers *Wir alle sind, was wir gelesen* (auch Titel eines Buches von Golo Mann) nur wenig übertrieben hat.

Bei der unmittelbaren Arbeit an diesem Buch haben mir zuerst alle Autorinnen und Autoren geholfen, die vor mir über das Thema Lesen geschrieben haben. Seit mir klar wurde, daß die Seiten eines Buches, wie Schiller sagt (s.o. S. 70) *redende Blätter* sind, habe ich jede auch noch so kurze Lektüre eines Buchs immer dankbar als ein Gespräch mit dem Autor empfunden, selbst wenn die Autoren schon längst tot sind wie Hans-Georg Gadamer, Alfred Tomatis oder Neil Postman, um nur drei zu nennen, von denen ich besonders viel gelernt habe.

Doch ich konnte auch zahlreiche direkte Gespräche führen. Ich danke den Philosophen Helmut Holzhey, Richard Schaeffler und Jörg Splett, den Psychologen Urs Imoberdorf und Detlev von Uslar, dem Physiker Peter Ring, den Theologen Matthias Horat und Christoph Hürlimann, dem Sprachwissenschaftler

Theodor Ickler sowie den Altphilologen Albert von Schirnding und Hans Peter Syndikus für ihre Geduld mit meinen Fragen und für vielfältige Anregungen.

Ganz besonders danke ich meinen »Lektorinnen« und »Lektoren«, die sich der undankbaren Aufgabe unterzogen haben, Teile des unfertigen Manuskripts oder gar das ganze zu lesen und zu korrigieren, zum Teil mehrfach. Ich nenne nur Klaus Adam, Helmut Holzhey, Vera Käufl, Kurt Reumann, Wolfgang Rhiel, Achim Scherz, Hubert Witt, Helmut Zöpfl, eine verehrte Nachbarin, einen Freund in Berlin, meinen Bruder Hermann, unsere Kinder und immer wieder meine liebe Frau. Wenn mein Buch am Ende lesbar geworden ist, liegt das auch an ihnen, denen ich deshalb sehr dankbar bin und bleibe.

Sehr dankbar bin ich auch Martin Walser für sein überaus freundliches Nachwort. Daß er es geschrieben hat, betrachte ich als große Ehre und als Ermunterung, weiter und gemeinsam mit anderen für das Lesen zu werben.

Mein letzter und herzlichster Dank gilt Dr. Renate Hofmann, meiner eigentlichen Lektorin im Gütersloher Verlagshaus, die 1995 in Weilheim Abitur gemacht und in ihrer Schulzeit mehr als 30 Autorinnen und Autoren erleben konnte; vier verstorbene seien genannt: Michael Ende, Gertrud Fussenegger, Wolfgang Hildesheimer und Golo Mann. Sie schrieb mir im Herbst 2011 einen Brief mit der Frage, ob ich nicht ein Buch über das Lesen schreiben wolle. Die Antwort halten Sie, sehr verehrte Leserin, lieber Leser, in Ihren Händen.

Und wenn Sie es zum Teil oder ganz gelesen haben, gebührt auch Ihnen mein Dank dafür, daß Sie es getan haben.

Und nun verabschiede ich mich mit einem Gruß, den ich vor langer Zeit in einem alten Buch gefunden habe:

Leb wohl, Leser und Freund, und nimm dies Büchlein freundlich auf. Vale lector amice & grato animo libellum suscipe. F. D.

Nachbemerkung zur Rechtschreibung

Dieses Buch ist – der aufmerksame Leser hat es schon auf S. 7 bemerkt – mit freundlicher Erlaubnis des Verlags in nicht reformierter Rechtschreibung gedruckt (von einigen Zitaten abgesehen). Die seit 1998 in den Schulen vorgeschriebene Reformschreibung unterscheidet sich von der davor üblichen und bewährten Orthographie vor allem dadurch, daß »ß« nach kurzem Vokal durch »ss« ersetzt werden muß. In diesem Buch steht in 561 Wörtern »ß« statt »ss«, vor allem 300mal »daß« und 80mal »muß« mit drei statt wie in der Schulschreibung mit vier Buchstaben.

Außerdem steht hier einmal »jedesmal« statt »jedes Mal«, zweimal »im allgemeinen«, 15mal »im übrigen« statt »im Übrigen« etc. und 25mal »15jährige« usw. statt »15-Jährige«. Auch wurde »ck«, das für »kk« steht, wie bisher üblich und analog zu »Wetter« oder »Map-pe«, in der Mitte getrennt, also nicht »Brücke«, wo man die Fortsetzung schlechter erraten kann als bei »Brük-ke«. Schließlich fehlt auf S. 7 am Ende der 7. Zeile das neuerdings vorgeschriebene, nicht gerade notwendig erscheinende Komma nach der direkten Rede. Die einzige Neuerung, die gern übernommen wurde, ist die Trennbarkeit von »st«, weil das historische Trennungsverbot die Lesbarkeit etwas minderte.   F.D.

P.S. Nach Fertigstellung der Liste der Lieblingsbücher am 1. Februar trafen bis zum 3.2. noch viermal drei Buchempfehlungen ein, die bei der nächsten Gelegenheit in die Liste integriert werden: Der Psychiater Dr. Michael Winterhoff empfiehlt *Magic Hoffmann (1996)* von Jakob Arjouni, *Lippels Traum (1984)* von Paul Maar und *Das Schicksal ist ein mieser Verräter (2012)* von John Green; der Schauspieler Jens Harzer Kafkas *Amerika (1913)*, den *Fremden (1943)* von Camus und Ilse Aichingers Gedichtband *Verschenkter Rat (1978)*; die Journalistin Nina Pauer Milan Kundera, *Das Leben ist anderswo (1973)*, Leif Randt, *Schimmernder Dunst über Coby County (2011)*, und Oskar Roehler, *Herkunft (2011)*; und Prof. Wolfgang Huber, Bischof i. R., Martin Luthers *Kleinen Katechismus (1529)*, *Widerstand und Ergebung (1952)* von Dietrich Bonhoeffer und *Empörung – meine Bilanz (2012)* von Stéphane Hessel.